UM TEMA EM TRÊS TEMPOS

UM TEMA EM TRÊS TEMPOS

JOÃO UBALDO RIBEIRO, JOÃO GUIMARÃES ROSA, JOSÉ LINS DO REGO

TIEKO YAMAGUCHI MIYAZAKI

Editora UNESP
FUNDAÇÃO

Direitos de publicação reservados à:
Fundação Editora da UNESP (FEU).

Av. Rio Branco, 1210
01206-904 – São Paulo – SP
Fone/Fax: (011) 223-9560

Dados Internacionais de Catalogação na Publicação (CIP)
(Câmara Brasileira do Livro, SP, Brasil)

Miyazaki, Tieko Yamaguchi
Um tema em três tempos. João Ubaldo Ribeiro, João Guimarães Rosa, José Lins do Rego / Tieko Yamaguchi Miyazaki. – São Paulo: Fundação Editora da Universidade Estadual Paulista, 1996. – (Prismas)

Bibliografia.
ISBN 85-7139-124-6

1. Rego, José Lins do, 1901-1957. Bangüê – Crítica e interpretação 2. Ribeiro, João Ubaldo, 1941- . Sargento Getúlio – Crítica e interpretação 3. Rosa, João Guimarães, 1908-1967. Uma estória de amor – Crítica e interpretação I. Título. II. Série.

96-2300 CDD-869.9309

Índice para catálogo sistemático:

1. Ficção: Literatura brasileira: História e crítica 869.9309

Este livro é publicado pelo
Projeto *Edição de Textos de Docentes e Pós-Graduandos da UNESP* –
Pró-Reitoria de Pós-Graduação e Pesquisa da UNESP (PROPP),
Fundação Editora da UNESP.

SUMÁRIO

À memória de Pedro,
ao Gustavo
e ao Danilo,
companheiros sempre.

Agradecimentos:
ao Arnaldo, à Cristina
e, em especial, à Elza.

APRESENTAÇÃO

Reúnem-se neste livro três ensaios – escritos em épocas e por motivações diferentes, sobre três obras brasileiras, publicadas em épocas distintas: *Sargento Getúlio*, de 1971, de João Ubaldo Ribeiro, "Uma estória de amor (Festa de Manuelzão)", de 1956, de João Guimarães Rosa, e *Bangüê*, de José Lins do Rego, datado de 1934.

Embora distantes no tempo, as obras se aproximam em vários aspectos: nuclearmente tratam da crise de identidade de um sujeito, em conseqüência de uma relação tensa com a realidade histórica que lhe toca viver.

Duas delas tomam, como ponto de partida, uma disjunção espacial, o deslocamento de uma área geográfica, sociocultural para outra, acarretando apagamento voluntário do passado, em uma, e idealização alienante, em outra. Na terceira, a disjunção espacial das anteriores é, mais propriamente, substituída por uma superposição delas em um mesmo espaço, graças à qual a diferença é encarnada pela diferença de classe.

O contexto histórico do livro de João Ubaldo Ribeiro é o das lutas partidárias nas primeiras décadas do século, no Nordeste, mais especificamente no Sergipe. Um tempo de violência em que se confundem política e polícia, em objetivos e práticas.

É dentro desse quadro que a primeira parte do ensaio focaliza como o sertanejo, desalojado de seu lugar pela miséria, assume o espaço e o discurso do outro, graças a um processo psíquico, o da identificação. Getúlio renega o seu passado, apagando-o, levado pelo propósito ferrenho de construir um mundo novo, estável, rígido, imutável, que ele identifica como o de seu partido político, o PSD, e confunde com o seu chefe.

Com auxílio de Freud, é possível compreender a experiência narcisista da plenitude e da onipotência que o grupo proporciona ao indivíduo. Com ele, é possível compreender o comportamento violento com indivíduos de outros grupos. Com ele, é possível entender o substrato de que o machismo se reveste.

A morte é a figura mais constante nesse mundo essencialmente masculino, cuja experiência é vivida no limite do instinto da preservação, da natureza. A sua imposição fá-la, por outro lado, investir-se em alguns valores básicos de uma dada cultura: conceitos como medo/coragem e vergonha/honra passam, então, a consubstanciar a figura do machismo.

Apesar de relegada à experiência em que tais valores são a medida do homem, ou o aniquilamento cabal de desafetos, a morte se problematiza quando o sujeito é obrigado a encará-la como o seu próprio destino ou o de pessoa amada.

O ingresso do sertanejo na polícia e, conseqüentemente, a sua participação na prática política lhe proporcionam a experiência nova de pertencer a um grupo mais fortemente organizado, de identidade mais evidente. Nele, o sujeito vai reconhecer-se, seja como membro, como os demais, de uma corporação, seja na sua relação vertical com o líder. A relação entre subordinado e chefe, em *Sargento Getúlio*, desenvolve-se como uma estrutura edípica que perfaz os seus três tempos. Quando se instala, a crise imaginária se configura como uma seqüência de paixões: apego, zelo, possessão, ciúme, inveja são os sentimentos que ocupam a alma do Sargento. A superação dela e a conseqüente construção de uma nova individualidade são vividas por Getúlio como uma carnavalização que, ao desentranhar a outra voz, recuperando o passado, o instala numa dimensão nova, a do simbólico.

Em "Uma estória de amor", João Guimarães Rosa focaliza temas e problemas que aparecem em outras de suas obras. A miséria do sertão e a desumanização do homem, em seu trabalho contínuo, são trasladadas de seu espaço próprio para o domínio restrito e privilegiado de uma fazenda a ser desbravada, de propriedade de um capitalista invisível. Manuelzão, ex-boiadeiro, situado na zona ambígua de sua função de capataz, em que não é o dono mas se comporta como se o fora, é objeto de uma manipulação: na medida em que se deixa iludir, fazendo uma leitura ilusória de sua nova condição, assume os valores da camada constituída pelos bem-sucedidos e tradicionais fazendeiros da região. O desmascaramento dessa ilusão o lança no centro de um processo de auto-reconhecimento e definição. Nesse sentido, Cara-de-Bronze, da narrativa de mesmo nome, é a realização dessa condição almejada por Manuelzão. E da mesma forma que este, para o qual a posse material tem nenhum ou pouco sentido, sai à procura da palavra poética, Manuelzão avalia a função das composições populares, muitas delas já estropiadas e tornadas irreconhecíveis pelo tempo.

A história do protagonista de *Bangüê* pode ser lida, em primeiro lugar, como uma tríplice tentativa de estabelecer-se um contrato: com a velhice do coronel José Paulino, há a necessidade de que o neto, recém-graduado como bacharel, volte para casa e reerga o engenho de açúcar, na Várzea do Paraíba. Na terminologia proppiana, antes de mais nada, Carlos deve submeter-se a provas em que se qualifique para o projeto, num processo em que se prioriza, como condição iniludível, a reintegração do homem, em si mesmo, no contexto social e na realidade geográfica. Degradado pela sucessiva alienação de bens e valores, inclusive em sua funções corporais, o futuro senhor de engenho recebe o auxílio de diferentes doadores, encarnados, nesse universo masculino, principalmente por figuras femininas.

Apesar do que se apreende no relato, em que o esforço de concretizar o projeto de reconstruir o engenho, engolido pela voracidade ferrenha da usina, parece baldado, o que marca o romance de José Lins do Rego é a consciência crítica manifesta na instância da enunciação, na qual o objeto em pauta é o conhecimento do lugar histórico em que a sua luta se insere. A história de Carlos pressupõe um tempo anterior acabado. A visão, acabada, perfeita, que dele resulta é de um tempo de promessas cumpridas: projetos que se realizaram, porque homens certos apareceram aqui, acolá, configurando um mundo bem determinado, e que cabe na denominação de aristocracia rural. Com seus valores claramente reconhecidos, deixa sempre a imagem de um casamento perfeito de terra e homem. Isto apesar da complexidade das relações humanas, muito bem focalizadas anteriormente por José Lins do Rego em *Fogo morto*. O tempo do bacharel Carlos se abre sobre uma brecha, um fosso. Situação agravada, pois, diante dele, na outra margem, avançando em mão contrária, aparece a figura da usina que, como um polvo monstruoso, indiferente e impessoal, se apodera de todo o espaço. Encarnação do progresso tecnológico, a usina, no entanto, não significa um avanço nas relações humanas; pelo contrário, apoiada na ideologia do lucro, é a ameaça de uma reificação que não se consegue controlar.

As três obras, à primeira vista, parecem enquadrar-se na classificação de literatura regionalista, na medida em que todas elas apontam o seu foco para regiões rurais: o sertão mineiro e nordestino e o engenho açucareiro do Nordeste. Nas palavras de Antonio Candido, esta opção se explica porque são regiões problemáticas, cujas condições sociais e econômicas agem na consciência e sensibilidade dos escritores. A consciência da situação de subdesenvolvimento está presente nelas como consciência de uma crise que solicita ser encarada, assumida e resolvida. Longe de uma idealização compensatória, desmascaram a sua complexidade, num posicionamento nem sempre otimista. Pelo contrário, a consciência que se encarna na subjetividade dos protagonistas é agônica, dilacerada, cujas formas de superação – ou não – estão exemplificadas na derrota do bacharel, que passa a viver na cidade, dos juros do capital apurado na venda do engenho, no retorno do boiadeiro ao sertão, alimentado por uma visão mítica de sua condição, e a rebelião utópica do sertanejo.

PREFÁCIO

O ALINHAVO POÉTICO DA NARRATIVA

"Nas histórias que ele nos contava, quando meninos, o que me prendia a atenção a ponto de fascinar-me, não era o enredo, o desfecho, a moralidade; e sim um aspecto particular da narrativa, a resposta de uma personagem, o mistério de um incidente, a cor de um chapéu..." Assim inicia os seus *Contos de aprendiz* o poeta Carlos Drummond de Andrade. Falando de narrativas, sob o ponto de vista do poeta.

O que fascina o leitor dos textos que se seguem é a capacidade da autora de construir análises rigorosas e complexas, sem desprezar "a cor de um chapéu".

As narrativas analisadas tratam, em maior ou menor grau, do tema do desenraizamento do homem da terra e da falta que esse dano provoca, seja no desejo narcisista de realização na cidade, seja na recordação preterida mas sempre desejada do campo. Dessa forma, o eixo de significação dos romances se estabelece na relação /não vida/ e /não morte/, neutralidade contra a qual lutam os que sabem e os que podem, tentando, pela luta, renegar os valores do capitalismo urbano emergente a que se vêem condenados. A orientação tímica oscila e, por vezes, desorienta o leitor, provocando uma pausa distensa e refrescante na narrativa, acenando para um movimento euforizante que logo se dissipa. É no pólo da neutralidade que os três trabalhos situam as relações que os sujeitos assumirão, no nível narrativo. Subjaz fortemente entre as relações assumidas pelos sujeitos enfocados na narrativa a necessidade de enraizamento físico, no solo, espacial, e a necessidade também premente de um enraizamento na

História, "poeticamente transformada em estória, preservada e evocada pelo plano material da palavra".

Os sujeitos desenraizados aparecem em conjunção ou disjunção com o grupo a que pertencem ou querem pertencer, instalando sob o programa narrativo de base – o deslocamento espacial e/ou temporal – inúmeros programas narrativos de uso que constróem a imagem dos actantes que o discurso vai chamar de Sargento Getúlio, Manuelzão ou Carlos, para citar só alguns. É claro que é na instância fundamental e na narrativa do percurso gerativo que as relações se esclarecem e as questões se operacionalizam, mas é no nível discursivo de análise que a metodologia usada pela autora – Greimas, Freud, Lacan, Propp, Lotman – mostra a sua força e a cumplicidade de quem passou a vida na lida com a Literatura. A autora sabe que "quando a arte se torna campo de ação de um gênio irrepetível, o uso de métodos exatos dará resultados positivos somente se o estudo das repetições for acompanhado pelo estudo daquele único para o qual até agora olhamos como a manifestação de um milagre incognoscível" (Propp, 1970, p.5).

Sem perder de vista o "milagre incognoscível", a autora imprime tamanho rigor científico ao seu trabalho que mesmo o leitor mais atento surpreende-se ao descobrir as capilaridades do texto literário que a análise dá a ver. E para quem já conhece algum trabalho da autora, sabe que o rigor aparece de forma subtil *(subtilis*, e, de *subtela, sub textum*), entretecido sob os fios do texto, tendo impressa, em cada fio, a estampa do tecido todo.

Exatamente pelo manejo da metodologia adequada, a análise faz ver as relações preciosas, elucida caminhos e cria, entre as personagens, representações de espaço e representações de tempo, alinhavos aspectualizantes que Greimas chama de isotópicos e que, pulverizados pelos textos literários, poderiam passar escurecidos ao leitor comum.

É o caso da organização paradigmática em torno da esfera de ação do Sargento Getúlio e seu grupo, um grupo de políticos/pistoleiros (os termos se confundem na obra mas a análise constrói uma belíssima oposição) que se confunde com o próprio Estado e seus postos militares. A conduta bélica do grupo representa a normalidade, vivida pelas personagens da esfera de ação do Sargento Getúlio, e a linguagem que os descreve utiliza-se de uma sintaxe entrecortada, afobada, ansiosa, que provoca o efeito de sentido de tensão adequado. Sargento Getúlio representa, no paradigma construído pela narrativa, o filho obediente que se comporta sempre como um subordinado na hierarquia que ele perpetua. O mais interessante, e que já estava previsto na estrutura fundamental, é o desconhecimento, a inconsciência da natureza circunstancial desse momento histórico, "naturalizando" a contingência, fazendo que a violência marcada pelo tempo por meio das disputas políticas, ou a violência marcada pelo espaço por intermédio da extensão de mando do coronelismo e da população pobre confluam em duas coordenadas, cuja figura nuclear, ao subsumir essas relações, é a *morte*, seja ela de inimigo, seja de pessoa amada. A morte faz parte do cotidiano das personagens, não como uma ocorrência fortuita, mas como a figurativização das relações de poder.

O paradigma construído pelos outros textos não foge ao tema, mostrando a esfera da ação de Manuelzão e sua condição subalterna em relação a Federico Freyre, ou da submissão de Carlos em relação à sua condição de total incompetência diante das questões do engenho ou amorosas.

O que a primorosa análise da autora faz é justamente *sintagmatizar* as relações paradigmáticas sugeridas pelo texto, linearizando pontos que estavam pulverizados, disseminados pelo texto.

A construção do texto científico, então, recupera metonimicamente os meandros da composição literária, sem necessariamente observar a seqüência do relato. Recupera, por exemplo, as questões do ponto de vista narrativo que ultrapassam a simples classificação e dinamizam, operacionalizam o texto a ponto de construírem, com base neles, um sentido singular para a narrativa. Recupera as construções de linguagem, as relações sonoras, rítmicas, semânticas, que os paradigmas construídos selecionaram e que a análise combina para a organização do texto científico. Sabemos que não é diferente o procedimento com o texto poético. O que mostra que a autora sabe, sempre, realizar o que o crítico Barthes soube ensinar em sua *Aula*.

> a literatura trabalha nos interstícios da ciência: está sempre atrasada ... ou adiantada com relação a esta, semelhante à pedra de Bologna, que irradia de noite o que aprisionou durante o dia e por esse fulgor indireto ilumina o novo dia que chega.

Ude Baldán

SARGENTO GETÚLIO: O UM E O OUTRO

DO IMAGINÁRIO: O MEDO, A CORAGEM, A MORTE

A DISJUNÇÃO

Na descrição de seu passado, em busca, na seqüência cronológica e no contexto atual, de uma relação causal, explicativa do estado presente em que se autodescreve, Getúlio de Santos Bezerra é bastante avaro:

> Mas se eu não sou um homem despachado ainda estava lá no sertão sem nome, mastigando semente de mucunã, magro como o filho do cão, dois trastes como possuídos, uma ruma de filhos, um tico de comida por semana e um cavalo mofino para buscar as tresmalhadas de qualquer dono. (SG, p.14)[1]

São sete aspectos que ele alinhava um após o outro, numa tomada estática, planar. A moldura que os contextualiza numa unidade significativa, resultante da própria contundência de cada sintagma, exibe uma carga sígnica derivada do fato mesmo de constituir-se no limite do que se situa dentro dessa moldura, indicando ao mesmo tempo o que fica fora dela, o que se situa além dela, e se caracteriza pelo mesmo signo, mas com sinal contrário. Cada sintagma, suficiente quanto à representatividade social e humana, do referente selecionado,

1 João Ubaldo Ribeiro. *Sargento Getúlio*. 6.ed. São Paulo: Nova Fronteira, 1982. No texto, a sua indicação se fará por SG.

se impõe como unidade sígnica plenamente constituída porquanto é a expressão feliz de uma verdade inquestionável. Cada sintagma focaliza um aspecto prioritário na composição de um quadro que se quer síntese eficaz do sertão miserável nordestino. A sua função sígnica está em dizer que assim é, e mais, indicar que além desse quadro não há perspectiva para o sertanejo. Nem no tempo nem no espaço. Não há perspectiva nem econômica – "buscar as tresmalhadas de qualquer dono" –, nem social – "sem nome". Por isso, o que se localiza além dos limites da moldura existe signicamente mas trocando-se o sinal de positivo a negativo, tornando-o inexistente *para o sertanejo*: o que fica fora não existe.

Está implícita na moldura uma focalização centrada no sertanejo para que a realidade, assim talhada, seja apreendida. Em outras palavras, a voz dominante discursiva é a do sertanejo-empregado que se manifesta sobre o pano de fundo do discurso proprietário que, seguramente, não produziria o mesmo corte significativo sobre a mesma realidade objetiva. Da perspectiva do proprietário elaborar-se-ia um quadro em que não haveria o desencontro entre as circunstâncias econômicas e sociais apontadas e o homem. Nele se naturalizaria e, portanto, se perpetuaria a condição do sertanejo como o que recolhe a rês tresmalhada alheia e julgar-se-ia não pertinente a preocupação dele com seu nome porque transcende a sua condição assim visualizada.

No entanto, a fala acima transcrita é um enunciado produzido em condições enunciativas bastante específicas: um momento de autodescrição, numa etapa da vida do sujeito em que este se aprecia como *vitorioso*. Mais ainda, ela se encontra no capítulo I, que, se também é inicial com relação ao programa narrativo básico do romance, o da busca pelo sujeito de sua autonomia e definição, é, por outro lado, um *epílogo* de um programa narrativo já concluído ou em vias de concluir-se: o da transformação do sertanejo em jagunço político.

Desta segunda perspectiva, a autodescrição tem a função de compor a situação inicial de um novo programa narrativo, determinando as coordenadas psicológicas, ideológicas do protagonista, visto já como sujeito de estado. As marcas enunciativas rastreáveis no enunciado indicam uma avaliação positiva por parte do sujeito enunciador do trajeto histórico-existencial desenvolvido e de seus resultados, isto é, o homem Getúlio se avalia como bem-sucedido. Ou seja, ele figura também como o destinador-julgador que sanciona positivamente o desempenho do sujeito operador e vai mais longe: apresenta o desempenho vitorioso como devendo-se a uma qualificação inata: ser *despachado*. Segundo Aurélio Buarque de H. Ferreira, *despachado* que dizer expedido, ativo, desembaraçado, franco, valente, denodado, atrevido, acepções todas que se sintetizam como força virtual, matriz.

O que o discurso atual faz é dizer que reitera e ratifica o julgamento da adequação entre o ego e o seu ideal. O sujeito não era um sertanejo qualquer, comum, mas aquele capaz de avaliar criticamente a situação de vida e de interferir nela; se não fosse despachado não seria o Sargento Getúlio, homem de confiança do chefe político, do PSB, de Acrísio Antunes. Subjaz no discurso um pequeno paradigma de qualificações de uma semioticidade que se desdobra em todo o romance, semeando-o em torno basicamente de dois sistemas: o da coragem/ medo e o da vergonha/honra. Como se vê, um universo, *a priori* pelo menos, essencialmente masculino.

A avaliação da mudança de sertanejo a polícia como eufórica, como melhoria na totalidade da vida, assinala uma pequena organização a que o sujeito procede na realidade com que tem de lidar. Nessa organização, ele toma como referência a área geográfica do que sabe ser o Estado do Sergipe, um continente que engloba uma sociedade detentora de uma cultura cujo núcleo se situa em Aracaju e assim se denomina, em contraste com a periferia identificada com o interior do estado. Esta distribuição dicotômica, que corresponde à realidade quanto à distinção maior/menor grau de civilização, no romance vai-se colocar como *básica*, não por assim ser mas por assim dever ser na vontade de Getúlio. O querer ser de Getúlio, mesmo quando o silêncio faz pressupor, continua a atuar nele, e fortemente, erigindo-o em sujeito de um querer rigidamente mantido, e primordialmente dirigido para a *construção* de uma visão de cultura, que seria a sua cultura mas que ele quer fazer passar como a cultura. Getúlio *se apresenta* não como um indivíduo que recebe uma cultura, a do espaço a que se deslocara, que introjeta e assimila. Ele se apresenta como uma mente racional que *se constrói* uma cultura. Traduzindo, ele pretende aparentar ser o homem urbano por excelência, quando, na verdade, em sua autodescrição emerge um mundo todo particular. Não há uma descrição da cultura aracajuense, nem sergipana; há, verdadeiramente, uma autodescrição de um produto de automanipulação, a da mente de Getúlio. Ele acredita ler corretamente a cultura urbana, pois, segundo ele, feita por meio da razão; no entanto, o resultado é um rearranjo de elementos dessa cultura, à luz de dois sistemas básicos de valores: o do medo e coragem e o da vergonha e honra, investidos basicamente na figura do machismo.

OS CONTRATOS REAIS E FIDUCIÁRIOS

Uma vez deslocado Getúlio para a cidade, o único dado que o texto oferece sobre os primeiros tempos é o de um menino engraxate. E nada mais. Depois disso, ei-lo engajado na Polícia Militar, jagunço e braço direito do chefe político do PSD. Ou servindo de motorista à família em trabalhos particulares. Ou então, participando de atividades eleitorais ou cometendo atrocidades e arbitrariedades a mando do partido. No mais, os dois primeiros capítulos se dedicam a relembrar o seu desempenho violento de polícia à caça e guarda de presos.

O texto silencia sobre como e quando se deu a sua admissão na polícia e, conseqüentemente, como se engaja no PSD. O que se infere, porém, do casamento das competências específicas a tais atribuições, a exemplo do que exibem outros textos ficcionais e o que narra a historiografia brasileira, é que os cargos públicos ligados à justiça são ocupados por membros do partido dominante ou por seus apadrinhados. Getúlio não é exceção. Em nenhum momento lhe ocorre questionar a legitimidade disso. Melhor ainda, sequer lhe ocorre dever isso ser questionado. Por isso em sua narração de perseguições e prisões não se sabe se se trata de desempenho de sua função de policial ou de violência de seu partido.

Enfim, o denominador comum na rememoração desse período da vida de Getúlio, como polícia, é a arbitrariedade, quando alguns temas básicos do romance são tratados, como a morte violenta e a agressividade do poder contra terceiro.

Sobre a relação do chefe político e do sargento como seu subordinado, não há referência à etapa da manipulação do programa narrativo desenvolvido pela dupla, impossibilitando poder-se afirmar com certeza haver-se dado uma ação persuasória do político sobre o sertanejo, convencendo-o do valor de ser militar e engajar-se na política, ou se, ao contrário, se trata de um caso de autopersuasão. Em outros termos, não se sabe se a função de destinador se realizou efetivamente, de forma que ao político se atribuísse verdadeiramente o papel de doador tanto das qualificações, isto é, dos valores modais, reconhecendo-lhe a competência para a ação, quanto dos valores ideológicos que põe em circulação. Ou se teria ocorrido uma sincretização de funções, em que o sargento, sujeito-destinatário, acumulasse a função de destinador autônomo que, movido por um querer ser (algo diferente de um sertanejo miserável) e modalizado por poder fazer (afinal é despachado), se tenha apropriado de valores ideológicos alheios e os introjetado como efeito de um querer dirigido pela razão.

Embora não diretamente correlacionados, certamente seguiram-se a esse segmento silenciado (mas havido e de qualquer forma pressuposto) contratos[2]

2 Por contrato, entendem as "condições mínimas nas quais se efetua a 'tomada de contato' de um sujeito para com outro,'condições que poderão ser consideradas como pressuposto para o estabelecimento da estrutura de comunicação semiótica". O conceito de contrato pode ser aproximado do de troca. Para que esta possa efetuar-se "é preciso que as duas partes sejam asseguradas do 'valor' do objeto a

verídicos e fiduciários. A primeira modalidade, a verídica, está comprovada pela condição de soldado de Getúlio. A mais importante delas, porém, a segunda, a fiduciária, é um simulacro criado pela interpretação ilusória do sujeito de suas relações com o outro. O ser soldado de Getúlio tanto pode ser o efeito de contratos fiduciários como pode ser a causa deles.

Acrísio Antunes é a figura que expressa o tema do chefe político cuja marca é o coronelismo, em cujo tratamento João Ubaldo não traz nenhuma novidade maior. Não faltam em sua caracterização a prática bastante específica da eleição por cabresto, a depredação do jornal do partido rival, a transformação da polícia em órgão político, de repressão e intimidamento do adversário. Sequer falta o uso de funcionário público em tarefas particulares e domésticas. Sequer falta a referência à ausência de julgamento oficial de qualquer réu.

Apesar disso, Acrísio Antunes é um ator que em nenhum momento aparece pessoalmente. Três são as modalidades principais em que é tratado discursivamente. São pouquíssimas as vezes em que aparece narrado diretamente no discurso de Getúlio ("O jornal, depois o chefe botou no outro jornal que os integralistas era que tinha queimado") (SG, p.19). Aqui, acolá ocorre citação de sua fala ("Prender os integralistas, seu Getúlio, que é para eles aprender a não queimar o jornal dos outros. Me traga essa gente toda, pelo amor de Deus. Fomos buscar") (SG, p.19). Aparece parcamente como tema de conversa de Getúlio com terceiros em debreagem[3] de segundo grau. Qualquer que seja a forma escolhida, o que há de comum entre elas é a soldadura entre o segmento em que se faz referência a Acrísio Antunes e o discurso de Getúlio. Este *não lhe confere.* Somado ao fato de, como já se disse, serem destaque especial, na economia do romance, poucas referências e, além disso, relativamente curtas no mais das vezes, esse dado levanta a questão da função dessa figura.

---

ser recebido em contrapartida, por outras palavras, que um *contrato fiduciário* ... seja estabelecido previamente à operação pragmática propriamente dita" (Ibidem).

3 "Pode-se tentar definir *debreagem* como a operação pela qual a instância da enunciação disjunge e projeta para fora de si, no ato de linguagem e com vistas à manifestação, certos termos ligados à estrutura de base, para assim constituir os elementos que servem de fundação ao enunciado-discurso. Se se concebe por exemplo a instância da enunciação como um sincretismo de 'eu-aqui-agora', a debreagem, como um dos aspectos constitutivos do ato de linguagem original, inaugura o enunciado, articulando ao mesmo tempo, por contrapartida, mas de maneira implícita, a própria instância da enunciação. O ato de linguagem aparece, assim, por um lado, como uma fenda criadora do sujeito, do lugar e do tempo da enunciação, e, por outro, da representação actancial, espacial e temporal, do enunciado." Ao contrário, a embreagem consiste no retorno à enunciação. A embreagem pressupõe sempre logicamente uma debreagem (Greimas, Courtès, *Dicionário de semiótica*).

De qualquer forma – como ocorre normalmente em discurso que não se quer expressivamente despersonalizado, isto é, que tem como meta impor-se como um discurso marcado do ponto de vista de sua expressão, mas que do ponto de vista do conteúdo pretende impor-se como um discurso neutro, objetivo – os atores humanos principalmente, objeto dele, devem ser tomados com certeza como imagens elaboradas pelo enunciador. Os atores humanos, como o outro que participa dos desempenhos comunicativos ou o outro que interfere, de uma forma ou de outra, na relação do sujeito com o mundo, são simulacros criados pela crença do enunciador. A coisa se complica quando o crer (assim ser), que acaba funcionando como certeza e verdade para o sujeito, pode ser visto como um querer (que assim seja) que, num segundo momento, pode ser entendido como um dever (ser assim).

Simulacro, pois, criado por Getúlio, modulado sempre pelo poder (ser assim), o chefe chega ao destinatário do discurso do sertanejo como *puro* efeito. Ele é pouco focalizado como sujeito do fazer ou como sujeito de fazer-fazer, em seu percurso inicial factivo. Ele aparece, porém, *atuando* nos seus subordinados como um *dever fazer*, em que o querer do chefe se encontra introjetado, inquestionável em sua legitimidade.

O discurso de Getúlio se faz, assim, monológico no sentido de que a outra voz, a do adversário, pelo menos, é reduzida ao silêncio. Quando é reconhecida como tal, como uma alteridade – é isso que ocorre quando a sua fala alcança a força necessária para ser pelo menos reproduzida em debreagem de segundo grau, isto é, quando citada – é passada como expressão de insensatez, de irracionalidade. Em outros termos, ela é reduzida, ao ser silenciada, à não-existência, ou é considerada anticultura, quando é citada ainda que para ser contestada.

Essa homogeneidade que o discurso cria como voz única, como um amálgama de valores, julgamentos, pontos de vista, quer fazê-la parecer serena por única, inquestionável; esta trai-se, porém, como tensa, não pacificada, porque recobre, ocultando, o heterogêneo, o confronto, o não-resolvido. Mas ela é a *expressão desse estágio* da relação de Getúlio com Acrísio, do sujeito-destinatário com o destinador-doador do contrato fiduciário.

Esse estágio, em sua contradição interna, pode ser mais claramente focalizado criticamente em dois momentos: quando aparece a figura do *recado* e quando se atualiza a modalidade do *ser/parecer*. Aparentemente, tanto uma questão como a outra se traduzem como práticas costumeiras da chefia política, mas são sintomaticamente estranhas a Getúlio em sua relação com o chefe.

Como se sabe, o longo monólogo do Sargento, que é o romance, se desenvolve acompanhando o relato, isto é, paralelamente ao traslado do preso. No capítulo II, tanto um como o outro são interrompidos pela aparição no meio da estrada, no meio do sertão, de um elemento da política, vê-se bem que subordinado a Acrísio, subalterno como Getúlio, mas que não é policial. Nesse momento, na economia do romance ocorre uma comutação de níveis em que o componente narrativo predomina; ou seja, o fato narrado em *flash-back* avança no palco trazendo com ele o seu tempo e o seu espaço:

> Pegou a gente no caminho e quase leva uma na testa, dado que apareceu de repente e eu estava mesmo que azul para dar umas providências no mundo e não gostei daquele jeito, mexendo nos matos sem avisar. (SG, p.45)

Além do caráter disfórico da forma de aparição desta nova figura, colocando nesse momento a desvantagem de Getúlio quanto a saber/não saber das coisas que estão acontecendo alhures e lhe dizem respeito, o companheiro lhe traz, na verdade, um *recado* que modifica um pouco o trajeto determinado:

> Acontece que tem de deixar o homem um tempo na fazenda de Nestor Franco. (SG, p.45)

O sentido do recado é apreendido pelo próprio Sargento que o expressa num comentário:

> De vez em quando, no melhor do gosto das coisas, quando a gente já se prepara para executar tudo, dar continência e voltar, vem uma coisas dessa. (SG, p.45)

Coisas dessa quer dizer um *desvio,* totalmente indesejado, porque o que se deseja com muita força é cumprir em linha reta a missão. Mas como se vem a saber mais tarde, esse "por um tempo" não significa contemporização, uma meia mudança estratégica. É a pequena guinada inicial que resultará numa grande mudança com outras interferências mais decisivas e brutais por parte de Aracaju, as quais vão, agora, impedir a realização do projeto inicial. Além disso, o diálogo que segue –

> – Vai dizer porquê.
> – Os jornais estão fazendo um barulho danado, vai chegar força federal em Aracaju. O chefe disse na rádio que não prendeu ninguém. (SG, p.45)

– coloca a prática política do ser/parecer, do que se faz e o que se diz, do que acontece e o que se divulga, a que o próprio Getúlio está acostumado e que ele vê como legítimo, pois se coloca só do ponto de vista do partido, não havendo para ele permuta de focalização. Apesar disso, a sua resposta: "Ele mesmo não prendeu, quem prendeu fui eu", na verdade instala uma questão sem importância até então para Getúlio. Para ele, entre o fazer-fazer, próprio do chefe que decide e que dá ordens, de manipulação[4] cognitiva, e o fazer do subordinado, de ordem pragmática, não havia distinção. Ausência de distinção que se explica pelo sentimento projetivo do subordinado que se concebe confundindo-se com o chefe. Por ora, interessa o fato de que se introduz nesse momento uma disjunção entre o fazer-fazer e o fazer, o que se reflete numa distinção entre os seus sujeitos: um é manipulador e o outro, operador.

A conseqüência dessa disjunção amplia o seu raio de efeito, quando Getúlio avalia a sua situação de sujeito cognitivo. Pela primeira vez coloca-se ele a possibilidade de haver coisas que sabe e coisas que não sabe e ainda questiona a natureza veridictória[5] delas: o seu saber pode ser verdadeiro ou falso, há mentiras e há segredos. A concretização dessa disjunção dos sujeitos, conseqüente da disjunção do saber, é a figura do recado. *Recado* é um ver indireto. É um processo cuja efetivação corre o risco de interferência de várias ordens. Principalmente quando transmitido oralmente, implicando, naturalmente, a mediação de terceiro, de um mensageiro. Se, num primeiro momento, o Sargento interpreta a transmissão do recado como sem ruído "Elevaldo trouxe ordens, não tem como desobedecer" (SG, p.49); logo a seguir lhe ocorre uma pequena dúvida: "Possa ser que o Elevaldo não tem culpa nesse assunto, possa ser" (SG, p.49). E mais tarde a possibilidade do ruído lhe aparece sob a forma negativa da sonegação de informação: "Elevaldo não contou, disse Nestor, mas acho que a política entrou pelos contrários" (SG, p.70). Processa-se, então, uma total inversão quanto ao saber que pensara compartilhar com o chefe e o efeito passional se expressa sob a forma de repúdio à forma de comunicação do recado: "não gosto dessa folia de recado, não é meu jeito" (SG, p.99). A única maneira de neutralizar os ruídos da mediação é a percepção *direta*, imediata do ver. O jagunço sempre acreditara estar instalado do lado da visão do chefe, em que a visibilidade do outro era real para ele. Agora, ele é colocado da perspectiva de onde o outro é *invisível*. É esse anteparo que cria o recado, os mensageiros:

---

4 A manipulação consiste na ação do homem sobre outros homens, levando-os a executar determinada ação. Trata-se de um fazer-fazer.

5 Ao postular a autonomia, o caráter imanente de qualquer linguagem e, pela mesma razão, a impossibilidade de recorrer a um referente externo, a teoria saussuriana forçou a semiótica a inscrever entre suas preocupações não o problema da verdade, mas o do dizer-verdadeiro, da *veridicção*. (Greimas, Courtès, *Dicionário de semiótica*).

> Quem disse isso, foi o chefe? Foi o chefe que disse, não tem mais condição de cobertura, a coisa mudou. Foi o chefe que mandou o recado? Foi, foi. E por que não veio ele? An, responde essa. Não veio porque não quer deixar ninguém saber que foi mandado. (SG, p.97)

Descobre-se, então, que na prática do coronelismo urbano, o sujeito do fazer sincretiza falsamente a função de sujeito operador e de sujeito destinador, falsidade que se figurativiza[6] em *testa-de-ferro*:

> Do mais, se vosmecês estão querendo que eu solte o homem e suma é porque depois ele e vosmecês vão atrás de mim me arrancar dos infernos para me botar a culpa do negócio. (SG, p.97)

O testa-de-ferro se define como aquele que quer aparentar ser o que não é aos olhos aos outros. Por isso, a crítica mais radical dessa função do policial vem expressa no estranhamento que a linguagem lhe possibilita:

> O senhor solta o homem e some e pronto ... Não posso sumir. Quem pode sumir é os outros, como é que eu posso sumir, se eu sou eu? (SG, p.97)

A questão aí se resolve no seguinte: sumir de si não é possível, mas agora Getúlio é o *outro*: "Quem pode sumir é os outros", diz ele. Ou seja, com ele se aplica apropriadamente a categoria visível/invisível em seus dois termos: Getúlio, como sujeito pragmático, aquele que faz, prende, captura, conduz, pune, até então é o elemento visível que, mudando-se a situação, deve tornar-se invisível. A perda da individualidade implicada nesse tipo de relação se manifesta nessa possibilidade de o sujeito *sumir*, isto é, *não deixar rastro*, de ser reificado, cujo lugar na vida e no mundo pode ser apagado em nome de nada. O sentido dessa inversão, no contexto, se apreende quando se leva em conta que no discurso de Getúlio a figura do chefe, naquilo que interessa, é uma figura que atua na invisibilidade para o adversário.

Retomando o que se expôs até aqui, toma-se em conta que a presença de mensageiros, esse recurso na comunicação chefe/subordinado, não faz parte somente da estratégia discursiva de caracterização de função narrativa, mas uma realização do modo de ser dessa modalidade de *chefia*. O modo de ser da chefia, como relação de subordinação, é uma relação fiduciária e, como tal, ilusória, em que o sujeito operador se distingue verdadeiramente do sujeito destinador. O

---

6 A figurativização consiste nos procedimentos de especificação e particularização do discurso abstrato, por meio dos quais se produz a ilusão referencial.

modo de ser do subordinado é um estado passional, porque a relação é vista sempre do ponto de vista de um só sujeito. Ele é a metáfora desse aspecto ilusório, criado pela estrutura da chefia *versus* subordinado apaixonado.

O que agrava a questão, fundamentando-lhe a dramaticidade, é, pois, como trabalha o problema o discurso de Getúlio. Não se confere destaque ao chefe, não é ele o herói, merecedor de honrarias, mas o subordinado. O chefe é reduzido quase a pano de fundo. Por isso, enquanto o desmascaramento não se realiza, o que caracteriza o romance em questão é a tônica dada a um saber, inquestionável, absoluto, fruto do esforço individual daquele que se classifica como despachado. O saber de Getúlio sobre si mesmo e o mundo é vivido num estágio de amadurecimento, de acrisolamento, que permite, por essas condições, submeter-se a uma *autodescrição.*

A autodescrição, como se sabe, ao mesmo tempo em que cria uma auto-imagem, tendendo ao enrijecimento, cria também uma visão de mundo. Todo o primeiro capítulo – e continuando, ainda que não sistematicamente nos subseqüentes – não é só uma rememoração, balancete do passado. Nessa rememoração, processa-se uma autodescrição em que se projeta uma imagem de sujeito e de sua organização de mundo, cuja marca mais importante, que lhe confere unidade, é o orgulho de crer-se detentor de um saber – objetivo, baseado no real – muito rígido em seus preceitos e injunções, fruto da experiência do sujeito, de sua capacidade de apreender e interpretar o mundo. Nesta postura, mínima é a margem conferida à atuação do destinador, principalmente quando este é visto, pelo destinatário, não como um sistema abstrato de valores, mas como uma individualidade concreta, insubstituível, singular. No entanto, esse saber, que será desmascarado no final do romance como ilusório, já no primeiro capítulo deixa-se denunciar, não como fruto do querer do sujeito, mas como fruto da manipulação do outro. O discurso manifesto de Getúlio pretende afirmar e manter a condição de sua veracidade e autonomia. Sob ele, no entanto, encontra-se outro, de que ele, discurso visível, é o anteparo que resguarda o primeiro do confronto com o mundo. A parcimônia da presença da figura do chefe é, portanto, ilusória, mentirosa. Ela está, como a outra voz, por trás de todo o discurso de seu subordinado, fazendo dele o seu escudo.

O PRINCÍPIO MODELIZANTE DO MASCULINO

O discurso de Getúlio está constituído de dois textos fundamentais.

Um primeiro texto mais superficial, na acepção de nível de manifestação, cujos princípios organizadores são a racionalidade e a consciência. Um texto em que o sujeito enunciador se apresenta como norteado pela razão e que tem consciência plena, verdadeira dos fatos narrados ou descritos.

O segundo texto se localiza num nível inferior do percurso gerativo e se constitui mais por meio das marcas do sujeito que como objeto da enunciação deste. Talvez se pudesse dizer que no primeiro se tem um texto manifesto e, no segundo, um texto imanente que irrompe pelas fissuras, pelas falhas e faltas do primeiro, numa linguagem não tão amarrada quanto a primeira, mas fragmentária e resvaladiça, que emerge, apesar disso, quando se baixa a guarda da coerção do primeiro discurso.

O primeiro texto – digamos, o texto menos antigo – tem a pretensão de impor-se como a formalização de uma leitura do mundo e do homem, inteligente e tendendo à abstrata. Inteligente porque consciente e que, por isso, teria a virtude da universalidade. Isso deveria, portanto, garantir uma homogeneidade de sentido à heterogeneidade da realidade. É um texto dominado pela modalidade veridictória do ser que torna a realidade passível de sintetizar-se em alguns princípios ou preceitos.

Assim, a partir do momento em que se efetua o contrato fiduciário entre Getúlio e Acrísio, começa a atuar decisivamente no primeiro um sistema modelizante, fundamentado numa estrutura mínima: *nós/eles*. Esta estrutura se realiza não só actorialmente como temporal e espacialmente. *Nós* significa Getúlio, o chefe, o partido. *Eles* significa não-pessedista, ou seja, comunista, integralista, udenista; às vezes mesmo os demais jagunços e a arraia miúda do povo. Nós significa um tempo que somente passa a contar a partir do ingresso de Getúlio na polícia e política, expurgando o passado: é um hoje que se prolonga imutável pelo futuro. Com base nessa dicotomia, a geografia dos estados do Brasil leste e nordeste é objeto de uma reorganização segundo a categoria centro/periferia. Sergipe é o centro, ao mesmo tempo em que, numa dinâmica centrifugante, repele tudo que lhe pareça estranho. Getúlio ignora tudo o mais, abstraindo, nominalisticamente, a realidade do que poderia ser o próprio país, denominando os demais estados genericamente como Alagoas, Bahia, Pernambuco. Esse colocar tudo num mesmo saco se evidencia pelo contraste no tratamento pormenorizado quando se trata de seu estado. De um lado, pois, o debruçar amoroso, ainda que às vezes irritado mas sempre atento, sobre o objeto em que o nomear é sempre distinguir e, de outro, a altivez que afasta, repele, impõe distância, condenando o objeto a só existir esvaziado, empobrecido de suas potencialidades.

Essa atitude idiossincrática que, por isso mesmo, foge ao controle do querer fazer um discurso racional se torna o meio pelo qual emerge o outro texto, o do puro desejo. Por esse desejo, o Estado de Sergipe não só coincide com o próprio

Brasil, condenando à não-existência todos os demais estados, como é o centro do mundo. Sergipe é visto pelo desejo como uma unidade, não só uma unidade geograficamente concreta, mas reconstituída como uma unidade emocional, que cabe num abraço único.

Apesar disso, no entanto, o segundo texto é afrontado continuamente pelo primeiro, naquilo em que este ainda respeita, exige a verificação da realidade. Nesse outro texto, Sergipe é visto em sua heterogeneidade, às vezes positiva, às vezes negativa, que lhe confere uma concretude figurativa de que carecem os demais estados.

Grosso modo, no interior do Sergipe da unidade mítica desejada por Getúlio, aos poucos vai-se evidenciando principalmente a dicotomia Aracaju-litoral e sertão-agreste. Essa dicotomia se acentua mais e mais ao longo da narrativa, apesar da semiotização do rio, que, vindo do interior, desce até encontrar o mar, como símbolo da unidade do estado.

É a imposição da realidade das diferenças – confirmando a unidade como uma figura criada pelo desejo – que o destaque da qualificação de Getúlio como despachado e de sua categorização tímica eufórica implica, distribuindo ao mesmo tempo os termos sertão/cidade como disfórico, o primeiro, e eufórica, a segunda. Quer dizer, o conteúdo posto da narrativa consiste na categorização do interior sertanejo como espaço da anticultura ou da não-cultura, do diferente, do distinto, de que se deve livrar. Positivamente posto é ingressar no espaço da cultura, onde se estima euforicamente o fato de pertencer a um grupo, a uma coletividade vista como mais organizada, de feições mais definidas, tida como o espaço do cosmos culturalmente resgatado do caos. Ou seja, Getúlio opta pela cidade porque entende ser ela a alternativa *racional*. Todo o programa narrativo em que age como polícia-político passa a reger-se por um querer com que ele assume a opção, em detrimento do querer *emocional*, cujo objeto é o sertão.

O primeiro texto do discurso de Getúlio qualifica o móvel de seu deslocamento de um espaço para outro como positivo, colocando-o, inclusive, como decorrente de uma característica individual, se não singular. Desqualifica, ao mesmo tempo, os demais sertanejos que ali ficam como desprovidos dessa qualidade avaramente outorgada pela natureza. O outro texto, o do desejo, revela que, a partir de então, à aparência de uma solução verdadeira – o encontro pelo Sargento de sua própria definição, afinal ele é o Sargento Getúlio, da Polícia Militar do Estado de Sergipe – se opõe a realidade da divisão interior do sertanejo que se dispõe como uma *tensão* entre o dever racional de ir para Aracaju e o querer emocional de ficar no interior. Nessa tensão, num primeiro momento, vence o dever que passa a ser assumido como querer racional. A partir de então, o querer erige alguns princípios que vão funcionar como modelizantes de seu comportamento e de sistematização de um universo que começa a se criar.

A miséria é a realidade, o ponto de partida desse programa narrativo de mudança – aos olhos de Getúlio, mais de mudança do que de transformação, no sentido de que para ele o que se alcança com o deslocamento para a cidade seria o desdobramento do que no sertão já estava nele em virtualidade. E a alavanca que possibilitará a dinamicidade necessária para essa mudança é, como ficou dito, a esperteza, a vivacidade do sujeito.

Observa-se que tal predicado pode classificar-se como uma qualidade *masculina*, independentemente da sexualidade que dela se investe, como ensina Roland Barthes. Essa qualidade é que determina o engajamento do sertanejo no mundo masculino da Polícia Militar. Quer dizer, o tema da inserção do homem do interior no mundo urbano, entendido por ele como o mundo da civilização, figurativiza-se como *polícia*: delineia-se aí, claramente, a perspectiva ideológica de enfoque da realidade e da problemática vivida pelo sujeito. Descobre-se, ao mesmo tempo, o recorte que ele imprime a essa realidade, ao eleger a fração dela em que atuará: a militar. É interessante, no que toca à cidade, em contraste com o que toca ao interior, observar como o recorte que Getúlio faz da realidade como aquilo que significa e existe é bastante restritivo, limitando o espectro de seu enfoque ao que diz respeito ao universo político regional, e este ainda numa acepção disfórica.

Tal isotopia *masculina* e essa configuração *militar* se explicam, aos olhos do sujeito, porque a primeira é o princípio *modelizante* fundamental agindo sobre o *erro* e sobre o caos, e a segunda o seu *resultado exemplar*. A corporação militar, no seu entender, apresenta-se como o protótipo da eficácia da cultura em sua capacidade de ordenar, de fixar, de eliminar a instabilidade, o acaso, a mudança. Baseado nela, o sujeito constrói um modelo fixo que atua nele, em seus propósitos conscientes, durante a narrativa toda: para Getúlio, há um ponto inicial, a situação de miséria do sertanejo, que é modificada pela sua qualificação inata de despachado, levando-o ao desempenho constituído pela sua atuação como polícia, cujo resultado, para ele positivo, é um ponto final inamovível. É um modelo elementar, fechado e rígido, criado pela sua determinação, mas cuja negação, intuída como possível, se torna o núcleo de sua ansiedade.

OS CONCEITOS DE CORAGEM E HONRA

O princípio masculino se torna, portanto, modelizante, de um lado, e, por outro, força de cristalização, de ossificação, de estaticidade, graças à sobredeterminação modal pelo querer do sujeito que se concebe não só como sujeito pragmático operador, mas também como destinador de regras, valores e sanções.

A práxis desse princípio masculino é sobredeterminada pela categorização tímica, cujos termos se investem dos conceitos de *medo/vergonha*, *coragem/ honra.*[7]

A regulação do comportamento humano pelas normas da vergonha e da honra, sobrepondo-se ao medo, está na passagem mesmo do estágio de natureza para o de cultura. O ingresso no domínio da cultura não significa a abolição da natureza, o que anularia o sentido do mérito e da coragem. A relação delas pode configurar situações conflitivas ou harmônicas.

O medo se localiza na área do natural, do animal, e não ter medo, superação conseguida pelo humano, erige-se como valor cultural, sob a denominação de *coragem*, taxando-se de *vergonhosa* quando a superação não é conseguida.

Em um mundo rude como o sertanejo, precário em meios naturais, inclusive, de sobrevivência, o medo desce em sua escala de objetos, coincidindo quase com o limite da relação concreta, imediata de homem-mundo: "Defunto é que nem praga de abobra, nesta terra" (SG, p.37), sintetiza Getúlio. Quer dizer que é a presença da vida que instala a descontinuidade na continuidade da morte. A requisição contínua do homem pelo medo torna-se mais intensa, e mais renhida a luta, o esforço do homem de colocar-se na contramão da coragem.

A coragem se enraíza no centro, no coração e resiste, na sua essência, a subordinar-se à razão. Ela diz respeito ainda ao lado natural do homem porque o objeto que ela combate é o medo, o instinto de autopreservação, por isso mais difícil de adquirir. É ela que organiza o caótico do medo, para dominá-lo, mas lhe é solidária porque tem a mesma origem. No mundo bárbaro da dominação do mais forte, do coronel, polícia e jagunço, o medo se enraíza e se expande, exigindo, na mesma medida, a mobilização da coragem.

Pelo princípio masculino, a coragem se materializa, tanto na cidade quanto no sertão, na figura do *macho*. Ou seja, ser macho é não ter medo, qualquer que seja o seu objeto, conforme esbraveja Getúlio, contundente, quase no final do livro:

> E não tenho medo de alma, não tenho medo de papafigo, não tenho medo de lobisomem, não tenho medo de escuridão, não tenho medo de inferno, não tenho medo de zorra da peste nenhuma. (SG, p.85)

---

7 Sobre esses conceitos, ver Lotman, *Y la Escuela de Tartu*, Semiótica de la cultura, 1979a.

Mas esse denominador comum que poderia, na visão de Getúlio, fundamentar a visão mítica do Sergipe, como um estado só, unificado pela macheza, em sua manifestação pragmática, é perturbado em sua inteireza. Ele descobre, mais tarde e aos poucos, que a coragem macha se pratica em sua pureza igualmente nos dois territórios, no interior e na capital. Descobre mais que, contra o seu desejo de construir um mundo estável, estático, claro em sua organização, o universo urbano é complexo, onde as coisas se complicam, inclusive em seu sentido etimológico, de dobras que se escondem, que se furtam aos olhos.

A interiorização do valor de *macho*, aprendendo a não-ter medo, ensina e impõe uma *relação frontal* com o objeto, fundamentalmente, por se encontrar no primeiro grau da escala uma relação frontal com a morte. Dentro do quadro do organizado, da cultura ou do caótico e, principalmente, da anticultura, essa relação frontal com a morte modeliza a relação do macho com tudo o mais.

Assim, uma das primeiras manifestações da complexidade da materialização da coragem e do machismo, com que se defronta Getúlio, é a que se refere à organização hierárquica não só da corporação militar mas também da corporação encaixante, a do partido político:

> Vosmecê não acredito que tenha visto um homem resistindo da morte, porque o que me dizem é que vosmecê manda, não faz. Está direito, na sua posição. (SG, p.23)

Estas são palavras do Sargento ao preso político. Elas traduzem uma organização grupal com distribuição de funções e fazeres, cuja legitimidade – mandar-não-fazer e não-mandar-fazer – o Sargento dá como assentada. Mas os torneios retóricos de distanciamento – "Vosmecê não acredito, o que me dizem" –, de cordura educada – "Está direito, na sua posição" –, assinalam a inversão de posição, não propriamente de polícia/preso, mas sobre essa, a de quem fala/quem ouve. Ou seja, a palavra implícita no mandar é apossada pelo que cumpre ordens, que faz, e com ela se assegura o poder-falar, e com a fala discutir, colocar em pauta o até então proibido: é o subalterno que desnuda, ainda que pela linguagem, o confronto do homem com a morte, e, conseqüentemente, com a coragem e o medo. Está direito que certa posição equivalha a mandar, mas a correlação de valor, segundo a norma do medo e da vergonha, não ocorre de forma direta em que o que manda signifique mais corajoso, e o que faz, menos corajoso. Pelo contrário, ele inverte a posição dos termos da equação, estribando-se na evocação do medo primordial, instintivo da morte, que a posição de mando, desvinculado do fazer, alija e permite esquecer. O sujeito do fazer tem uma relação frontal com a morte, e sem mediações. Por isso a sua coragem é maior e mais verdadeira, serve como medida para aquilatar o valor do homem, equivalente, na concepção deles, a macho. Assim, querendo ser urbano, civilizado, o Sargento faz saber o seu reconhecimento da legitimidade da disjunção hierárquica entre fazer-fazer e fazer. Por outro lado, o desarranjo nas posições, pela circunstância insólita em que o que manda é o dominado, o preso, e o que faz é o que domina, impulsionado pela paixão da irritação, permite ao segundo reavaliar a ordem hierárquica em que se situa.

O Sargento é um irritado, um contínuo irritado. Embora almeje o contrário, o quieto, o arranjado, Getúlio está tomado por uma paixão que o confirma como um paciente. Paciente de quê? De várias linhas de força que o puxam para lados contrários. O sentimento de inveja, de uma parte, que está no centro de sua animosidade com relação ao preso, visto como o civilizado, que ele sabe não ser, se choca com o seu contrário, com o valor positivo e superior do sertanejo, que ele sabe não ter deixado de ser. É esta estrutura elementar que está na base de sua avaliação quando, apesar de urbanamente aceitar, graças a um saber que ele não domina e que pertence ao outro, a superioridade do *mandar*, ele quer reconhecer como de maior valor a relação frontal das experiências mais primitivas que caracterizam o *fazer*. É inquestionável a superioridade do que manda, mas este não se caracteriza por uma relação direta, a sua experiência não pertence à ordem superior da experiência cara a cara. "Só fala com doutor, provoca Getúlio, mas está aí de beiço tremendo como rabo de lagartixa, com medo que eu dê um fim nele agora" (SG, p.28).

Mesmo dentro da área do mando, Getúlio distingue o certo do errado, entre o parecer (finura) e o ser (pecados), o que lhe serve de referência para avaliar-se aos olhos do outro:

> É uma finura. Como se nunca tivesse dado uma ordem de morte, como se nunca tivesse anulado uma urna, como se nunca tivesse um pecado nas costas, que tal? Por essa razão que o bandido sou eu aqui, eu que nunca dei tiro por trás de ninguém, nunca. (SG, p.45)

– reclama Getúlio diante da atitude do amigo Nestor.

Se a qualificação de *bandido* (anticultura), na visão civilizada, se atribui àquele que faz porque o outro ordena (ainda que seja matar), Getúlio aponta para um outro critério de avaliação: o da relação frontal/não-frontal. Mesmo na área do fazer, essa mesma estrutura é uma estrutura modelizante: "eu que nunca dei tiro por trás de ninguém, nunca". A ação de atirar contra terceiro, em si mesma, não significa; ela só tem sentido quando sobredeterminada pela categoria espacial *de frente/de trás*, que se traduz como coragem/medo ou honra/vergonha.

Essa mesma dicotomia frontal/não-frontal combina-se com os conceitos de honra e de vergonha quando se aplicam ao objeto de matar. A diferença está em ser a relação entre o sujeito e o objeto uma relação mediatizada ou não pela figura do comércio: matar sem pagamento e matar com pagamento. Matar sem pagamento é uma forma de relação frontal baseada numa relação direta entre sujeito e objeto, ao contrário do mercenário em que essa relação se torna espúria por desviada. Aqui também se pode pensar na distribuição com pagamento/urbano e sem pagamento/interior, de maneira que o termo disfórico se revele pertencente ao espaço da civilização: ou seja, a relação frontal do sujeito com a morte, valorizada como índice de macheza, sofre um desvio desvirtualizante, desnaturalizante porque não legítima em sua causalidade, ao imiscuir-se uma relação mercantil. Cruza-se aqui um outro princípio, presente tanto no cuidado com o uniforme completo, quanto na morte a tiro (*versus* degola), o princípio da limpeza, do ordenado: suja é a morte com pagamento e à traição. Limpa é a morte de frente e sem pagamento.

Prosseguindo nessa necessidade de organização, de limpeza, num primeiro momento o Sargento distingue o político do pistoleiro, a partir da atividade de matar. Ele busca distinguir a legitimidade de dar morte a terceiro, descobrindo diferenças em elementos secundários e circunstanciais. Político e pistoleiro, ambos são sujeitos de fazer, de matar, ambos matam concretamente. Mas o fazer deles se diferencia porque o fazer do primeiro obedece a uma organização prévia que determina a justiça dele, pela existência de uma justificativa (o político não mata à toa) e obedece a um ritual de limpeza, aqui ditado pela utilidade, eficácia e economia de gestos e meios. O pistoleiro é o que mata não pelo valor colocado no objeto, mas situado no prazer instintivo, na agressividade primitiva. Sem observar as regras da urbanidade, da ritualização, age carnavalizando.

> Tonico gostava, era mais pistoleiro que político. Eu sou político, não mato à-toa. Tonico atira dando risada, é feio, por isso tem uma dele. Chamado mão de onça porque cem juras de morte em cima não treme a mão na gaguinha, só franze a testa e morde o beiço e segura com força. (SG, p.24-5)

Corroborando tais dicotomias, também a concepção de política é submetida ao mesmo crivo. Embora denominador comum das relações coletivas, tanto no interior quanto na capital, a política, como se depreende da citação acima, é apreciada como uma prática de civilidade. Getúlio se orgulha de ser aquele que escalou os degraus que levam a uma maior urbanidade, cujo topo está representado pelo chefe. Ainda que nele se confundam a prática e a competência de polícia, de um lado, e de político, de outro. O fazer da polícia se converte, na verdade, em desempenho pragmático da política. Em contraposição, a instância cognitiva (das decisões, dos acordos e dos arranjos) é entendida por Getúlio como política. E mais ainda, esta instância se confunde com ou tem função social, no sentido de parecer social, daquilo que é tornado público.

Dentro desse sentido, do que é colocado às vistas do público, faz parte da competência do chefe o domínio de todo um sistema cênico em que alguns elementos são destacados pela sua signicidade, neles se concentrando os sinais de prestígio. O chefe os trabalha no teatro da rua, compondo um quadro em que sua figura ganha a aura da unicidade, pela distância que veda a sua aproximação real a qualquer um, e, ao mesmo tempo, persuade pela aparência de atender a interesse coletivo:

> Compro Quina Petróleo Oriental, monologa o Sargento, como o chefe usa e sai todo besuntado, passeando na rua João Pessoa, de roupa branca e um lenço no bolso e dando aquelas paradas para conversar e explicar a situação e depois sentando para tomar cerveja e comer queijo com um molho preto em cima. Para mim o chefe campa as mulheres da miuçalha toda quando quer. É entrar naquela sala e sair galada. (SG, p.16)

É interessante observar que os signos convocados pertencem todos ao mesmo paradigma; não ao do trabalho, do dia de semana, mas do ócio, do domingueiro; não da utilidade, mas do periférico, do supérfluo, cujo prestígio se estriba exatamente no efeito de *status* que permanece fora do alcance da maioria. Compondo o cenário em que esse signos se manifestam – no trecho citado, sintetizados pelo olho de espectador de Getúlio que traça a moldura que lhe dá unidade de sentido –, essa maioria se encontra no texto todo, de forma diluída, sem contorno muito claro, mas com a característica maior de pertencer aos extratos inferiores da sociedade. Traduzindo: o que se nota no trecho acima – em que Getúlio consegue condensar a figura do chefe, com as marcas que, a seus olhos, o erigem em indivíduo invejável, aurático, porque único e inacessível, fascinante pela auto-suficiência – é que o sentido disso só existe pela moldura, pela referência que o contemplador encarna: esse olho é o do sargento que, nesse momento, representa exatamente a coletividade ou grupo para o qual essa encenação tem sentido, quando o que é fetichizado é o supérfluo.

Submetida à pressão, no entanto, essa concepção de chefe é questionada exatamente em seu aspecto oposto ao exibido no trecho acima. Volta a atuar o princípio masculino, enquanto implica atividade (*versus* passividade), direcionada ao essencial e decisivo. "Política é negócio de homem" (SG, p.37), cutuca Getúlio ao preso. *Nec-ocio*, exatamente o contrário da cena de ócio acima transcrita. Por isso, a sua degeneração é expressa em termos que indicam um movimento em direção ao feminino, mas que não o é. Política, negócio de homem, que quando malfeita é política *maricona*. Uma metáfora que, no entanto, pode encontrar-se denotativamente referenciada: "Política é negócio de homem, podia dizer, se amunhecasse como tenho para mim que se amunhecasse" (SG, p.37), insulta Getúlio o preso indefeso. O feminino é igualado a *fêmea*, numa correlação direta a masculino-macho. Esse abrandamento já é visto numa outra prática política urbana: contra a política macha do sertão, a política de *prosa* da cidade.

O GRUPO

Político e pistoleiro ou político ou pistoleiro são denominações em que se cristalizam as duas atitudes polares das relações sociais. Do ponto de vista, porém, do conteúdo, as unidades semêmicas se fazem flutuantes, fogem a uma configuração rígida, quanto às categorias do caos/cosmos, organizado/não-organizado, central/periférico, masculino/feminino, urbano/rural, civilizado/não-civilizado.

De modo geral se pode afirmar que, na visão inicial de Getúlio, o político é o limpo, organizado, central, masculino, urbano, civilizado; e o pistoleiro, o caótico, o não-urbano, o não-civilizado, o periférico. E ele sabe que é preciso que prevaleça o organizado. Além da organização, uma organização hierarquizada. Ainda que, além da categorização nós/eles, não saiba definir o político como partido, ainda que só intua que a coesão do partido se faça entre correligionários – agrupando os demais sob a denominação genérica de não-correligionários – ele sabe que se trata de um grupo em que se distinguem líder e os demais.

De qualquer forma, há sempre a consciência e o sentimento de pertencer a um grupo.

A qualificação ou a autoqualificação de Getúlio como despachado implica, no romance, a saída de uma situação do indivíduo de um grupo de relações bastante restritas para grupos ou grupo bastante mais amplo. São pouquíssimas as pessoas de sua vida anterior lembradas por Getúlio: a mãe, evocada como neblina, sem característica concreta individualizante, e a irmã que recebe dele duas recordações muito específicas, como a doadora do saber ver a natureza e a da moça que foi prostituir-se.

Ao contrário, na nova vida, além dos companheiros de profissão, destacam-se a figura horrenda de Tárcio, o que tirava verso quando queria, a do chofer Amaro, da mulher Luzinete, mais tarde do fazendeiro Nestor, do Padre de Aço da Cara Vermelha e a de Acrísio Antunes. Como pano de fundo a essas personagens, o discurso de Getúlio sugere um relacionamento numeroso e heterogêneo, com indivíduos a quem nomeia coletivamente como "arraia miúda", ou que despersonaliza sob a denominação de "correligionários" da udenê, pessidê, integralistas e comunistas.

Ao contrário também de uma vida monótona, de sertanejo, tem ele na cidade um cotidiano movimentado, tanto pragmática quanto cognitivamente. Amplia-se a sua visão de mundo, que se enriquece em sua diversidade e extensão, ainda que de uma forma confusa à maneira mesma do samba do crioulo doido.

Embora não se possa fazer corresponder uma psicologia individual para a primeira fase da existência de Getúlio e uma psicologia de grupo para a segunda – primeiro porque as fronteiras entre as áreas de sua aplicação não são assim independentes, e mesmo porque na primeira fase há um pequeno grupo atuando sobre Getúlio –, apesar disso, o ensaio "Psicologia de grupo e análise do ego" (1976c) de Freud ajuda a entender melhor a segunda parte de vida do Sargento.

Freud inicia seu ensaio pela exposição da teoria de Le Bon (*Psychologie des folles,* 1955) sobre a mente grupal, cujos pontos principais são os seguintes:

1 uma espécie de mente grupal fazendo o indivíduo sentir, pensar e agir de forma diferente da de quando isolado;
2 o papel preponderante do inconsciente na vida orgânica e intelectual;
3 o sentimento de poder invencível. Segundo Freud, as condições grupais permitem liberar os impulsos instintuais inconscientes. Daí o desaparecimento da responsabilidade, pois a "ansiedade social" constitui a essência da consciência;
4 no contágio dos atos e sentimentos, o aparecimento da espontaneidade, da ferocidade e da redução da capacidade intelectual;
5 a compulsão pela sugestionabilidade; a personalidade consciente é suplantada pelos sentimentos e pensamentos determinados por uma relação de hipnose.

Sintetizando: o grupo é impulsivo, mutável, irritável, crédulo. Pensa por imagens que se associam umas às outras, e cuja concordância com a realidade nem sempre é testada. Não conhece a dúvida, mas só a certeza; nele, a suspeita se converte em certeza, a antipatia em ódio. Conservador, não gosta de inovação, respeita a tradição. O grupo é uma autoridade que substitui a sociedade, fazendo o indivíduo entregar-se à atuação do prazer aumentado pelo afastamento das inibições. É movido pelo poder mágico das palavras, pela preponderância do irreal sobre o real. O grupo necessita de *chefe*, que deve estar fascinado por uma intensa fé ou idéia, possuir vontade forte, e ao qual se votam admiração e respeito.

Embora concorde em boa parte com Le Bon, Freud comenta que as suas idéias não são originais, e passa à teoria de Mc Dougall (*The group mind*, 1920). Segundo este, o grupo simplesmente não possui organização, é uma multidão, mas tem algo (interesse por um objeto, uma inclinação emocional) que une os indivíduos. Quanto maior a homogeneidade mental, mais forte é a manifestação da mente grupal, cujo resultado mais importante é a exaltação ou intensificação da emoção, pelo princípio da indução direta da emoção por via da reação simpática primitiva, uma compulsão automática por interação mútua. Isto porque o grupo substitui a sociedade em autoridade, por meio do afastamento da consciência antiga e das inibições; libera-se à atração do prazer, graças à idéia de que o grupo possui poder ilimitado, decaindo o nível de inteligência.

Já o grupo altamente organizado tem o seu comportamento determinado por cinco fatores que elevam a vida mental coletiva.

1 continuidade de existência do grupo – material ou formal – em que o indivíduo tem lugar fixo;
2 a consciência por parte de cada membro de alguma idéia definida da natureza, composição, função e capacidade do grupo;
3 interação do grupo com outros por semelhança ou diferença;
4 existência de uma tradição, costumes ou hábitos que determinem a relação dos membros;
5 estrutura definida, manifesta em especificações e diferenciações de funções de seus membros.

Sob o título *Sugestão e libido*, Freud discute como aportar para o grupo aspectos característicos dos indivíduos, lembrando Trotter (*Instintos do rebanho na paz e na guerra,* 1916). Freud rediscute as noções de imitação, indução primitiva da emoção, do contágio, da sugestão mútua ou prestígio de autores superiores. Chega à conclusão de que a *sugestionabilidade* é um fenômeno irredutível e primitivo, um fato fundamental na vida mental do homem (1976b, p.144). Para a explicação, recorre ao conceito de libido. Assim, a união grupal se deve a eros, que, na verdade, mantém unido todo o existente no mundo. A essência da mente grupal está constituída pelas relações amorosas, emocionais. O indivíduo abandona a sua distintividade num grupo e permite que, pela necessidade de estar em harmonia com eles, os demais o influenciem por sugestão.

Para Freud, morfologicamente, os grupos podem ser distinguidos segundo duas modalidades fundamentais, conforme as dicotomias: efêmero/duradouro, homogêneo/não homogêneo, natural/artificial, primitivo/altamente organizado. Dentro da modalidade altamente organizado, permanente e artificial, Freud analisa dois grupos, quanto à relação dos membros com o líder: a Igreja (Católica) e o Exército.

Além de ambos terem a sua coesão mantida por uma força externa, eles apresentam a característica da ilusão de que o líder (Cristo e o comandante-chefe) ama todos os membros igualmente. A sua estrutura é assim de natureza libidinal, pelos laços libidinais que unem os indivíduos ao líder e os membros entre si. Isso implica falta de liberdade que leva à alteração e limitação da personalidade do indivíduo.

O pânico se explica exatamente pela desintegração do grupo graças ao desaparecimento dos laços emocionais que minimizam o perigo. O medo pânico pressupõe, pois, o relaxamento da estrutura libidinal do grupo.

O laço que une os membros de um grupo é a *identificação*, baseada no tipo de relação emocional que cada um mantém com o líder. A identificação é conhecida pela psicanálise como a mais remota expressão de um laço emocional com outra pessoa (p.133). É um comportamento tipicamente masculino que se reconhece no complexo edipiano, em que o pai é tomado como ideal pelo filho. Ambivalente, pode ser expressão de ternura ou desejo de afastamento, comporta-se como derivado da primeira fase da organização da libido, da fase oral, em que o objeto desejado é assimilado pela ingestão, sendo, portanto, aniquilado como objeto (p.133).

É preciso distinguir, no caso do pai, por exemplo, a identificação com ele de sua escolha como objeto. No primeiro caso, o pai é o que gostaríamos de ser; no segundo, o que gostaríamos de ter. Na identificação, podem se manifestar sintomas da pessoa que se quer ser, para ocupar o seu lugar com relação à pessoa que se ama, ou imitar sintomas da pessoa que se ama. A identificação pode substituir a escolha do objeto por um processo de retroação, quando o ego assume características do objeto. Ela pode aparecer, ainda, como resultado do desejo do sujeito de colocar-se na mesma situação da outra pessoa.

O que apreendemos dessas três fontes pode ser assim resumido: primeiro, a identificação constitui a forma original de laço emocional com um objeto; segundo, de maneira regressiva, ela se torna sucedânea para uma vinculação do objeto libidinal, por assim dizer, por meio da introjeção do objeto no ego; e, terceiro, ela pode surgir com qualquer nova percepção de uma qualidade comum partilhada, com outra pessoa que não é objeto do instinto sexual.

A relação dos membros de um grupo se identifica como do terceiro caso, em que, segundo Freud, a qualidade comum partilhada é a natureza da relação dos membros com o líder: a ilusão de que todos são por ele igualmente amados.

Na relação amorosa, Freud chama a atenção para o fato de que o objeto amado desfruta certa liberdade quanto à crítica, e para o fato de que todas as suas características são altamente valorizadas, mais do que as das pessoas que não são amadas ou do que as características dele numa ocasião em que não era amado (p.133).

A tendência que falsifica o julgamento nesse respeito é a *idealização*: "Vemos que o objeto está", explica Freud,

> sendo tratado da mesma maneira que o nosso próprio ego, de modo que, quando estamos amando, uma quantidade considerável de libido narcisista transborda para o objeto. Em muitas formas de escolha amorosa, é fato evidente que o objeto serve de sucedâneo para algum inatingível ideal de nós mesmos. Nós o amamos por causa das perfeições que nos esforçamos por conseguir para nosso próprio ego e que agora gostaríamos de adquirir, dessa maneira indireta, como meio de satisfazer nosso narcisismo. (p.142)

As funções atribuídas ao ideal do ego deixam inteiramente de funcionar. A crítica exercida por essa instância silencia; tudo que o objeto faz e pede é correto e inocente.

A evolução da identificação ao extremo, em que o objeto de amor acaba consumindo o próprio ego, leva à situação em que o objeto é colocado no lugar do ego ou do ideal do ego, como na "fascinação", na "servidão", a expensas do próprio ego, enquanto na identificação o objeto é erigido dentro do próprio ego, introjetado. Após comparar a relação do indivíduo com o líder de um grupo, com a relação do paciente com o hipnotizador, Freud chega à conclusão de que "Um grupo primário desse tipo ... é um certo número de indivíduos que colocaram um só e mesmo objeto no lugar do ideal do ego e, conseqüentemente, se identificaram uns com os outros em seu ego" (p.147).

DE SERTANEJO A POLÍCIA

Vejamos o que acontece com Getúlio.

Como já se disse, o segmento correspondente à efetivação dos contratos que instituem Acrísio Antunes, o líder político, como destinador e Getúlio como destinatário-sujeito é silenciado. Não faz parte das recordações do sertanejo o seu engajamento, como polícia e nem como jagunço. Sequer como um acontecimento de ordem da emoção, conforme se poderia esperar pela tonalidade afetiva com que ele se refere a outras passagens de sua convivência com o chefe.

O que se pode fazer é uma reconstrução do que possa ter ocorrido, a partir das marcas deixadas em seu efeito, ainda que duvidosas porque advêm de um contrato fiduciário, de um simulacro baseado na subjetividade das partes.

De qualquer maneira, a questão mais importante que se pode colocar com relação a Getúlio é se houve uma heteromanipulação ou se uma automanipulação predominantemente; isto é, se ele foi convencido pelo outro ou se ele próprio convenceu-se do valor do engajamento. Pergunta-se se o contrato fiduciário se realizou pontualmente e localizado no tempo, ou se se firmou paulatinamente ao longo de seu desempenho como polícia. A dificuldade em determinar tais aspectos se situa no fato de que o narratário só conta com um discurso em que o Sargento se autodescreve, já no final de todo um percurso realizado, ou seja, um discurso marcado pela aspectualidade perfectiva. E mais que um fluir de lembranças – que ocorre em alguns trechos, mas estes referentes ao passado fora de Aracaju, alheio a Antunes e ao partido –, em boa parte tem-se realmente nesse discurso uma postura *descritiva*; melhor, que se quer puramente descritiva, uma autodescrição enrijecedora, empobrecedora pela sua vocação pela definição. Por essa finalidade instituída, por uma vontade emotiva, que se instala na enunciação, é de interesse do Sargento, ainda que não consciente, que o seu engajamento na política e a sua relação com o líder sejam dados como resultado de uma automanipulação, determinada pela sua qualificação como esperto, ladino. De tal forma esperto e ladino que essa autodescrição aparece como a viga mesma que suporta, principalmente no capítulo I, essa exposição de um saber sobre a vida, assentado na experiência e na capacidade do sujeito de avaliá-la corretamente e abstraí-la em conteúdos traduzíveis em princípios e máximas.

De qualquer maneira, o efeito mais decisivo dessa manipulação, auto ou hetero, é um contrato fiduciário, mais que real, de que resulta a crença de Getúlio de pertencer a um grupo urbano. Mas, contraditoriamente, o que caracteriza predominantemente esse grupo, na visão de Getúlio, que é o que interessa, é o que se encontra expresso nas palavras de Freud ao definir o grupo pouco estruturado: uma horda conduzida por um chefe, cujo componente mais importante é a relação membro-líder.

Desse ponto de vista, aos olhos do sertanejo, Acrísio Antunes encarna verdadeiramente a trajetória virtual de Getúlio ao sair do interior e instalar-se na cidade. Sobre Antunes, é preciso deter-se um pouco. Como já se assinalou, apesar da relevância, a figura de Antunes se apresenta rarefeita, pois a sua competência e desempenho são referidos ambos em sua exemplaridade. Esta se encontra ainda praticamente reduzida ao âmbito da atuação política, e esta, à prática da violência, direta nos confrontos com os adversários de outros partidos, como a tradicional anulação de urna, queima de jornal inimigo, diligências da polícia que encobrem a agressão ou a retaliação política ao inimigo. Mesmo aqui, o que ocupa o primeiro plano da cena é o fazer pragmático da polícia a serviço do partido. Essa estratégia de representação, interpondo uma distância razoável entre o referente e o narratário, não tendo este nunca acesso ao primeiro, propicia uma ambiência aurática que não é devida ao narratário, mas ao efeito do trabalho sobre a linguagem feita pelo narrador.

O narratário, como instância de recepção do desempenho do narrador em seu trabalho com a linguagem, recebe uma imagem de Antunes que para ele não é aurática; pelo contrário, apreende a imagem transmitida como efeito da manipulação que o narrador, por meio da linguagem, faz sobre *sobre si mesmo antes de mais nada*. Ocorre uma supervalorização do líder, sem que, no entanto, ao narratário sejam dados os elementos em que aquela se fundamenta. Melhor ainda, a aura permanece no âmbito da relação do chefe e o Sargento, sem que justifique em nível da relação narrador/narratário. Tal supervalorização é impingida como inquestionável por uma espécie de imunidade, conseqüente de um poder pouco claro do líder, e uma auto-suficiência da mesma ordem. A rarefação acima referida decorre, pois, de uma postura acrítica do membro do grupo com relação ao chefe, desconhecendo os espaços brancos que vai deixando, mal disfarçados, em seu discurso.

A complexidade de tais relações aparece em momentos de tensão como no trecho abaixo, em que, levado pela irritação, o Sargento provoca o preso:

> É uma finura. Como se nunca tivesse dado uma ordem de morte, como se nunca tivesse anulado uma urna, se nunca tivesse um pecado nas costas ... (SG, p.45)

Aí ele valoriza o princípio fundamental da frontalidade que faz o corte distintivo entre bandido/não-bandido, mas que é deixado de lado, é negado em seu orgulho pela esperteza no trabalho, eficaz mas silencioso:

> Assassinato misterioso em Itabaianinha. Massacre de família. Essas alturas, todo mundo leso e eu dormindo em Arua. (SG, p.17)

Ou no orgulho pela esperteza dúbia de seu chefe:

> O jornal, depois o chefe botou no outro jornal que os integralistas era que tinha queimado. (SG, p.19)

Esse falseamento no julgamento é característica do processo de *idealização* por que passa a relação do membro do grupo com seu líder, em que se reconhece uma origem narcisista do sujeito, que ama no outro o que quisera ser. Ao mesmo tempo, na prática, o líder se erige em um modelo a copiar. Índice da identificação de um com o outro se descobre nas passagens acima, em que a atitude do subordinado está calcada na identidade do ego com o objeto amado. Paradigmático nesse sentido é o capítulo I.

Nessa técnica de fazer fluir o pensamento do sujeito, com o Sargento monologando, raramente dialogando com o motorista ou o preso, pela técnica da colagem de fragmentos de diferentes origens e naturezas, o romance constrói nas primeiras páginas a imagem da interioridade do sujeito como uma rede não controlada de motivações, de recordações, de desejos e sentimentos que se interceptam vindo de vários níveis de consciência e vontade. Observa-se, então, que a figura do chefe não aparece como fragmento do passado, imediato ou remoto não importa, que vem ajudar a compor o contexto em que se situa a ação atual, ou seja, a condução do preso de Paulo Afonso a Aracaju. Não, ele aparece relacionado a um *projeto,* num futuro imediato, de um fazer pragmático, programado, a ser cumprido na primeira oportunidade: o que Getúlio fará quando chegar à cidade. Nesse projeto é fundamental atentar para o fato de que, elevado o chefe a modelo a ser cumprido, os aspectos escolhidos para a imitação sejam todos pertencentes à *aparência.*

Já em outra ocasião isso ocorrera exemplarmente. O desempenho cênico – passear pelas ruas de João Pessoa, de roupa branca e lenço no bolso, fazendo paradas estratégicas – fora levado à radicalidade pelo Sargento, como se vem a saber depois. Aquilo que no chefe é exposição de poder aurático, de saber não compartilhado, de imposição pela admiração, se converte em Getúlio em intimidação, em exposição do poder da força:

> Pois desci fazendo pose, enfiando o catapiolho na aba do quepe, as reiúnas vuquevuque, com aquele silêncio só se ouvia mesmo o rangido pela riba daquela poeira fina ... Estava uma pasmaceira das completas, parece que aquele povinho ordinário tinha ficado com medo da decisão, parece até que não estava com política. Me deu vontade de falar alto, sozinho mesmo ... Pois fiquei ali, até assobiei, sabendo que estavam com mais medo de mim do que do inferno e fui ficando um tempão horas olhando as unhas... (SG, p.34)

A exemplo do que se observa no trecho acima, pode-se igualmente afirmar que no projeto futuro, focalizado nesse primeiro capítulo, é nos cabelos que o romance centraliza a imitação. Em meio a lembranças de outras ordens, de repente irrompe o desejo: "Compro Quina Petróleo Oriental, como o chefe usa e sai todo besuntado ..." (SG, p.16). A ele, segue-se a descrição do passeio do chefe pelas ruas da cidade, a suspeita de seu comportamento sexual com as mulheres de subalternos, colocada de forma taxativa, conclusiva, que, no entanto, não tem a força de desalojar, aliás o reafirma, o desejo de trabalhar o cabelo: "Quina Petróleo Oriental", eis um sintagma emergindo assim no discurso, sintético, intacto, sozinho. A situação concreta, imediata, do interior sertanejo, com insetos numa temperatura alta, solicita o Sargento fortemente – "Diabo de moscas" –, levando-o depois a explorar esse motivo da mosca em suas lembranças da meninice, e a rememorar a prática de como livrar-se delas: "Depois, jogando com força na parede, ela achata". No entanto, sem mais aviso, o outro discurso emerge: "Quina Petróleo Oriental, já usou?", numa interpelação não se sabe a quem. Prosseguindo em seus pensamentos, Getúlio aponta um pormenor indicial: "Se eu alisasse o cabelo, possa ser que melhorasse". Um pouco antes já havia dito: "Preciso comprar brilhantina assim que chegar numa cidade de gente. Quando vou à paisana, o quepe não está para assentar a grenhas" (SG, p.15). Essa manifestação do desejo atual aparece num contexto inesperado, intercalando-se à narração da lembrança horrorosa de seu companheiro de luta, Alípio. Feita a anotação acima, Getúlio volta ao tema, para novamente inserir a continuação do pensamento que se mantinha latente: "Compro uma brilhantina cheirosa", onde um novo dado é acrescentado, mas que simplesmente desdobra, expondo o que estava pressuposto, o cuidado com o limpo, o ordenado: "e mando aparar as costeletas" (SG, p.15).

Essa técnica de intercalação, como forma de representação de um discurso latente, prossegue aportando novas informações. Cinco páginas depois, após referir-se a confrontos, tocaias, morte, macheza, também sem outro aviso, volta o tema da brilhantina: "Udenista é udenista. Talvez possa ser melhor, em vez de Quina Petróleo, Brilhantina Glostora, porque gosto mais do cheiro" (SG, p.21). O aspecto visual do cabelo, brilhante e dominado, é enriquecido pelo componente olfativo que, não estando no chefe – "Quina Petróleo não cheira ou cheira menos" – é uma forma interessante de introduzir a perturbação disfórica, inferiorizante, na imitação do modelo. É de notar a ponte ambígua que o romance traça em direção a essa inferiorização social. "Se lembra do preto Romário?, pergunta Getúlio ao chofer. Quem era Romário? Ele era ladrão. Preto ruim, baiano ... Pois usava Glostora o infeliz, veja como era desassuntado, admira-se Getúlio, reiterando: Vou aparar essas costeletas" (SG, p.21).

Esse cuidado com o cabelo é complementado por dois índices da mesma ordem: a preocupação com o lustro das botas e a aquisição de um rádio: "Preciso comprar um rádio. Dá chique" (SG, p.17).

Nesse procedimento sintagmático em que a cada manifestação elementos novos do paradigma são trazidos à luz, observam-se dois aspectos importantes.

Um deles, a identificação narcisista e, o outro, a *renegação da origem*. Se, de uma parte, descobre-se a identificação no ato de aparar as costeletas, de outra, observa-se o desejo de apagar as marcas mais evidentes de sua origem: alisar os cabelos que o quepe ordinariamente disfarça quando de uniforme e que, quando à paisana, se denunciam. O desejo de ser totalmente branco alcança domínios fora da política e da polícia. Narcisismo e renegação são as duas facetas da mesma moeda com que Getúlio se identifica como parte do *nós* (o chefe e eu), cujo sentido para o Sargento fica mais claro na medida em que o *eles* é identificado com aqueles que, de uma forma ou de outra, pela proveniência social ou pela hereditariedade étnica (negro), representam a sua origem. *Desassuntado* é o preto Romário em usar Brilhantina Glostora no cabelo, mas tal juízo não lhe ocorre ao querer o mesmo creme que o chefe.

A distribuição dos motivos que compõem a manifestação figurativa do tema da aparência física não se explica, pois, somente por um processo de socialização em curso, em que o sujeito se trabalha para fazer-se, a seus próprios olhos, primeiro, parte de um grupo a que até então não pertencera. Essa distribuição, irrompendo aqui, ali, inesperadamente como um leito subterrâneo, que corre ao longo do discurso manifesto sobre outros temas e assuntos, assinala um desejo de algo mais profundo: a identificação de um sujeito com outro, de Getúlio com o chefe. Esta identificação está fundamentada na ilusão do amor do líder pelos seus membros que, segundo Freud, explica a coesão do grupo. Ela se detecta na relação entre o discurso citante de Getúlio e o discurso citado de Antunes. Não é propriamente o princípio de veridicção que a preside de forma que a reprodução literal da fala do outro confira ao discurso de acolhida objetividade e veracidade. Há uma relação emotiva que se detecta no uso retórico, reiterado, de uma forma de chamamento que, combinado com o dativo ético, conota respeito, confiança, decisões e segredos compartilhados:

> O chefe disse: me traga esse homem vivo, seu Getúlio. (SG, p.18)
>
> Seu Getúlio, me compreenda uma coisa, me desça o pau nessa corja. (SG, p.18)
>
> Prender os integralistas, seu Getúlio, que é para eles aprender a não queimar o jornal dos outros. (SG, p.19)
>
> Seu Getúlio, não vai me deixar ninguém mais vivo em Sergipe, assim não podemos. (SG, p.36)

Se semioticamente a definição do indivíduo no grupo ou numa coletividade se faz pela posição ou pelo lugar que ele ocupa com relação ao seu chefe e, portanto, a todo o grupo, observa-se, então, que os dois recursos retóricos são expressões de um mesmo conteúdo: o lugar próximo ao chefe é lido pelo subordinado como índice individualizante. Mas, como recursos retóricos, tais expressões tornam ambíguo esse mesmo conteúdo: o respeito que conotam tem duas direções. Tanto de distanciamento em favor de Getúlio, de consideração pelo seu valor individual, quanto de distanciamento pela postura narcisista, auto-suficiente do líder, que o torna, ao mesmo tempo, fascinante e atraente. O intervalo entre as duas distâncias, como estratégia de manipulação, impõe a aparência de que a relação entre o chefe e o Sargento é a da confiança e do segredo, graças à qual Getúlio se vê como existente socialmente, quando, na verdade, como Getúlio vem a descobrir depois, é de reificação que transforma o outro em instrumento. Getúlio é relegado à condição de não-signo, e condenando-a à não existência social.

Para Getúlio, a realidade que conta é a que ele lê no significante do lugar que ocupa no grupo liderado por Antunes. Aí, dois dados chamam a atenção. O primeiro deles está relacionado ao tema amoroso. O tema amoroso, da relação heterossexual, é um tema fundamental no romance. Em boa parte é encarado do ponto de vista da macheza, mais que do machismo. No entanto, ao fazer referência à prática de seu chefe de apossar-se sexualmente das mulheres de seus subalternos – sobre a qual Getúlio diz não ter dúvida –, não se deixa flagrar nenhuma fímbria de ciúme ou inveja. Pelo contrário, a ausência de tais sentimentos é mais sintomática que a manifestação de qualquer um deles. Mais que a assimilação de um valor ou de uma prática regionalmente reconhecidos como próprios dos caciques, sem mais justificativa, parece ser essa ausência o indício de uma relação do tipo líder de horda e os demais indivíduos, colocado por Freud. Ou seja, o processo de identificação, seguido de idealização, se processa com tal intensidade que qualquer sinal de rivalidade de macho com macho desaparece sem deixar rastro.

O outro dado, aparentemente independente do primeiro, curiosamente corrobora a leitura que deste se propõe. Ele se encontra numa cena de morte.

Dentre todos os *eles*, os outros, fora do partido, destaca-se um, a que Getúlio classifica como "tipo de testemunho até, não vale nada" (SG, p.26). A referência a esse estranho se faz logo após a seguinte lembrança. Dois cabras são barbaramente mortos a tiro, na rua, a mando de Antunes. Chega a perícia da capital, com grande alvoroço da população. Assim se recorda o Sargento:

> O chefe veio, o enterro foi concorrido, comemos o tatu de ensopado, Seu Getúlio, o senhor não vai me deixar ninguém mais vivo em Sergipe, assim não podemos. (SG, p.26)

A esse elogio do chefe, narra Getúlio: "Udenista safado, eu disse, e cuspi no chão a mascada que estava na boca, a que responde o líder com uma gaitada daquelas surdas, espiando o chão, com a biqueira cavoqueando" (SG, p.26).

Está-se aí diante de uma cena, cuja moldura é o trabalho eficiente de Getúlio como jagunço de Antunes, dentro da qual se desenvolve um diálogo feito de palavras ditas e subentendidas, de gestos em que pormenores ativam a sua signicidade, imantando de afetividade o relacionamento chefe/subordinado. Observa-se, no entanto, claramente, toda uma seqüência de manipulação manifestada pela figura da *sedução*, em que ao mesmo tempo em que se sanciona positivamente a *performance* do outro, este é levado a persistir no seu fazer pelo juízo positivo emitido.

Em seguida a essa lembrança, como fecho da pequena narrativa, conta Getúlio:

> Dei a ele um passo preto que eu mesmo ceguei, nessa data, que até hoje ele tinha, se não desse para um amigo que visita ele de vez em quando, e que eu não gosto, não vale nada. Tem a cara de sariguê. É o tipo de testemunho até, não vale nada. (SG, p.26)

É um pequeno trecho, curto, interessante, pela complexidade, sob a aparência de clareza e obviedade: os pormenores sublinhados quase com pudor ("que eu mesmo ceguei, nessa data"), a certeza baseada em que não se sabe ("que até hoje ele tinha") aparentemente contradita ("se não desse para um amigo"), o mimo doado, cujo destinador aparece negado, embora não pelo valor do objeto que, por isso mesmo, serve para o mesmo fim numa segunda doação. Quer dizer, o pássaro é investido do valor de mimo numa relação afetiva, tanto que, se ele é dado por Getúlio a Antunes, este não hesita em repetir o gesto com o amigo desconhecido e de partido rival. Mas, ao mesmo tempo, que valor, pergunta-se, atribui Antunes ao mimo de Getúlio, e, conseqüentemente, ao próprio Getúlio se, ao invés de retê-lo consigo, como se espera, transforma-o em objeto de comunicação, de circulação com o mesmo valor mas entre actantes diferentes? Getúlio se cala, mesmo posteriormente, sobre qualquer avaliação mais explícita do gesto de Antunes, simplesmente direcionando a animosidade contra aquele em que ele vê, declarada e confirmada, a condição de rival quanto à afeição do chefe. Ao mesmo tempo, aponta a instalação de uma entropia na distinção, que ele quer clara, entre *nós* e *eles*. Isso sem, contudo, colocar em relevo tais aspectos, como sinais de qualquer tipo de desestabilização na relação chefe/subordinado e, mais ainda, na imagem que do chefe faz o subordinado quanto à sua fidedignidade ideológica.

Deixando de lado o costume bárbaro de cegar-se o pássaro para, assim, obter mais belo canto, a suspeita de dubiedade na relação em pauta se instala quando se atina com a ironia observável no gesto do subordinado: o pássaro cego que agora canta melhor para agrado do outro pode metaforizar a submissão de Getúlio. Por outro lado, a cegueira é, muitas vezes, uma metáfora de castração. Isto pode-se entender numa relação entre líder/filho de horda, do pai primevo que castra os filhos pela proibição de acesso às mulheres. Metaforicamente, o Sargento é um eunuco, que se identifica com o pai, garantindo, desta maneira, uma convivência pacífica. É com ele que o Sargento quer viver o prazer narcísico da autoridade intocável e o orgulho de quem alcançou êxito. Ele é o superego objetivado, exteriorizado, cujos preceitos e ordens o Sargento se preocupa em obedecer, com cuja harmonia ele entende manter a sua estabilidade interior, dentro do mundo da violência.

A relação sujeito/mundo, vista da óptica do desejo do pai, se concentra e se sintetiza na relação líder/subordinado, cuja intensidade o segundo precisa preservar, desejando que, em troca do que faz pelo pai, seja o filho bem amado.

A ESTRUTURAÇÃO HIERÁRQUICA

De acordo com a análise feita por Freud do Exército, pode-se classificar a Polícia Militar como um grupo altamente organizado, permanente, artificial; impedido, portanto, de desagregar-se sob a pressão de força externa. Além disso, uma coesão interna se implanta, segundo Freud, pelos laços libidinais do indivíduo com o líder e com os demais membros do grupo. Além da relação libidinal de identificação com o chefe e de sua idealização, interessa-nos agora a relação dos membros entre si e o chefe, ou seja, a relação como grupo hierarquizado.

O título de sargento indica uma posição dentro de uma estruturação hierárquica já institucionalizada, cuja valorização vai aparecer na segunda parte do romance na contraposição sargento/tenente. Mas no interior mesmo dessa organização de polícia, faz parte da visão de mundo de Getúlio uma macroestrutura hierarquizada, em que o que está mais claro como essencial pela sua *naturalidade* é a posição ou figura do chefe. Ainda que Getúlio não consiga determinar bem, persiste nele a idéia de organização. Segundo Mc Dougall, comentado por Freud, para que o nível mental de um grupo se eleve, esse é um dos fatores mais importantes.

Semioticamente, para a implantação do cosmos sobre o caos, é necessário sobrepor-se uma grade hierárquica, a partir da qual os conceitos de errado/certo se justificam. Com isso, cumpre-se também o segundo fator, segundo Mc Dougall, para que se eleve o nível mental do grupo; ou seja, que cada membro forme alguma idéia definida da natureza, composição, função e capacidade do grupo.

Por isso, pela idéia que faz de um grupo em que as funções são distribuídas hierarquicamente, pode Getúlio dizer "estar certo" que o preso político só fale com doutor, só mande matar mas não mate. Por isso também, pela posição que ocupa no grupo político, no momento de mais tensão, de decisão a tomar sozinho, assim pergunte ao Padre de Aço diante da perspectiva de enfrentar os mensageiros do chefe:

> Padre, ques homens são esses? Não sei, disse o padre, são graúdos, eu acho. (SG, p.93)

A resposta do padre, "graúdo", o leva a tentar uma curiosa análise em que se amplia abrangência da mesma estrutura, extrapolando o âmbito da polícia e do partido:

> São graúdos. Bem, primeiro é Deus nas alturas. Segundo, não sei bem. Quando eu era rapazinho, era o dono de um vapor de algodão que tinha. Quando eu era bem menino era um fazendeiro que tinha, não sei direito, essas coisas dão uma confusão. (SG, p.93)

E prossegue:

> Talvez seja o padre, parece de ser um padre importante. Talvez seja todos os padres, depois de Deus. Sei não. Tem Cristiano Machado e o Brigadeiro e Getúlio Vargas. O Governador. Não, tem as amizades. Não sei como é que isso está disposto. Tinha vontade de saber um pouco... (SG, p.94)

No primeiro momento, depois de Deus que permanece no segundo, ele tenta um balanço em suas recordações, tendo como critério a referência temporal, cronológica – menino, rapazinho – e o poder evidente de quem tem posse material. No segundo, o critério é o que denomina "importância", que ele, depois, não sabe determinar pela diversidade de sua manifestação: Deus, padre, político local, presidente? Ou a importância conferida pelo afeto? As várias ordens de poder se misturam e se embaralham complicando ainda mais a fragilidade descoberta de sua relação com o chefe, levando Getúlio ao exaspero:

> só devo satisfação a uma pessoa, graças a Deus, e dessa pessoa nada ouvi até agora, a não ser o que me ficam dizendo, só que eu não emprenho pelos ouvidos. Tenho que ver, ali, pronto. (SG, p.93)

De qualquer maneira, nesse momento não interessa que caminho leva Getúlio à degradação da imagem que se fazia de si e de seu grupo. Interessa que se tenha revelado nela essa semiotização do mundo, em que este tem o seu sentido determinado pelas relações hierárquicas de funções e papéis, vertical ou horizontalmente. Se as primeiras se encontram, no romance, centralizadas na relação Antunes/Getúlio, a horizontal se realiza na convivência dos membros do grupo como pares. Da conjunção de ambas surge a idéia de globalidade da coletividade que, como uma unidade, se define por contraste com o que se situa fora dela.

Confirmando o terceiro fator de coesão de Mc Dougall, a interação do grupo com outros por semelhança ou diferença, são muito fortes em Getúlio o sentimento e a consciência de pertencer a um grupo pela diferença. Há aí uma dupla rejeição: de um lado, todos aqueles que ele identifica como ligados aos diferentes partidos políticos rivais, na medida em que confunde política com polícia, e, de outro, a rejeição da "miuçalha".

BANDOLEIROS E PISTOLEIROS

Voltemos ao tema da relação horizontal de Getúlio com seus pares.

Dentre os vários indivíduos que devem compor a polícia militar e/ou o corpo dos capangas do chefe político, distinção que não fica clara sequer para o próprio Getúlio que não suspeita de sua necessidade, são lembradas algumas figuras como exemplares.

Alípio se chama o primeiro deles, cuja lembrança acode à memória de Getúlio ao recordar o terceiro homem morto por ele: "Bicho valente, reagiu de facão, de maneira que tivemos de encher logo o couro". Mas a presteza não é suficiente para que o companheiro Alípio leve nas bochechas "um corte medonho e ficou escancarada como duas folhas soltas. Ferida feia ... Aquilo como duas bandeiras, uma desencontrando da outra". Uma ferida realmente feia, numa cena macabra com Alípio mesmo assim querendo falar, "mas não podia, só assoprava com descontrole de vento". A valentia do adversário é maior que a do ferido, que "ainda acertou as tripas do udenista com a baioneta três ou quatro vezes" (SG, p.15).

O segundo é Tárcio. "Conheceu o finado Tárcio. Amaro conheceu, ô Amaro. Conheceu? An. Hum ..." Tárcio aparece como peça principal numa diligência policial a um prostíbulo em que é surpreendido o inimigo falsamente acusado de mandante da queima do jornal comunista. No meio da confusão do pega e prenda, o olho cego de Tárcio: "Aquele olho branquicento de Tárcio matou muita gente do coração, quando ele se aporrinhava aparecia também umas veias vermelhas, era assombrado" (SG, p.17).

O terceiro é Tonico. Para exemplificar a ação da cavalaria, narra Getúlio:

> Em Buquin, fizemos uma tocaia amuntados uma vez ... Eu, como não gosto de arma espalhafatosa levei meu chimite. Tonico levou a metralhadora anã e passou ela e não foi bom, que os miolos se desmilingüiram-se e saiu pedaço de queixada e foi lasca de homem para tudo que era lado, igual quando mataram um certo alguém si em Itabaiana Grande. As ordens que vieram era: não encosta no corpo. Mas mal corpo havia, aquilo é uma espirração que desparrama sangue para todo canto e não deixa nada inteiro...
>
> Mas quem é o autor de tal barbaridade? Tonico atira dando risada ... Chamado mão de onça porque não treme a mão na gaguinha, só franze a testa e morde o beiço e segura de com força. (SG, p.24)

Isto é Tonico Mão de Onça.

Três companheiros de Getúlio lembrados com destaque por este, destacados do grupo. Feito o balanço das diferenças, resta, na verdade, um denominador comum: a certeza de que pertencem a um mesmo paradigma: o do jagunço eficiente e frio.

No entanto, ao narrar o desempenho dos três, o Sargento sempre os usa como contraste à sua ação limpa, ordenada, ritualizada, em oposição do desbordado do deles, como indício de incivilidade.

Assim, no balanço a que procede em sua autodescrição, Getúlio se apresenta encarnando o perfil acabado do jagunço. De tal maneira que, grifando o aspecto terminativo que esse retrato implica no momento em que se faz, ele se refere ao sentimento atual de fastio recorrendo à ameaça de aposentar-se, reiterada e sempre da mesma forma. A figurativização desse estado já completo, acabado evoca uma imagem curiosa:

> uma plantação boa, num sítio quieto. Mandioca. (SG, p.15)

Idéia puxa idéia e mandioca lembra veneno:

> Interessante, surpreende-se Getúlio, é venenosa mas nunca vi ninguém morrer de mandioca, agora todo mundo sabe que é venenosa. (SG, p.15)

Também ele aposentado é como uma mandioca, aparentemente inofensiva, mas que só o é quando cozida. Esse "parecer não ser" também é objeto de admiração de Getúlio, em relação a si mesmo. Aposentar-se? Isto é, "Vida mansa ... E eu de vinte mortes nas costas. Mais de vinte. Olhando para mim, não se diz" (SG, p.14).

Dentro desse estilo, cuja retórica fora muito bem aprendida na prática da política caciquista, do fazer simulando não-fazer, do fazer-fazendo parecer o contrário, encontra-se no capítulo I a narração de outra mortandade. Como se fora um quadro de uma anedota, Getúlio fala de dois cadáveres irreconhecíveis: "tudo embolado naquela porqueira toda". Um serviço que "não ficou um serviço perfeito". À admoestação da polícia – "como não tomou conta dos corpos e deixou as formigas levar os pedaços e está assim essa vergonha que depõe contra" –, Getúlio contra-argumenta:

> mas excelença, ou bem olhava as formigas ou bem dava uns tiros nuns tatus, tatu é doido por cadave. E segue: tinha um par de pebas solto por ali, naquela carreirinha de tatu. Pior era se os tatu comesse. A seguir informa: Tinha acertado mesmo um tatu, que estava lá estirado, muito mais inteiro do que os dois cabras, que o tatu foi eu que acertou, não foi Tonico Mão de Onça. (SG, p.25)

Nessa narração humorada em que os cadáveres são mantidos a distância e relegados à indiferença de qualquer outro objeto, entrecruzam-se movimentos de aproximação paralelística, de distanciamentos opositivos, de apreciações degradativas, amarrados por uma ironia jocosa de quem nada tem a ver e que sustenta isotopicamente o processo em que uma idéia leva a outra. O trabalho limpo de Getúlio contrasta com o trabalho malfeito de quem estraçalhou os dois homens. As formigas e os tatus, ambos carnívoros, só se diferenciando do homem pelo tamanho. Os cabras tornados irreconhecíveis e o peba mantido inteiro. O tatu e a formiga, devoradores de corpos humanos, e estes reduzidos a alimento.

Aurélio Buarque registra a especificidade do tatupeba – em contraste com o tatu-galinha, cuja carne é muito saborosa, comparável à de galinha – de ser chamado também de papadefunto, confirmando a notação feita pelo verbete: "noctívagos, alimentam-se de raízes, frutos, insetos, e até de carniça".

Esse entrecruzar-se de correlações e equivalências não se restringe à descrição do quadro do assassinato dos homens e à da caça do tatu. Traz um epílogo:

> chefe veio, o enterro foi concorrido, comemos o tatu de ensopado. (SG, p.25)

O descaramento do comparecimento do mandatário das mortes, atuando no jogo de aparentar a vida humana como valor, fere porque beira o sacrilégio. Sacrílega é a seqüência acima, tripartida em três orações, como se expressassem uma ordem ritualística, como sacrílego é o paralelismo invertido entre o corpo humano que é enterrado, isto é, depositado no interior da terra, e o do tatu que sai do interior dela; sacrílego é o paralelismo, como comida, entre o humano e o animal, aquele transformado metaforicamente neste, numa espécie de repasto antropofágico, presidido pelo chefe da horda.

A violência fria que caracteriza os três companheiros de Getúlio, preservados na memória pela exemplaridade, e a violência descarada de cena do tatu na verdade se encontram uniformizando as diferentes, variadas e heterogêneas descrições e narrações que Getúlio faz de seu passado de polícia. Se tais quadros devem, de uma parte, ser avaliados no contexto de que pertencem a um passado relativamente distanciado e, por isso, se beneficiam do debastamento emotivo, porque transformados em matéria de conversa, e se, por outra, devem ser avaliados dentro de uma moldura de autodescrição compondo o perfil atual de Getúlio, é preciso, no entanto, observar que a mesma violência move o impulso, gesto, ato e a imaginação dos jagunços em cenas mais recentes, coladas à enunciação.

Tomemos como exemplo o capítulo da parada na fazenda de Nestor. Dentro do deslocamento contínuo que deveria constituir o programa narrativo da transferência do preso, de um ponto a outro do Nordeste, a permanência na fazenda do coiteiro perde a característica de pouso e ganha a marca de ponto de risco. É um momento de risco pela sua função e natureza. Pela natureza, porque é a virtualidade pura em que as ações, passadas e futuras, têm depositado o seu sentido. Pela função, porque é o momento de escolha que decide o truncamento da narrativa ou o seu prosseguimento e em que direção.

Momento de risco, a permanência na fazenda de Nestor se converte verdadeiramente, de simples pouso, de lugar de retomada de fôlego, em momento de *espera,* pela mudança *in medias res*. Esse momento de parada somática e de expectativa se converte para esse sujeito em um estado de tensão. Getúlio é, assim, um estar tenso, cujo grau se mede pela consciência de uma dupla carência: uma, cognitiva, de não saber as causas das mudanças e seu alcance e, outra, pragmática, porque não é ele a decidir.

Essa é a moldura que envolve o segmento que compõe os acontecimentos que preenchem esse momento de espera. Dentre eles, destacam-se os que vão realizar o tema amoroso ou da sedução sexual.

A situação está composta da adolescente – órfã de mãe, cuidada por uma criada velha – e do pai fazendeiro, os quais recebem, no isolamento da fazenda, três homens, adultos, válidos e estranhos: o Sargento, o motorista e o prisioneiro. Dentro desse triângulo masculino, a garota, assediada pelas urgências de sua sexualidade emergente, assume papéis em três programas narrativos de mesma temática. Com Getúlio, ela é o sujeito sedutor; com Amaro, ela é o objeto virtual, desejado; com o preso, desenvolve um programa em que ambos permutam as funções de sujeito e objeto, de sedutor e seduzido, em busca do mesmo valor.

Quase simultanemente, iniciam-se três programas que têm sortes diferentes. Um deles, com o prisioneiro, se frustra pela interferência do anti-sujeito, nas figuras do pai e da criada. O outro, permanece na pura virtualidade, em que o objeto e sujeito se situam num jogo de tensão estática, alimentado pelos olhos cobiçosos do motorista. O terceiro se frustra logo no início, pela rejeição irritada de Getúlio às tentativas da garota em comunicar-lhe que está sendo distinguido entre os três homens como o objeto preferencial de sua atenção. Com esse propósito a moça se engaja numa manipulação pela tentação e pela sedução. Pela tentação, pelo oferecimento de objetos valorizados como os predicados sexuais da mulher emergente e, pela sedução, graças à atribuição implícita da qualificação positiva ao seduzido, no caso os valores de macho. O programa é frustrado não só pela recusa de Getúlio do contrato oferecido, como pelo seu não reconhecimento do valor dos valores ofertados. A conjunção carnal não faz parte de seu horizonte de desejo nesse momento.

Os programas de sedução delimitam, assim, um quadro, um contexto em que os sujeitos envolvidos valorizam uns aos outros como humanos, seja positivamente como Amaro, seja negativamente como Getúlio. As duas atitudes, de aceitação e de recusa, na verdade correspondem a duas atitudes opostas que determinam, de um lado, a leitura da situação vivida pelo grupo e, de outro, o estado emocional de cada um. Getúlio é antes de mais nada um estado aspectualmente tenso. Preso à temática maior, da decisão a tomar, ou da ordem a ser cumprida, não se distrai desse centro. Por isso, o olho que vigia a cobiça do motorista e os gestos de sedução da adolescente e a irritação que deles resulta instalam em Getúlio uma distância agressiva com que repele a mulher como a um estorvo. Mas ao mesmo tempo, ele é o olho crítico que descortina os sinais de perigo nos predicados femininos, descortina a impropriedade de suas vestes de menina para preservar a mulher. Ele é a consciência tácita do acordo ético entre hóspede e anfitrião.

Uma linha de coerência também aí se revela na construção de Getúlio como o ator em que se manifesta uma forma de castração, a mesma que caracteriza a sua relação com o seu chefe. Nenhuma outra emoção, além da irritação pela espera, toca Getúlio, da mesma forma que nenhum sinal de ciúme ou inveja tinge sua narração do comportamento sexual de seu chefe. Ele é o filho obediente que sequer disputa as fêmeas com o pai.

Em contraste, o estado emocional de Amaro pode-se classificar como distenso. Uma característica que, como em Getúlio, alinhava uma coerência isotópica que não se rompe nem mesmo quando o encontramos lutando no meio do fogo cruzado. Amaro, o morubequense, alvo das chacotas do Sargento, aquele que se revelará o amigo verdadeiro, parece estar sempre na periferia de um grupo, mas que nem por isso o nega, pelo contrário, o afirma; comporta-se sempre como o subordinado, mais que isso, o secundário numa hierarquia. E, aparentemente pelo menos, sempre distraído, a falar de time de futebol ou a cantar quadras ou inventar pequenas histórias. Aparece como aquele que assimilou profundamente os valores, as práticas, de seu grupo, tudo sem conflito nem contestação: por isso, no nível do parecer, é ele quem está a gosto, em seu meio, em seu cotidiano. Não é ele, portanto, o distraído. Nem no sentido de fora do centro, nem no sentido em que pode ser de puxado para direções opostas. Ele é o que está centrado. Tão centrado que sequer o distrai a preocupação de sua relação afetiva com o seu chefe, a exemplo do Sargento.

De qualquer forma, tenso e tomado pela ansiedade e irritação, temos um; distenso mas desperto pela cobiça sexual, o outro; a frustração na realização do programa de sedução da adolescente pelo preso vai desencadear em ambos os jagunços reações desiguais em suas motivações, mas idênticas quanto à *violência.* A truculência de Getúlio que, amparado, agora, por uma razão imediata e irrecusável, arranca dentes do prisioneiro pode-se ler como efeito da relação projetiva que se instala entre ele e o udenista. A relação de Getúlio e o seu grupo, e particularmente com o chefe, é vivida mediada pela relação com o preso. Nesse momento, este o agride como a afirmação do outro com que ele não pode identificar-se. A identificação com o chefe se vê perigosamente desmascarada como tal, fazendo decorrer daí a necessidade ameaçadora do desvinculamento individualizante de um e outro. A violência sobre o outro, o prisioneiro, reflete o desejo imperioso de anular a comoção que o possui e de, ao ferir-lhe a boca, fazê-lo calar, de querer: ele não quer ouvir dizer o que desconfia ser.

Por outro lado, pergunta-se o que é que realmente ele ajuda a castigar ao auxiliar, como se isso fosse necessário, o pai nas vergastadas que aplica à filha. Mais que o sujeito pragmático que sujeita a garota para receber os golpes do pai, chama a atenção o sujeito cognitivo que elabora o discurso que conta o fato e o avalia. A indiferença que caracteriza a voz que narra, nivelando a sua participação no castigo a qualquer outra ação, justificável pela necessidade e que por isso não comove e não envolve, é irmã ou a outra cara da fleugma de Amaro. Este opõe, à paixão raivosa do Sargento com relação ao preso, um alheamento emocional que lhe permite ter uma experiência intransitiva da violência. A truculência de Amaro não é só o do fazer, mas o do imaginar e dizer: truculento é Amaro que se compraz em imaginar, em inventar formas – avaliadas em pormenor e sempre ao redor da idéia de castração – de punir a ousadia da investida amorosa do prisioneiro.

O desvinculamento da causa e o envolvimento reflexivo do sujeito macho, no círculo fechado do próprio gozo, se medem quando, descuidando de punir o preso, Amaro se presta a ajudar a encontrar maneiras de castigar a garota. Totalmente esquecido de que até então ela fora objeto de seu desejo, a fecundidade imaginativa do motorista apresenta ao pai a sugestão de condenar a filha a um total aniquilamento: confinada em um convento, depura-se e sai velha e esquecida de memória (SG, p.57). Quando Getúlio narra:

> o pai dava o castigante com o mesmo manguá que eu olhei e aparava na mão crua, com a canhota quer dizer que era encima e embaixo. Mas não teve precisão de segurar mais, porque aquele manguá era dos de amansar burro ... e manejava bem, sem curva muito grande, só quase de munheca mas batia bem. (SG, p.55)

– não se diferencia da postura de Amaro. Da mesma maneira que aquele oferece as modalidades possíveis de punição, o sujeito que narra o castigo se apraz, agora, em recordar, portanto, em reiterar, ratificando a experiência, agarrando-se ao cuidado com os pormenores, perversos porque calculados, pois preocupados com a eficácia.

A transitividade pressuposta no desejo que erige o outro como objeto valor parece recolher-se, contrair-se, voltando ao sujeito, substituindo a satisfação do prazer objetivado por uma satisfação sádica, mas fruída no âmbito do imaginário. Subitamente, com a ruptura desse movimento em direção ao outro, no recorte da coletividade humana segundo o binômio nós/eles, o sujeito volta a fazer valer a barra, há pouco inexistente no assédio sexual, de maneira que o outro, até então situado do lado do primeiro termo, seja deslocado para o segundo. A filha do coiteiro passa de *nós* a *eles* ao ser despida de todo valor afetivo, quando a dicotomia acima é lida pelo crivo da oposição macho/fêmea. Macho somos nós, a quem se reconhece como natural e legítima a busca do prazer sexual. Eles são as mulheres, nas quais o mesmo sentimento é classificado como perversão: "Diabo de mulher tem querer, não, mesmo, pronto" (SG, p.55). De repente a mulher se transfigura aos olhos do homem, despindo-se de todo valor afetivo, sob a aparência de um ser estranho e alheio.

Observa-se, portanto, que, deixando-se de lado causas e motivos, a violência com relação ao outro como *eles,* tanto em Getúlio quanto em Amaro, é a mesma. O sentimento de irresponsabilidade, de onipotência, de ferocidade que caracteriza o grupo faz-se patente. Comparece-se esta fala do motorista –

> Amaro disse que podia amarrar um fio de cabelo de rabo de cavalo na raiz do quiba, que ia apertando, apertando, apertando, até ficar como massa puba ... Mas o melhor,

disse Amaro, é assim que melhor se tira berrugas, nem dói, só desconforta um pouquinho. Também pode dar com a mão de pilão, não precisa nem enrolar, porque já tem embrulho natural. Pode ir pilando, pilando até afarinhar por dentro e aí deixa, que ia inchando e rende. Fica um espotismo de cunhão, pode dar até no joelho. (SG, p.58)

– a esta de Getúlio:

Temos dois tonéis na delegacia de Frei Paulo, para ser enchidos com lata de gás furada. O bicho entra na chave e pega a encher os tonéis, só que tem de correr, do contrário a lata desvazia antes, pois os buracos são muitos e coculados ... Casos mais graves requer a expulsão de alguém. Meia libra de bacalhau cru quando haja, quando não haja possa se jabá mesmo, gorda ou não, sem escaldo. Segue um copo de óleo de rício, esse gordo que chega as bolhas a se abrir em cima, recindendo mamona. (SG, p.12)

Uma das características mais evidentes na interação indivíduo/grupo, apontada por diferentes autores, é o desaparecimento ou enfraquecimento da responsabilidade nos indivíduos, principalmente em grupos pouco organizados, quando se criam condições favoráveis à liberação de impulsos instintuais inconscientes.

Segundo Le Bon, o grupo é impulsivo, mutável e irritável; os impulsos, positivos ou negativos, são imperiosos, não toleram demora entre o desejo e a sua realização. Crédulo e aberto à influência, o grupo pensa por imagens que se associam umas às outras, cuja concordância com a realidade jamais é conferida por qualquer órgão razoável. Os sentimentos são exagerados, de maneira que não conhecem a dúvida nem a incerteza. Com ele, uma suspeita manifestada se converte em certeza, a antipatia em ódio. O grupo é conservador, avesso a modificações, a inovações. É também capaz, sob a influência da sugestão, de gestos de abnegação, desprendimento e devoção a uma idéia. Está sujeito ao poder mágico das palavras, exige e vive de ilusão em detrimento da verdade.

Segundo Mc Dougall, o resultado mais notável é a exaltação ou intensificação da emoção.

Le Bon explica tal caracterização da mente grupal pelos fenômenos do contágio e da sugestionabilidade. O contágio seria o efeito da sugestionabilidade, que é a causa que determina nos indivíduos de um grupo características especiais que são às vezes inteiramente contrárias às apresentadas pelo indivíduo isolado. Para Freud, contágio e sugestionabilidade pertencem a planos diferentes, porque o contágio é a manifestação da sugestionabilidade e ocorre de um membro para outro, tomado individualmente. A sugestionabilidade é um fenômeno primitivo na vida mental, que se explica pela libido. Para Freud, são as relações emocionais que constituem a essência da mente grupal servindo de biombo à sugestão. Explica-se, assim, que um indivíduo deixe de lado a sua distintividade e seja influenciado pelos demais membros do grupo. Isso acontece pela necessidade de estar em harmonia com eles, em lugar de estar em oposição a eles.

Dessa pequena síntese do que pensam Le Bon, Mc Dougall e Freud sobre o grupo e a interação indivíduo/grupo, destaca-se o sentimento de onipotência ao qual parecem subordinar-se a ferocidade das ações, o enfraquecimento do discernimento racional, a radicalização dos sentimentos.

Todos os casos presentes e pretéritos, próprios ou alheios, narrados por Getúlio, cabem no mesmo paradigma, o da onipotência, decorrente do sentimento de pertencer a um grupo, propiciando a manifestação das tendências instintuais socialmente reprimidas.

Como que trazendo à luz, à exposição, esferas da existência e de atividade humana, prescritas à privacidade, ao furtado ao olho alheio, em nome da civilidade e da própria necessidade de higiene como alude Freud, a realização figurativa que é normalmente acionada em textos do gênero, à qual não foge o romance de João Ubaldo Ribeiro, expressa uma tendência sádica ao mesmo tempo masoquista, pelo desejo, mais que consciência, de revelar o que se oculta sob a máscara de civilização.

Num mundo masculino e machista, em que o medo e a coragem são pesos da balança que medem o valor do sujeito, prevalece uma atitude de escárnio quando alguém submete uma outra à condição limite em que reage o instinto de autopreservação. Há um escárnio manifesto pela *provocação* quando se repta a submeter-se ou sobrepor-se a essa pulsão.

Há igualmente escárnio, não manifesto, do algoz consigo mesmo, pois ao conhecer o código e tê-lo internalizado, ele sabe que a falta de coragem e o medo são o que ele também tem que vencer continuamente. A relação de vítima e algoz torna-se uma relação especular. No infligir ao outro esse rebaixamento de guarda, com relação à observância da coragem, ele está se espelhando. Segundo Freud, o sentimento de felicidade derivado da satisfação de um impulso instintivo, selvagem, não dominado pelo ego, é incomparavelmente mais intenso do que o derivado da satisfação de um instinto que já foi domado. Não se sabe se o que se localiza na linha da autopreservação, contrariado culturalmente pelo código da coragem e medo, se situa entre os instintos domados ou não domados de que fala Freud. Mas é certo, do ponto de vista cultural machista, que é vergonhoso ter medo, ainda que seja como reação ao instinto de autopreservação.

Nas cenas de violência descritas por Getúlio há um complexo movimento de engates e desengates actoriais – de sujeito e objeto – em torno de confrontos entre basicamente dois valores: a autopreservação e a coragem É certo que nelas se observa um estado ambíguo que, embora não chegue a ganhar a concretude de uma consciência irônica, resulta do amálgama do sentimento de domínio de quem inflige a violência e o sentimento de seu próprio reflexo no outro, do reflexo do algoz na vítima. A arrogância do gesto se atribui a si mesma uma legitimidade que não está fundamentada na legitimidade da relação do que pune e do que é punido, mas na pretensão de um bom senso de quem apreende a naturalidade das coisas e, portanto, a sua inevitabilidade. Não é só no gesto que essa leitura das relações humanas se surpreende; ela é polida no discurso quando os nexos racionais e conscientes entre crime e castigo são declarados. É a fragilidade do corpo, uma das fontes do sofrimento humano, que é colocada à vista; à vista dos que – algoz e vítima – a escamotearam em nome da vergonha e da honra.

Nesses momentos em que a situação divide os sujeitos em dominantes e dominados, parece que a hostilidade mútua, primária, dos seres humanos e o instinto de agressão se liberam. Mais ainda, como no caso de Getúlio, quando essa hostilidade está estribada numa relação nós/eles que o grupo – a corporação militar ou política – garante. Eis o que afirma Freud:

> Evidentemente, não é fácil aos homens abandonar a satisfação dessa inclinação para a agressão. Sem ela, eles não se sentem confortáveis. A vantagem que um grupo cultural, comparativamente pequeno, oferece, concedendo a esse instinto um escoadouro sob a forma de hostilidade contra intrusos, não é nada desprezível. É sempre possível unir um considerável número de pessoas no amor, enquanto sobrarem outras pessoas para receberem as manifestações de sua agressividade. (1974b, p.136)

O domínio fechado da relação líder/membro do grupo e a fruição do prazer narcísico dos feitos bem-sucedidos necessitam da contraposição do que se situa fora dele. "Narcisismo das pequenas diferenças", denomina Freud, que ele explica como "uma satisfação conveniente e relativamente inócua de inclinação para a agressão, através da qual a coesão entre os membros da comunidade é tornada mais fácil" (p.136).

Esse narcisismo de pequenas diferenças pode ser uma satisfação conveniente e inócua em tempos normais. O que ocorre em *Sargento Getúlio* é a focalização de um tempo aparentemente normal, que não se poderia classificar como de guerra. No entanto, a exasperação dos confrontos entre os partidos políticos rivais instaura um tempo ambíguo que se desdobra em dois planos, o da aparência de normalidade que não permite a denominação de tempo de guerra, e o da realidade que bem cabe dentro dessa denominação. Para Getúlio, essa distinção não se faz: por isso, ele não manifesta, como aliás os demais jagunços, estranheza pela baixa moralidade, pelo contrário, gaba-se do saber valer, além das "*ruses de guerre*", da mentira e da fraude como se fossem práticas de tempos normais. Isso explica melhor se se leva em conta que Getúlio se confunde com o próprio Estado, por meio de seu chefe e de seu posto militar.

Traduzindo. Da perspectiva do narratário, apreende-se o absurdo da superposição de dois tempos, que ele entende dever-se sintagmatizar como dois segmentos distintos. A perspectiva de Getúlio, guiada pelo seu sentimento de legitimidade que a sua identificação com o líder lhe proporciona, faz entendê-los como um só tempo, o da normalidade. A vida, para Getúlio, se encontra bem exemplificada, quanto às exigências no que lhe toca viver no nordeste brasileiro, num momento histórico, desconhecendo-lhe a natureza circunstancial.

A GUERRA

Data de 1915 o ensaio "Reflexões para os tempos de guerra e morte", de Freud, subdividido em "A desilusão da guerra" e "Nossa atitude para com a morte". Todo o primeiro parágrafo pode-se considerar síntese da avaliação que a perspectiva externa propicia:

> a própria ciência perdeu sua imparcialidade desapaixonada, seus servidores, profundamente amargurados, procuram nela as armas com que contribuir para a luta contra o inimigo. Os antropólogos sentem-se impelidos a declará-lo inferior e degenerado, os psiquiatras dão um diagnóstico da sua doença da mente e do espírito. (1974, p.311)

Nessa avaliação está implícita a compreensão do que ocorre numa guerra, do comportamento e atitude dos que estão dentro dela. Uma compreensão com que Freud vai explicar, a partir da distinção combatente e não-combatente, a desilusão que se seguiu ao espetáculo da guerra:

> Dentro de cada uma dessas nações (grandes nações de raça branca, dominadoras do mundo), elevadas normas de conduta moral foram formuladas para o indivíduo, às quais sua maneira de vida devia conformar-se, se ele desejasse participar de uma comunidade civilizada. Esses ditames, não raro demasiado rigorosos, exigiam muito dele uma grande dose de autodomínio, de renúncia à satisfação dos instintos. Acima de tudo, via-se proibido de fazer uso das imensas vantagens auferidas pela prática da mentira e da fraude na competição com seus semelhantes. Os Estados civilizados consideravam esses padrões morais como sendo a base de sua existência ... Devia-se supor, portanto, que o próprio Estado os representaria e não pensaria em empreender contra eles qualquer coisa que viesse a contradizer a base de sua própria existência. (p.312)

A expectativa do homem civilizado coloca, portanto, como referência o estado de paz, cujas normas e padrões morais encarnados pelo Estado preponderariam, inclusive, nos estados de guerra. O que acontece com Getúlio é que ele trabalha com o mesmo raciocínio, com a diferença de que as práticas de guerra são transferidas para o domínio da paz. Há uma inversão entre os termos quanto aos conteúdos. Parcial, porém, pois para o Sargento um deles inexiste, só tem existência virtual, nunca se realizando enquanto estiver na vida ativa. O tempo único é o do tempo normal, cujo conteúdo é, no entanto, constituído de práticas bélicas. Por isso, a sua conceituação de vida, a única digna, exemplar, é a que envolve coragem, violência, porque macha.

Desta maneira, carece de sentido prático a distinção combatente/não-combatente proposta por Freud. Essa dicotomia ganha outra significação: covardia/coragem, são elas as virtudes básicas que legitimam a existência do indivíduo. Na medida em que Getúlio internaliza tais preceitos a tal ponto que se confunde com o próprio Estado, graças à relação vicária com o seu líder, ao mesmo tempo em que sente todos os seus atos justificados pelo Estado, deixam de existir para ele possíveis desajustes entre indivíduo e Estado. Por isso, ele pode não dizer como Freud, ou como os homens brancos:

> Duas coisas nessa guerra despertaram nosso sentimento de desilusão: a baixa moralidade relevada externamente por Estados que, em suas relações internas, se intitulavam guardiãs dos padrões morais, e a brutalidade demonstrada por indivíduos que, enquanto participantes da mais alta civilização humana, não julgaríamos capazes de tal comportamento. (p.317)

No entanto, Freud vai demonstrar que a desilusão acima expressa nasce de uma *ilusão*, a ilusão da erradicação das tendências humanas más do indivíduo, substituídas por boas, graças ao processo civilizatório. Os impulsos que a sociedade condena como maus, mas que, na verdade, são primitivos, passam por um longo processo de desenvolvimento, de tal maneira que se tem a idéia enganosa de mudança de conteúdo, na qual o egoísmo se transforma em altruísmo, e a crueldade, em piedade. Enganosa principalmente porque tais instintos surgem aos pares, criando o que ele denomina ambivalência dos sentimentos, em que o mesmo objeto o é de amor e ódio.

De qualquer forma, duas ordens de fatores trabalham na transformação dos instintos "maus": o fator interno e o fator externo. Pelo interno, a influência de componentes eróticos transformam os instintos egoístas, graças ao valor atribuído ao ser amado. Pelo externo, entende-se a coerção do ambiente cultural, impondo a renúncia à satisfação instintual. No entanto, em última análise, pode-se afirmar que o fator interno originou-se do fator externo. Isto na história da humanidade. Os indivíduos nascem com um certo grau de disposição para a transformação, que é estimulada posteriormente a que se efetue. Diz Freud:

> Se demos a denominação de "suscetibilidade à cultura" à capacidade pessoal de um homem transformar os impulsos egoístas sob a influência do erotismo, poderemos afirmar que essa suscetibilidade se compõe de duas partes, uma inata e outra adquirida no curso da vida, e que a relação das duas, tanto entre si quanto com a parte da vida instintual que permanece inalterada, é muito variável. (p.319)

Uma vez que os impulsos instintuais não estão expostos à observação de terceiro, e que a série de razões pelas quais uma pessoa opta por adotar comportamentos socialmente aceitos como positivos é vária, pode-se cair no engano de hipervalorizar as transformações acima aludidas, quando na verdade pode-se estar diante de comportamentos hipócritas, estimulados pela sociedade que se preocupa com o resultado prático e não com a base instintual dele. Mas a explicação decisiva para o comportamento não civilizado do homem na guerra, segundo Freud, está na peculiaridade específica do desenvolvimento mental humano: ao lado da sucessão de etapas evolutivas, a coexistência delas se dá de tal maneira que, em certas circunstâncias, determinada etapa anterior manifesta-se como a força de expressão dominante da mente, obliterando as etapas posteriores. Ou seja, a evolução da mente humana envolve a capacidade de involução, de regressão, restabelecendo as etapas primitivas permanentes.

Observa-se em Getúlio a confluência das seguintes forças: a manipulação do instinto primário de agressividade, provocada e estimulada pela sua situação de membro de um grupo, de um grupo cuja característica básica é o entendimento de sua função como fisicamente punitiva, incentivando a satisfação do instinto de agressividade, acobertada pela legitimidade e legalidade da função. Atua a posição de subordinado de um líder de um grupo, a cujos preceitos pertence o saber usar a violência, física e moral, o comportamento desviado valorizado como negativo pela sociedade civilizada. Pesa, ainda, sobre Getúlio a relação afetiva entre líder e subordinado, em que este busca o amor e a aprovação daquele.

Como já ficou assinalado, o segmento narrativo privilegiado pelo romance se estende desde a admissão de Getúlio na Polícia Militar do Sergipe até a sua morte. Dentro dele se recorta um segmento menor que abrange desde a saída do Sargento do sertão até o fecho desejado, mas não havido, da aposentadoria. Dentro deste segundo segmento, toda a autodescrição a que Getúlio se dedica no capítulo I vai-se centralizando numa imagem exemplar. Todas as suas experiências, heterogêneas e variadas, vão sendo lidas e avaliadas como manifestação de princípios, postulados e preceitos que agora ganham sua codificação definitiva.

O tempo histórico que abarca esse segmento é o de confrontos acirrados entre partidos políticos na luta pelo poder não só regional, mas sua relação com o poder central, quando certos tipos de práticas, reconhecidas como não habituais, em tempos normais, são ativadas. Há, pois, uma superposição de dois tempos: o tempo coletivo da história e o tempo individual da luta de Getúlio pela vida. Resulta daí que o tempo central da existência do sertanejo, em que ele se pretende destinador e sujeito de seu próprio destino, está englobado por esse tempo coletivo, caracterizado como, se não tempo de exceção, tempo de violência social e política.

A relação de causa e efeito, de determinante e determinado, entre ambos, se encontra espelhada nessa autodescrição de Getúlio. Para este, o cotidiano, a normalidade, é o que, da perspectiva de quem está fora do grupo, é de exceção. A visão de vida, em que a luta está incorporada como componente indescartável, é a que ele depreende desse período. Na medida em que o homem é despachado, capaz, portanto, de determinar a sua própria sorte, a sua história, faz parte de sua concepção de sujeito competente a coragem viril. Esta é a norma fundamental. Nesse sentido, encontram-se em harmonia a circunstância histórica da coletividade maior, de que participa o grupo político, e a circunstância histórica do indivíduo admitido como membro de uma corporação militar.

A qualificação do sujeito para assumir esse longo programa narrativo do fazer-se como homem, na plenitude de sua concepção, isto é, do homem macho, se identifica, como o faz o próprio Sargento *a posteriori*, no predicado inato de ser ladino. O mérito do sujeito, como sujeito interpretativo, situa-se no fato de ter entendido isso e ter sabido fazer valer tal privilégio, procedendo, a princípio, a uma avaliação distintiva espacial que o leva a deslocar-se do sertão para a cidade.

O espaço tópico do interior é alijado em favor de um espaço utópico, com o qual se marca também o início de um novo tempo, equivalente. Embora em um momento de sinceridade Getúlio confesse nunca ter-se sentido a gosto em Aracaju, é nesse espaço estranho que se inicia o tempo da prova principal. Pela intersecção dessas duas coordenadas – temporal espacial –, determinando um marco inaugural, instala-se a fase do desempenho do sujeito, do fazer ser da conjunção do sujeito com os objetos-valor. É nesse sentido que a fase que se abriria com a efetivação da decisão anunciada de aposentar-se da vida de polícia, reiteradamente afirmada, deslocando o sujeito do espaço utópico da cidade para o tópico, do interior, do verdume, da rede, do doce de leite, deveria corresponder verdadeiramente à do descanso do guerreiro, do reconhecimento de seu feito e da recompensa pragmática.

A equivalência dos termos do binômio guerra/paz, em sua faces de cara e coroa, de anverso e reverso, constitui a isotopia dos programas de desempenho e de sanção, desenvolvidos por Getúlio, justificando a visão de vida, no seu todo, como realmente luta ou guerra em seu sentido literal.

Por isso, a dimensão pragmática de sua atividade como polícia e jagunço não limita a sua significação ao valor utilitário, de meio de fugir da miséria a que o sertão o condenaria. Mas ela se desdobra num segundo plano, superior, em que essa concepção de vida se justifica. Nele cobra o seu sentido exato a modalização do sujeito como o que sabe e pode fazer o seu próprio destino. Parece ser nesse segundo plano superior que se esclarece melhor a relação de chefe/subordinado, vivida dentro dos parâmetros de pai e filho de horda, numa fase em que a interiorização das regras e valores ditados pelo primeiro leva à obediência cega e, conseqüentemente, à ausência da rebeldia ou contestação, e toda insatisfação é jogada para baixo do tapete da consciência.

É na articulação desses dois planos que se gera uma dimensão cognitiva que também parece desdobrar-se em dois níveis. O exame do capítulo I, como espaço de autodescrição do sujeito, instala em quem o lê o desconforto de que, sob a aparência pragmática, redutora da vida a um sentido denotativo, utilitário das coisas, se estende, como um lençol subterrâneo, a insatisfação por um sentido outro, desejado que tenta irromper e fazer-se valer à luz do dia, mas que é brutalmente enterrado e cimentado pela visão homogeneizadora anterior.

Apesar do esforço de parecer ser sabedoria – na acepção de prudência, moderação, temperança, sensatez, reflexão nascida de um saber que, pela maturidade, pode traduzir-se, enrijecendo-se, em princípios, preceitos e postulados –, a ausência de alegria, de luz, computada em amargor do sujeito enunciador, é a fissura que convida a olhar por trás, a bisbilhotar.

Descobre-se, então, uma realização substitutiva de Deus na figura do líder político, assumindo os papéis de destinador tanto de provedor de valores e bens quanto de sancionador de seus desempenhos. Dessa circularidade de papéis concretizados pelo mesmo ator, cujas funções se caracterizam, portanto, aspectualmente pela incoatividade e pela terminalidade, decorrem a ilusão de onipotência do líder e a impressão, no subordinado, de uma suficiência moral e ética do subordinado que justifica os seus atos e conduta, barrando qualquer questionamento.

A atividade cotidiana da violência no cumprimento de sua função de policial, interpretada por ele segundo a legitimidade que atribui aos valores e práticas do grupo político, fundamenta um discurso de Getúlio em que a figura da morte é dada como fato natural, cuja tragicidade se apresenta como que neutralizada por um saber que se diz verdadeiro porque originado do bom senso. Daí porque a narração por Getúlio das mortes por ele praticadas afirma a praticidade de seus preceitos:

> Não tem limites para a frouxidão que faz o homem dar nas canelas e botar a alma no mundo, correndo do destino. (SG, p.10)
>
> Dizem que já estava mordido de barbeiro mesmo, morria assim ou assado qualquer dia, mas parecia cevado e sustante. (SG, p.11)

A MORTE

Conforme afirma Freud, na segunda parte do ensaio "Nossa atitude para com a morte", o que um fato tão radical como a guerra provoca no homem civilizado é uma mudança em sua atitude com relação à *morte*. Como procede sempre, para explicar a relação do homem civilizado com a morte, Freud recua no tempo, e vai vê-la no homem primitivo:

> O homem primevo assumiria uma atitude notável com relação à morte. Longe de ser coerente, era, na realidade, altamente contraditória. Por um lado, encarava a morte seriamente, reconhecia como o término da vida, utilizando-a nesse sentido; por outro, também negava a morte e a reduzia a nada. (1974b, p.330)

Estão aí retratadas duas atitudes do homem primitivo com relação à morte, conforme se tratasse de morte alheia, principalmente se desafeto, ou de sua própria morte. A morte como fato natural se aplicava a terceiro, a ponto de, quando inimigo, praticá-la como redução a nada, a eliminação total. No entanto, essa concepção desapareceria, substituída por um sentimento de não aceitação, quando se tratava de pensar em sua própria morte ou de uma pessoa amada. Segundo Freud,

> Então, em sua dor, foi forçado a aprender que cada um de nós pode morrer, e todo o seu ser revoltou-se contra a admissão desse fato ... O homem já não podia manter a morte à distância, pois a havia provado em sua dor pelos mortos; não estava disposto a reconhecê-la, porquanto não podia conceber-se a si próprio como morto. (p.331-2)

Não importa nesse momento a divergência de posição apontada pelo próprio Freud, entre ele e os filósofos, quanto à origem da reflexão e à especulação sobre a morte. Basta que se retenha como, segundo Freud, o homem primitivo resolveu a contradição entre a visão da morte como aniquilamento final ou não do ser. Segundo ele, o homem primitivo

> idealizou um meio-termo: admitiu também o fato de sua própria morte, negando-lhe, porém, o significado de aniquilamento, de extinção – significado que ele não tivera motivo para negar no que dizia respeito à morte de seu inimigo. Foi ao lado do cadáver de alguém amado, quem ele tem por posse interna e, por isso faz parte do ego que inventou os espíritos, e seu sentimento de culpa pela satisfação mesclado à sua tristeza transformou esses espíritos recém-nascidos em demônios mas que tinham de ser temidos. (p.332)

Aparecem, pois, as doutrinas de separação do corpo e do espírito com que se tenta contornar a inevitabilidade da decomposição do corpo; surge a crença na imortalidade, e acima de tudo a consciência *ética*. O primeiro mandamento desta seria "não matarás", que, aplicado aos entes amados, se estenderia também ao inimigo. A cuja força pode ser vista em relação direta à força do impulso que ele inibia.

A atitude de não encarar a realidade de sua própria morte persiste no homem civilizado, que elabora estratégias para fugir dela, melhorando a sua idéia, mesmo que em nível de linguagem: evita-se falar de sua própria morte. Vê-la como resultado de causas ocasionais, segundo Freud, é o esforço para reduzi-la a algo fortuito.

Seria exatamente a destruição dessa visão de morte, possível em tempos de paz, o efeito maior desencadeado pelo espetáculo horrendo, admirável, da violência da guerra, segundo Freud. A morte seria não mais um acontecimento fortuito. Desaparece a impressão dela como algo fortuito, graças ao acaso. Com isso, a vida torna-se interessante e recupera seu pleno conteúdo.

Apesar da atuação dessa proibição acima explicitada, exercida em nível de consciência, segundo Freud, no inconsciente, as coisas continuam inalteradas, e a reação do homem civilizado, ante a própria morte, é a mesma do homem primitivo. Isto é, no inconsciente, o homem não crê na própria morte, mantendo-se inacessível a essa idéia. Da mesma forma, impregnados de desejo, os impulsos inconscientes, por outro lado, continuam a assassinar. Bastando-lhe o pensar, o desejar, o inconsciente se realiza, não necessariamente no ato de matar, mas substituindo-o por expressões inofensivas, como anedotas, chistes, brincadeiras.

A relação do homem com a morte pode ser examinada, portanto, de várias perspectivas, privilegiando a morte seja como sujeito seja como objeto.

O ponto de partida é a visão de um estado de conjunção do homem com a vida, sentido, antes que pensado, como um estado eterno. Por isso, a perspectiva de ocorrência da morte é encarada antes como *ameaça*, mais do que como uma certeza. A morte é tomada como um objeto que é impingido ao sujeito, exterior a ele, no qual se encontram investidos certos valores disfóricos como a negação da existência de finalidades pressupostas no sentido da vida. Ou, então, antropomorfizada, a ela é atribuída a função de sujeito operador, modalizado pelo *poder* promover a disjunção, temida, de sujeito humano e a vida, ocupando aquele a posição de destinatário de um antivalor, e modalizado segundo o *não-poder-não-querer*.

Quer, portanto, na função de objeto-valor, imposto ao homem por um destinador, seja ele Deus ou o Destino ou a Natureza, quer na posição de sujeito operador de uma transformação, por delegação ou não de um destinador, e modalizado por um *dever* apartar o humano da vida, a consideração da morte no rol das forças que atuam na vida, seja como ponto final inquestionável de uma trajetória, seja como uma possibilidade presente a cada passo, implica, sempre, a questão de como portar-se diante desse quadro.

Considerando-se a natureza primária do instinto de agressão, a morte pode ser tomada como um objeto que o sujeito humano pode tomar a seu cargo, atribuindo-lhe o valor de aniquilamento: ser capaz de matar, isto é, de ser sujeito ativo do fazer (matar) o outro é impingir a este o antivalor da morte. Nesse caso, a morte aparece como a figura em que se encontra investido o valor *aniquilamento*. Mas é um valor que se atribui à morte, em situação em que a relação entre os sujeitos é determinada pela disjunção eu/ele ou nós/eles. O mesmo valor é assumido, mas em seu contraditório – não-aniquilamento – quando a morte é infligida ao sujeito, seja quando obrigado a encarar a sua própria morte, seja quando é obrigado a encará-la em pessoas de sua afeição. Surge então a dicotomização do ser quanto à sua natureza corpórea e à sua natureza não corpórea, dicotomização ignorada quando se trata da morte de desafeto. Com a natureza dual assim reconquistada, a relação de contradição entre aniquilamento/não-aniquilamento fica resolvida.

Uma outra atitude que se origina da dificuldade de assumir a natureza da parte corpórea do ser (ainda que se considere a outra, a espiritual), e conseqüentemente os valores negativos que ela importa como a dor, a degeneração física, o envelhecimento, é a opção de contrapor à agressividade da morte a agressividade da morte não natural, à agressividade da morte a violência da morte buscada. Isto é, trava-se um confronto entre termos contraditórios em que a morte é, em sua "naturalidade", negada por uma figura em que a não-naturalidade se encontre investida. Assim, ao aspecto durativo tanto da dor quanto da degeneração pelo envelhecimento se contrapõe o aspecto pontual da morte matada.

O tempo correspondente à *performance* de Getúlio, como se disse, e que ele toma como referência para a configuração de sua visão canônica do que seria a vida; caracteriza-se pela violência, graças às disputas políticas. A essa violência específica quanto ao tempo, acrescenta-se a violência específica quanto ao espaço, o Nordeste dos coronéis e da população pobre. Pela confluência dessas duas coordenadas, o universo em que se move Getúlio se caracteriza pela cotidianidade da morte, figura em que se manifesta a violência. Isso significa que a morte perdeu o seu caráter de evento fortuito, ocasional e acidental que, segundo Freud, a marca em tempos normais.

Por isso mesmo, mantém-se um estado ambivalente porque ela nem pode ser localizada no tempo da paz e nem situada em tempo de guerra, quando focalizada a partir do interior desse mundo. O volume e a freqüência com que a morte se verifica aí – em decorrência das rixas políticas ou da miséria – fá-la, pelo contrário, recuperar o seu lugar na existência humana, impondo o que se tem aqui denominado visão frontal das coisas.

Dentre as imagens que tem Getúlio da morte, a que se oferece já nas primeiras páginas é a que caracteriza a mente grupal, de polícia e jagunço. O discurso de Getúlio desde o início o vai construindo como protótipo do matador: frio, insensível, eficiente, amoral. O matador comprova a sua competência ao assumir sempre a função de sujeito do fazer (matar): Getúlio é sempre aquele que mata, que impinge a morte ao outro. A sua eficiência é confirmada pela reiteração da ação que configura um saber-fazer, comprovado pela aspectualidade durativa dessa prática. Trata-se de uma ação eficiente porque inamovível em seu propósito, como indicam as narrações de suas caçadas às vítimas. Além disso, ele procede a um nivelamento do ato de morrer, mais que da morte, à natureza necessária das coisas elementares da existência, cujo sentido se apreende nesse gesto cru, perto do sadismo, de acompanhá-lo em seu processo, em suas minúcias. Esse pendor ao pormenor se reflete, de um lado, no gosto pelo dilaceramento, pelo despedaçamento do corpo do inimigo e, por outro, na hipérbole de assassinato em grupo.

> Vosmecê não acredito, repta Getúlio ao preso, que tenha visto um homem resistindo da morte, porque o que me dizem é que vosmecê manda, não faz. Está direito, na sua posição. Mas veja, quando o homem resiste da morte não tem visagem mais assombrada. Quando o ajutório chega na hora e alcança o homem em vida, se vê-se o peito subir e descer e as bufas da agonia e aquela briga e a cabeça se revirando e as mãos se encrespando ... porque na hora o sofrente arregala as vistas e se segura no que achar e range os dentes e levanta a cabeça e puxa o ar e busca conversa e espia dos lados e fica retado porque o mundo não está indo com ele e arroxeia os beiços... (SG, p.23)

Eis uma longa citação que, por isso mesmo, é exemplar, na qual se encontram sintetizadas a fealdade, a violência, a solidão e a objetividade crua de um mesmo destino, de todos os homens.

Na distância que vai do enunciado à enunciação, e que alicerça a força da verdade do que se descreve, está a coragem de *ver* – e não só de saber – a iniludibilidade do fato maior que explica o instinto primário pressuposto, o da autoconservação. E é também nessa mesma distância que se situa o encontro ambíguo do eu enunciador com o nós enunciatário, em que se inclui o próprio interlocutor imediato, no caso, o prisioneiro: todos colados cara a cara com a mesma sorte.

Este ver de frente faz a ponte entre duas outras visões polares.

A morte, mormente como assassinato, aparece como a figura em que se encontra investido o valor *extinção*, extinção desejada, inclusive, e impingida ao inimigo. Matar o inimigo é eliminá-lo como presença física, como existência real. Mas nem sempre esse estado de tensão acalmada, pela desaparição do objeto da paixão perturbadora e pela satisfação do impulso primário, se consegue de maneira pura. Às vezes, a aparência serena de um discurso que se quer expressão de um saber convicto é perturbada pelo movimento de convergência de conteúdos que o sujeito procura evitar. "Profissão é profissão", raciocina Getúlio.

> Não gosto de médico. Nunca atirei num médico. Ou já atirei? Não me lembro. Sinimbu dizem que era médico em Pernambuco. Agora é finado, pronto, não é médico nem em Pernambuco nem em Petrolina. Nem no Maranhão, nem em lugar nenhum, nem no fiofó da Juda. (SG, p.22)

A aversão declarada ao médico não é razão suficiente ou certa para desejar o seu aniquilamento como de um desafeto. Pelo contrário, a irritação nasce da possibilidade de ter cometido um malfeito, sem volta ou reparo ("Agora é finado, pronto"). Mas desgostar de médico, na verdade, camufla, por um deslocamento metonímico, o medo da própria morte. O médico nos livra da morte, mas ao mesmo tempo nos lembra dela, nos obriga a encará-la.

É esse enfrentamento cara a cara que se oferece na descrição minuciosa da morte feita por Getúlio, cujo sentido se deve à assimilação dos interlocutores numa única função, a de destinatários iniludíveis dela. Daí a atitude sadomasoquista do discurso agressivo, em que se encontram igualadas na mesma sorte a morte indiferente do inimigo e a própria morte não admitida até então. A fissura aberta desta maneira na insensibilidade pela morte do inimigo é suficiente para que por ela a enunciação, contrariando a praticidade apregoada, se destile em ceticismo não sossegado, não cristalizado. Daí a constatação de que

> A morte se apressa-se. É um alívio este valio de lágrimas, esta merda. Defunto é que nem praga de abobra, nesta terra. É um chão, é um chão. (SG, p.37)

Além de testemunha de um fato localizado no tempo e no espaço, em que a freqüência da morte é um componente específico ainda que circunstancial, é ela também a recusa dramática de que a morte é realmente a extinção cabal. É essa não-aceitação que comanda a desmontagem da alegoria abaixo:

> Sempre digo, nas festas de rua, quando o povo se junta feito besta de um lado para o outro: olhe as galinhas de Deus. Porque é igual às galinhas no quintal. Quando menas ela espera, ali galinhando no copiar, ali ciscando bendodela com aquela cara de galinha, o dono pega uma raspa o pescoço bem raspado e sangra num prato fundo com um vinagrinho por baixo. Quando menas a gente espera, Deus pega um torce o pescoço e não tem chororô. Mesma coisa. (SG, p.11)

A morte como extinção final também aparece referida ao próprio sujeito. Isso ocorre por duas razões. A primeira diz respeito à própria dificuldade de aceitar a degradação natural, física, em que não só a dor entra em jogo, como principalmente a negação dos valores que compõem a figura do macho. Por isso é preferível morrer de morte matada, ainda quando na força de homem, a morrer velho e desvalido. A segunda razão ocorre quando a morte é colocada em contraste com a vida, não já a vida miserável, do sertão do Sergipe, mas em geral, expressa na metáfora "valio de lágrimas":

> Morrer é como que dormir e dormido é quando a gente termina as consumições, por isso é que a gente sempre quer dormir. Só que dormir pode dar sonhos e aí fica tudo no mesmo. Por isso é que é melhor morrer, porque não tem sonhos, quando a gente solta a alma e tudo finda. Porque a vida é comprida demais e tem desastre. (SG, p.99)

Desaparecendo a euforicidade da vida, desequilibra-se o peso disfórico da morte, invertendo-se quase os sinais, não fora a incerteza quanto à verdade de que a morte é a extinção total:

> Quem agüenta a velhice que vai chegando, os espotismos e as ordens falsas, a dor de corno, as demoras em tudo, as coisas que não se entende e a ingratidão quando a gente não merece, se a gente mesmo pode se despachar, até com uma faca? Quem é que agüenta esse peso, nossa vida que só dá suor e briga? Quem agüenta é quem tem medo da morte, porque de lá nenhum viajante voltou e isso enfraquece a vontade de morrer. (SG, p.99-100)

O medo comparece, portanto, como o anti-sujeito que só se combate com a obtenção do objeto mágico da *coragem*. Nesse momento, o mesmo valor – a coragem – aparece investido num dos termos de um confronto elementar em que se colocam as seguintes alternativas: ser corajoso significa não ter medo, capaz, pois, de dar-se a morte, ou ser corajoso significa ter medo da morte, por isso enfrentar a vida? Segundo Freud, aceitar a verdade da guerra nos ajudaria a aceitar a vida:

> Tolerar a vida continua ser, afinal de contas, o primeiro dever de todos os seres vivos. A ilusão perderá todo o seu valor, se tornar isso mais difícil para nós. Lembrem-se do velho ditado. *Si vis pacem, para bellum.* Estaria mais de acordo com o tempo em que vivemos alterá-lo para *si vis pacem, para mortem.* Se queres suportar a vida, prepara-te para a morte. (p.339)

Faz parte das "consumições ou dos desastres desta vida comprida demais" a aparente contradição de fazer-se o sujeito o destinador da morte de um destinatário amado. Isto é, há uma diferença básica entre dar morte a um inimigo para aniquilá-lo totalmente, e dar morte a uma pessoa amada.

Como se sabe, a história existencial de Getúlio não se resume na seqüência de seu engajamento militar, sua relação de dependência do grupo e do líder e, finalmente, a sua independência e seu auto-reconhecimento. A resolução desse programa narrativo ocorre com o auxílio de um programa de uso que, num certo nível de significação, investe o tema da relação amorosa em que algumas figuras femininas se apresentam com maior ou menor destaque.

Sabe-se, segundo conta Getúlio, que a certa altura matara a facadas a sua mulher grávida, acusando-a de adultério. O assassinato é contado no capítulo II, que se distingue verticalmente do primeiro: mais livre que no capítulo antecedente, menos preso a uma forma de princípio de realidade, o discurso deixa aflorar o que se tem aqui denominado o segundo texto. A lembrança dessa morte vem em seguida à expressão amarga sobre a imprevisibilidade e inevitabilidade da morte, sorte da qual sequer o enunciador se exclui:

> Eu mesmo estou aí como uma vara em pé, posso qualquer hora desembocar. (SG, p.37)

A ponte entre uma lembrança e outra se faz pela confissão: "Eu mesmo já pensei de outras maneiras. De supetão, bem em seguida explica: Ela estava de barriga na ocasião ... Eu alisava a barriga quando tinha tempo, lembra-se e confessa: A barriga me trazia satisfação" (SG, p.38). Mas os valores que se confessam investidos aí, nessa configuração temático-discursiva, se revelam impotentes ao serem confrontados com os dessa "dor de corno, uma dor funda na caixa, uma coisa tirando a força de dentro" (SG, p.38). O que é mesmo que essa frase introdutória "Eu mesmo já pensei de outras maneiras" antecipa? No que o assassinato da mulher difere de suas considerações atuais sobre a morte? Por que Getúlio recompõe o acontecimento, a cena, não tanto nas exterioridades, mas na sucessão de seus próprios estados passionais?

> Na hora que primeiro bati os pés nos tijolos da sala aberta, vinha com dor. Mas chegando, passou a dor ... Cheguei, olhei, ela deitada assim. Quando matei, nem pensei mais em matar, matei sem raiva. Pensei que não, antes da hora, pensei que ia com raiva, mas não fui ... Na hora que enfiei o ferro, fechei os olhos. (SG, p.39)

Se o amor a terceiro é uma forma de objetivação do instinto do ego, que se reitera na procriação, então se pode entender que o adultério, pela leitura do machismo, significa uma negação do valor do sujeito que, desta forma, ao surpreender-se retratado negativamente no outro, reage instintivamente, na forma agressiva da *raiva.* Dos sentidos dicionarizados de raiva, cabem aqui o de cólera e o de "sentimento violento de ódio ou de rancor". *Cólera*, em sua primeira definição, aparece como "impulso violento contra o que nos ofende, fere ou indigna". Além da disforicidade e da aspectualidade superativa, importa aqui a natureza do sentimento: a raiva é um impulso contra, e não a favor de. Dessa natureza instintiva deriva a adjetivação: raiva *cega.* É essa contradição entre um impulso dirigido para fora e a ausência da percepção do objeto a que se dirige que parece estar na base da agressividade da paixão que, no entanto, se arrefece à *vista* do objeto: a raiva não pode ver o objeto, para continuar cega e efetiva. O que acontece com Getúlio é que o objeto, pela ausência de mobilidade, pela passividade de vítima impotente, pela estaticidade da surpresa, impõe-se à percepção do agressor, situando-o no centro de uma tensão dramática:

> Uns olhos gazos tão parados e o cabelo escorrido de banda e a cabeça também de lado me olhando. (SG, p.39)

A contradição entre o *ver* e *não-ver* o objeto se resolve exatamente de uma forma em que se nega a relação *frontal* que marca a morte do inimigo: a eliminação da fonte da dor como se não tratasse de um objeto amado é levada a cabo, mas para isso é preciso manter o impulso agressivo em sua inteireza: "na hora que enfiei o ferro, fechei os olhos" (SG, p.39), confessa Getúlio.

O que importa, neste ponto desta exposição, é o fato de que aquele que mata assume a função de doador de morte a um destinatário amado, modalizado, aquele, dramaticamente, por um querer poder remover a fonte da dor e por um não-querer/não-dever anular a fonte de amor. O efeito de ter cedido à primeira alternativa, favorecendo à predominância do instinto do ego – "Eu tinha de fazer"

(SG, p.39) –, é uma forma dramática de narcisismo, em que a condenação implícita assume a forma de negação de qualquer possibilidade de investimento amoroso objetual em ser humano: "minha mulher sou eu e meu filho sou eu e eu sou eu" (SG, p.39). A dor resultante é, assim, castradora.

Mas, nessa altura de suas lembranças, Getúlio se concentra, ao falar desse acontecimento, nas conseqüências relativas a ele só, e somente do ponto de vista psicológico, silenciando-se sobre qualquer outro tipo de implicação, como a de que a morte aí significa ou não a extensão do outro. Para ele, a mulher até então amada se iguala a qualquer inimigo, aniquilando-se para sempre, ou não? Sobre a questão, Getúlio se cala.

De qualquer maneira, pode-se dizer que é praticamente a partir da reversão sofrida, pelo programa de base (levar o preso a Aracaju), que se seguem várias mortes, as quais se distribuem em dois paradigmas principais, aproximando-se ou distanciando-se quanto à significação da morte no sentimento de Getúlio a morte de inimigos e a morte de pessoas amadas.

Com relação ao primeiro paradigma, o da morte de desafetos, além do que já se disse a respeito, é preciso assinalar, primeiro, a sua condição de mortes recentes. Ao contrário do capítulo I, dedicado à rememoração de um passado menos imediato, em que, entre a lembrança e o lembrado se interpõe uma distância suficiente para que a emoção, contrária à objetividade, não se erija em princípio descritivo, agora, superpondo-se quase enunciado e enunciação, a situação se inverte.

Ao primeiro paradigma pertencem a morte do tenente decapitado e as dos soldados que cercam a casa de Luzinete, onde se encontram entrincheirados Getúlio, a mulher e o motorista. E ao segundo, a morte de Luzinete e a de Amaro.

A MORTE DO TENENTE

> Aí inverti a arma encarquei duas vezes no beiço do alguém e arranquei quatro dentes de alicate. E deixei. (SG, p.60)

O capítulo III termina com um parágrafo de praticamente duas linhas, composto de dois períodos radicalmente desiguais quanto à extensão. No primeiro, seguem-se três verbos no pretérito perfeito, que descrevem sinteticamente a ação de Getúlio, expressando seu caráter firme e efetivo, de punir o prisioneiro, pela sua tentativa de seduzir a filha de Nestor: inverti a arma, encarquei duas vezes, arranquei os dentes. A essa pequena seqüência narrativa, segue-se o fecho:

"E deixei". Ambíguo pela diversidade de direção tensional, esse fecho imprime, de um lado, pela esquerda e para trás, uma tensão relativa ao período anterior, como se aspectualmente a seqüência necessitasse de um epílogo. De outro, pela direita, e para frente, o aspecto conclusivo do pretérito, somado ao aspecto semântico pontual dos lexemas, rivaliza com a expectativa relativa à eficácia das ações e à competência do sujeito. Essa expectativa se instala e permanece ecoando no silêncio do final do capítulo: "E deixei".

Explica-se, desta maneira, o fosso temporal que o parágrafo inicial do capítulo seguinte obriga pressupor: neste, num processo de estranhamento, eis de repente o narratário situado em Japoatã, no convento do Padre de Aço. Mais ainda, é surpreendido logo depois com narração de toda uma seqüência pretérita, decisiva na história de Getúlio.

O capítulo IV conta a chegada de Getúlio, Amaro e o prisioneiro ao convento e sua acolhida pelo Padre de Aço. É só na décima página, isto é, decorrida a terça parte do capítulo que, dentro de um estilo fragmentário, baseado na justaposição, se introduz inesperadamente a narração da seqüência do cerco já havido da fazenda de Boa Esperança pela polícia, a degola do tenente pelo Sargento e o furo do cerco: "Não sei mesmo como foi que agente pode partir de Boa Esperança no meio daquele fogo" (SG, p.70) confessa Getúlio. Assim aspectualizada a posição do narrador, o desengate entre enunciação e enunciado, deste modo fornecido, marca a situação enunciativa pela ancoragem espacial, pela estaticidade física e pela distensão anímica possibilitada pela guarida no convento, favorecendo a atividade interpretativa da narração.

Graças a esta não concomitância temporal, o confronto físico propriamente entre o Sargento e o tenente é precedido por uma longa introdução que a narração faz questão de reproduzir, pois nela se focaliza um confronto de força de outra ordem em que Getúlio é tomado de admiração pelo autodomínio, autoconfiança e independência de Nestor. Nesse momento, mais que em qualquer outro, o fazendeiro assume a função de compor uma moldura, demarcadora de sentido, à ação que logo será contada. Impõe-se o contraste entre a ação de Getúlio – de arrancar os dentes do prisioneiro com um alicate – com que se fecha o capítulo anterior, ação resultante de um estado tenso passional, e a atitude de Nestor, tensa, mas sempre norteada pelo autodomínio, que favorece o exercício do controle sobre o outro, humano ou não. O trecho que trata da descoberta do cerco bem exemplifica essa característica do fazendeiro:

> Embora antes estivesse calmo, ninguém dissesse pela cara de seu Nestor que tinha emergências naquela hora, porque ele chegou e apeou e ainda tirou os couros todos e

pendurou devagar e, quando chegou no capiar, ainda olhou os pés, viu que trazia as esporas, chegou, acocorou, levantou, tirou o fumo do aió, picou e disse: sabe? (SG, p.70)

O confronto de forças implícito na atitude do coiteiro se explicita logo depois num duelo de palavras que o Sargento acompanha, atento, com os olhos e os ouvidos:

> Aí perguntou ao tenente: o senhor é do governo da Bahia? Porque, se se aborreceu porque tiraram um homem de Paulo Afonsé do governo da Bahia, não é fato? Não disse o tenente, eu sou é desse governo mesmo daqui, o governo do senhor e desse sargento. Meu mesmo não, disse Nestor; só às vezes; às vezes nem é ... Nisso só olhando para o chão, sabendo que, quando um cabra como Nestor conversa com um sujeito olhando para o chão é somente com a tensão que o outro não veja o que ele vai fazer nas vistas deles. ... Nestor encostou na porteira e disse o senhor está vendo esta porteira, não está, pois essa porteira é a porteira do caminho de minha fazenda, que vai dar na minha casa, a minha casa que só entra quem eu convido, e ninguém convidou o senhor. (SG, p.72)

A enumeração, provida agora do saber do sujeito sobre o fato a narrar, marca explicitamente a sua presença no enunciado, ressemantizando as ações em sua segmentação e seqüenciação, ressemantizando pormenores e aspectos.

Tal controle de Nestor, sobre si e sobre o outro, contrasta com a ausência dele em Getúlio. Isso fica evidente na descrição da luta, interioridade do narrador:

> Logo nos princípios é assim: um frio na barriga e um aperto. Depois, uma vontade de não fazer nada, umas lembranças. Até que a raiva sobe na cabeça ou uma coisa dessas, até que estrala um negócio e a gente sobe. Sobe mesmo. (SG, p.74)

O que se observa aí são reações a pulsões primárias que culminam num estado passional que o Sargento reconhece sob a denominação de *raiva.* É com uma raiva que nem sei que ele se apodera de uma pedra com que esmigalha a cara do inimigo. É a satisfação dessa força primitiva que o guia na luta corporal com o tenente, e é o reconhecimento positivo dela mesmo na enunciação que singulariza o discurso de Getúlio. Essa mesma ausência do controle racional se evidencia nessa debreagem da enunciação em que o narrador *reitera* a degola do tenente, sancionando-a euforicamente nesse nível, como o resultado de uma ação não planejada. A consciência desse fato se expressa nessa constatação duplamente explicada, ou melhor, de explicações imbricadas:

> Nunca pensei que ia degolar o tenente, pelo menos nunca pensei assim no claro, quer dizer, nunca disse: Getúlio, vamos cortar a moléstia da cabeça do tenente. (SG, p.71)

Por isso, é sintomático que na narração desse episódio quatro longos parágrafos sejam introduzidos por segmentos bem marcados semântica e formalmente, e sempre focalizando o sujeito do enunciado como desprovido da modalização cognitiva: "Não sei mesmo como foi que a gente pode partir de Boa Esperança no meio daquele fogo" (SG, p.70) declara Getúlio abrindo o capítulo. Tomado o fôlego, continua em outro parágrafo: "Nunca pensei que ia degolar o tenente ...", para explicar no subseqüente: "Eu nem sei quem descarregou primeiro ...", para finalizar no parágrafo explicativo: "Pois nunca mesmo tinha feito isso, só sabia de ouvir falar..." (SG, p.76). No conjunto do romance, é evidente a transformação processada entre os capítulos I e IV, espelhando-se no discurso. Nesse sentido, é significativa a relação opositiva que a conjunção estabelece neste último parágrafo em que se focaliza a degola em si: "Pois nunca mesmo tinha feito isso, só sabia de ouvir falar". O que realmente se diz aí? Diz-se que a degola praticada por Getúlio pela primeira vez é a que caracteriza qualquer bom matador. Essa conduta correta de que "ouvira falar" e que, nesse momento, se revela como motivada por algo que não é bem a necessidade: "mas deu uma vontade, de maneiras que fiquei sentado um pouco vendo o punhal que estava largado no chão sem ação" (SG, p.176).

A declaração e a assunção da pulsão são suficientes para que o discurso queira assumir a feição de um discurso lógico ("de maneiras que"), apagando a natureza primitiva do motivo e requerendo o estatuto de razão auto-explicativa, suficiente. A figura do punhal centraliza, como figura concreta, a vingança: a degola se processa como que calculada, como se um saber instintivo, que surpreende mesmo o sujeito em sua correção e acerto guiasse a prática do corte, conforme argumenta mais tarde o Padre: "Agora, a cabeça não, a cabeça se vai lá, se olha o pescoço se resolve cortar, é uma coisa parada, não pode ser" (SG, p.83).

A visão do Padre, no entanto, é uma visão exterior que lê a aparência da degola e por isso a lê como atos conscientes. Pelo contrário, a visão de Getúlio, cheia de susto, descobre a origem instintiva dela.

Provém dessa mesma fonte a alegria do Sargento que, ao comemorar a sua vitória sobre o tenente, monta toda uma encenação paródica, retomando dois momentos que caracterizam o duelo verbal da polícia e o coiteiro e a luta propriamente.

Do primeiro, retoma os conceitos de propriedade e de domínio físico (dentro e fora da porteira), com que Nestor contra-argumenta, defendendo a sua fazenda da invasão. Visita é a figura que os dinamiza, em sua implicação: ser ou não ser visita, ser ou não ser convidado significam ter ou não o direito de ultrapassar fronteiras.

> E então arrastei ele para dentro da porteira. Uma visita, uma visita, seu Nestor, uma visita de cara torta. ... e foi assim cantando baixo e ele arrastando pelo cabelo e cheguei na porteira. (SG, p.77)

Do segundo, da luta, parodia o riscar em círculo do punhal com que quase fora vencido pelo tenente. Num gesto largo, de confirmação de sua vitória e de expressão de desprezo, fá-los saber ao outro, torna-os públicos, arremessando a cabeça decepada:

> dei um safanão na corda e joguei lá no meio da força, que parou um pouco na hora ... deve ter assustado a força da força. (SG, p.77)

Resumindo, pode-se dizer que: a fonte das ações de Getúlio são pulsões, instintos primários em que se misturam agressividade, autopreservação e prazer; reduzida a tais fundamentos elementares, a alegria pela vitória física na luta com o inimigo, assim enunciada e assim valorizada na enunciação, se explica por essa elementaridade não questionada; por isso não ocorre nenhuma modalização deôntica, ainda quando essa vitória significa morte do outro. Também ocorre um arremedo de prova qualificante, em que a vitória e, portanto, o reconhecimento da qualificação do sujeito – como o que pode e sabe lutar – são confirmados pela degola do tenente *já morto*, inclusive pelo lugar em que ocorre, dentro do espaço tópico, conforme preceitua a forma canônica da narrativa popular. A sanção positiva do destinador-julgador se encontra embutida no gesto de Getúlio de evocar o seu coiteiro: "Uma visita, uma visita, seu Nestor", à medida que arrasta o corpo para "dentro da porteira".

Por essa síntese, conclui-se que, em consonância com a satisfação dos instintos primários, nessa pequena narrativa sobre uma vitória em que a violência é justificada como a figura em que se manifesta o poder (fazer) do sujeito, a morte é situada no *mesmo* nível de realidade de qualquer outra coisa, como a forma radical de eliminação do adversário, cujo prêmio se reconhece no direito não só à profanação física, do corpo humano e como à profanação verbal pela quadra cantada.

GETÚLIO E A POLÍCIA

A refrega entre Getúlio e a polícia, que o cerca juntamente com Amaro e a mulher na casa da Luzinete, é representada e vivida como uma festa. Festa aqui não em sentido de uma metáfora lingüística, como não o é a degola do tenente. Na verdade, a imagem de festa ocorre em pontos diferentes do romance.

A narração e a descrição dos diferentes confrontos de Getúlio ao longo da obra revelam a ocorrência muitas vezes de uma equivalência entre eles a as lembranças da festa dos "Reis de Congo" ou "Reis de Hungria". Uma delas ocorre exatamente um pouco antes do cerco da polícia, quando Getúlio, acompanhado de Amaro, invade, à noite, a delegacia de Japaratuba, à cata de armas.

Toda a narração se faz como se fora um jogo, uma brincadeira. Por isso, à pergunta baseada no bom senso: "para que diabo que eu quero vim aqui nessas horas da noite apanhar umas armas velhas me arriscando a tomar um tiro sem necessidade?" (SG, p.119), a primeira resposta encontrada pelo narrador se equilibra entre dever e querer: "não faço somente o que eu preciso, mas também faço o que eu quero, pronto ..." (SG, p.119). Mas, posteriormente, já transformado o caso em lembrança, em objeto de memória, é assim que o enunciador modalizado por um querer (ser) reorganiza as coisas: "Pode dizer que já me vesti de mulher, quando entrei na delegacia de Japaratuba e lá, na vista de todos machos que diz que tem lá e mais tivesse, fui entrando, fui abrindo e fui apanhando o que bem quis e isso, mulungu. Precisar não preciso, fui só de abuso, graças a Deus" (SG, p.121). O ambiente emotivo que serve de moldura a essa reconstituição é a do puro querer ser, gratuito, descompromissado, a não ser com o prazer. É o próprio Getúlio que se visualiza numa situação superior ao do rei homenageado: " ... e lá vou eu, melhor do que os reis de Hungria" (SG, p.119). E talvez não por acaso se encontra "metido nesse timão preto, que é de Luzinete, enfiado para dentro das calças, esse califom com esses bicos parece que arranha", travestindo-o ambiguamente também em "cão, cagado e cuspido, não fosse a falta de um dente de ouro na frente essas alturas" (SG, p.117).

Como se observa, não é só a distância, ainda que mínima, entre narração e fato que fornece uma relativa independência entre ele, permitindo a imaginação e o desejo trabalharem a realidade:

> Estou melhor que os reis de Hungria, aqui todo de preto, hum, bem que podia ser um cavalo chotão como essas pestes que eu vi pelaí, mas um cavalo desses que os cascos parece de cortiça, um cavalo que morde a brida, baixa a cara e arresfolega fumaça, desses é que podia ser, e eu melhor e mais bonito e mais valente do que os reis de Hungria, esperando combate. (SG, p.116)

E liberando um sentimento de onipotência:

> Ninguém me segura, vai ser de burro mesmo quero ver. (SG, p.116)

e de liberdade que é fruído pela antevisão da possibilidade de converter esse acontecimento em fato a ser narrado posteriormente e por terceiro:

Mas depois eu digo, oras seu mano, que besteira, pode dizer que é Getúlio, que foi que arrombou essa castanha, deu uns croques na putada toda. (SG, p.116)

Pode dizer que já me vesti de mulher, quando entrei na delegacia de Japaratuba. (SG, p.121)

Ambas, a distância e a antevisão, colaboram para a equiparação de festa à guerra, em que a morte parece ganhar um outro sentido.

É essa mesma atmosfera festiva, de alegria, de despojamento, que predomina na descrição, mais que narração, do embate de Getúlio e Amaro com os soldados que os acossam. Talvez fosse preciso observar aqui um aspecto que esclareça melhor essa consubstancialização de luta e festa. Já no assassinato da mulher grávida por Getúlio, ele está presente: é a oposição *fazer/dizer*. Ao longo da narração da cena do assassinato, Getúlio enfatiza o seu desejo de dizer, de explicar à mulher a sua razão de macho, a visão masculina do adultério, da diferença entre homem e mulher na relação amorosa, o que leva o primeiro a matar. "Isso pensei em dizer a ela, cheguei a abrir a boca ..." (SG, p.38). Tem ele uma atitude em tudo oposta à que adota ao matar qualquer inimigo: "No natural, não falo com quem atiro, é um despropósito" (SG, p.38). Ou seja, deve haver entre fazer e dizer uma relação de contradição, em que não cabem os dois simultaneamente. O Sargento sabe disso, à sua maneira: "Se quer fazer uma coisa, não converse" (SG, p.38), aconselha.

Vejamos o que acontece na invasão da delegacia de Japaratuba.

Sintomaticamente, como testemunham as citações anteriores, a enunciação trabalha nesse episódio com basicamente dois tempos verbais. Formando um *continuum* uniforme, o momento que antecipa a empreitada é expresso no presente do indicativo, construindo um monólogo interior em que as diferenças e distâncias temporais são anuladas, colados uns aos outros os fragmentos selecionados pelo sentido da satisfação do sujeito que, sentindo-se liberto, onipotente, a ela dá vazão.

Curiosamente, ao focalizar-se a invasão propriamente, o aspecto durativo até então utilizado dá lugar ao aspecto perfectivo, quando o monólogo interior é substituído pela narração em pretérito perfeito, que assim segue até que o ritmo do atropelo e a fuga se distende, com a constatação de que não há perseguição da polícia. A aspectualidade tensa se converte em distensa e é retomado o presente do indicativo, evidenciando que, na verdade, o discurso é um longo monólogo. Neste, as manifestações verbais de Getúlio em nível de relato se restringem à intimidação ao soldado que ele surpreende dormindo. Toda a ação do seqüestro das armas ocorre, pois, em silêncio. Isso demonstra que fazer e dizer não podem coincidir em situações específicas como uma luta, ainda que euforicamente vivida.

Não é isso o que se verifica no cerco à casa de Luzinete.

A narrativa se faz segundo o estilo dominante, em que o monólogo assimila as falas reais havidas, e os diálogos estabelecidos, homogeneizando-os num discurso único, tornando dificultoso distingui-los dos formulados em pensamento. Apesar disso, a freqüência de vocativos e o contexto em que se dão permitem visualizar mais ou menos o ocorrido objetivamente na refrega. A tonalidade emotiva da narração, modalizando a relação enunciado/enunciação e determinando o seu ritmo, é aquela que na recepção do narrado se deseja seja interpretada como a ele inerente. Isto é, a alegria evidente na enunciação é a mesma vivida no enunciado.

O que então se observa? O medo aí não tem espaço, apesar da precariedade da condição dos encurralados. Pelo contrário, o comportamento é o de uma certa festança, dando lugar à folgança e à brincadeira. E é isso que ora interessa: essa disposição eufórica se extravasa lingüisticamente em nível de fábula. Getúlio não só dá vazão a seu espírito chocareiro, nem estilo peculiar, centrando a sua atenção em particularidades, minúcias, índices, do inimigo, como ainda se dá espaço para trabalhar com a imaginação e, conseqüentemente, com a linguagem. Ou seja, o fazer aqui é rivalizado pelo dizer, não em uma relação de contradição mas de complementaridade que o presente do indicativo indicia. Sirva de exemplo o trecho abaixo:

> Esse queimado chama-se Chico Banana Seca, por causa de que parece que tem cara toda pregueada. Acho que passaram jenipapo na cara dele. Para ficar assim, bicho feio da desgrama, hem Amaro. Esse deixe aqui, que ele vem na minha linha de tiro bonito, está parecendo uma galinha d'água galinhando na beira da lagoa. O fino é por nome Carolino Carola Caruara, por causa de duas coisas. Primeiramente tem cara de noiteiro de novena, diga se não? Tem. Bota as mulheres cantando para purgar os pecados, que ele tem medo de morrer e não para o inferno. Segundo anda todo troncho, espie, veja se não tem umas parenças que deu curuara nele em pequeno. (SG, p.134)

A MORTE DA PESSOA AMADA

Essa evolução eufórica em que fazer e dizer se harmonizam vai desaguar em duas vertentes, conservando, embora, como tronco comum, sustentáculo e origem, o tema da morte, mais precisamente da relação da morte com a palavra.

A primeira vertente, ligada de forma mais imediata à dicotomia matar/falar ou fazer/dizer, se entronca com a segunda, manifestando-se em um programa narrativo que se desenvolve ao longo do romance, concomitante mesmo à intriga central, sobre a natureza e a função da palavra criadora.

O tema da criatividade poética é encarnada distributivamente por um pequeno grupo de atores secundários, incumbidos de prover Getúlio dessa mesma competência. Esta vai comprovar-se como real exatamente ao cruzar-se com o programa narrativo sobre a morte. O sentido fundamental dessa nova qualificação de Getúlio se descobre, agora, enraizada na problemática da relação do homem com a morte de pessoa amada.

Segundo Freud, a morte se problematiza aos olhos do homem, em oposição à ausência de transcendência, quando se trata de morte de desafeto, ao experimentar ele a dor da morte de pessoa amada. O sofrimento pela perda da pessoa querida atualiza a questão da morte como aniquilação cabal, desejada e facilmente assumida quando de inimigo. A ele se soma a dificuldade da aceitação do processo físico desse mesmo aniquilamento. Numa objectualização de conflitos subjetivos, da interioridade do sujeito, com que se obtém um apaziguamento da dor, a natureza simbólica da linguagem se oferece ao sujeito como socorro que se concretiza na forma de invenção de domínios sobrenaturais que neguem o aniquilamento físico da morte.

Deus, santos, vida eterna, localizados em sistemas mais ou menos consistentes em sua sintaxe e semântica de valores axiológicos e modais, com seus programas e percursos narrativos mais ou menos estabelecidos, que recobertos também por configurações figurativas relativamente fechadas, são produtos de elaborações cuja origem se situa nesse dilaceramento dramático de não conformidade com o desaparecimento cabal do ente amado. A natureza simbólica da linguagem sustenta e motiva o desvinculamento factual, possibilitando a crença na autonomia existencial dos referentes criados.

A respeito desta forma de reagir contra a morte, é bem que se note como a resposta narcisista de Getúlio à morte de sua mulher grávida, por ele dada, se corporifica numa imagem mítica de desenraizamento existencial, comprometendo sua visão ontológica. A retração do sujeito em conseqüência da negação do amor objetual nega o homem em sua destinação procriadora e afetiva.

O papel actancial e temático de Luzinete se centraliza, em decorrência disso, num esforço desse duplo re-enraizamento. Mas é sintomático, nesse sentido, que o seu sacrifício, indo buscar dinamites com que defender Getúlio do cerco policial, e a sua morte em virtude do estilhaçamento de todo o corpo pelas bombas sejam assimilados dentro de um sistema que lhes preserve o sentido. Mais ainda, ao entendê-la transformada em estrela, Getúlio descobre como parte de suas crenças um sistema narrativo de que faz parte uma sanção pragmática: prontamente Luzinete se transmuta em estrela. A morte é, portanto, um processo de transformação, não de degradação mas de melhoramento, em que o prêmio é a perenidade, brilhantemente impondo-se ao reconhecimento. Ou seja, nesse corpo de desenvolvimento narrativo, carreando, por uma relação de implicação, uma determinada cobertura figurativa, em que se reconhecem certos motivos mitológicos populares, o romance retoma, conferindo-lhe sistemicidade, a conotação mítica, ainda fluida pela origem subjetiva, das conseqüências da morte da mulher grávida.

A passagem de um momento ao outro não é gradativa, mas se faz como salto: em ambos os casos se trata da reação do homem diante da morte e de mulheres amadas. Mas, enquanto no primeiro caso, o sentimento mítico preserva a individualidade de uma manifestação particular, isto é, trata-se de uma forma particular de enfrentar a morte, no segundo, pelo contrário, não se detecta dificuldade por parte de Getúlio de aceitá-la, na medida em que prontamente a explica segundo um sistema mítico dado *a priori*.

Por isso a informação ao narratário da morte de Luzinete se faz sem maiores problemas. Tanto no enunciado quanto na enunciação, a reação emocional de Getúlio é quase, se não tranqüila. Ela é dada inclusive no meio de toda uma página lírica na qual inicialmente o que prevalece é a exposição em imagens míticas da relação de Getúlio com a terra natal, a qual se estende, dominando-a, à sua relação com a mulher, às vezes entendida como Luzinete, às vezes, permutando com esta, a própria mãe.

Ao falar de sua relação com a terra é que se refere secundariamente ao desaparecimento das pessoas amadas. "E agora (a terra) é minha só, porque morreu todo mundo que prestava" (SG, p.137). E é retomando o mesmo tema anterior da luta que o genérico todo mundo se especifica como Luzinete: "Luzinete subiu com as bombas, nada deve ser achado dela, no meio da pedra e do barro" (SG, p.137). A lembrança dela se prolonga na exposição do projeto mítico – assim truncado – de sua vida com ela no sertão, encerrando-se serenamente na informação: "Ela era minha mulher, agora é a lua" (SG, p.138).

A MORTE DE AMARO

Na função especular, a princípio, o não-eu-ideal, o eu ideal em negativo de Getúlio – pois é desqualificado quanto ao valor máximo do universo de que partilham e quanto ao espaço de origem, Muribeca, localizado no estado do Piauí –, lentamente o motorista Amaro se transforma aos olhos do Sargento.

O momento clímax dessa transformação ocorre no ato mesmo de sua morte. Explorando a técnica de não seguir na narração a seqüência do relato, o capítulo VII se inicia instaurando um contraste vertical com o final do capítulo anterior. Finaliza este com a palavra *Arretado,* sozinha, soberana, como um arremate da narração que, pontualmente, não permite que o discurso se prolongue. O tema que assim é amarrado é o dos nove filhos imaginários de Getúlio, verdadeiros gigantes, mistos de ciclopes e Hércules. Um final, portanto, duplamente eufórico, do ponto de vista do enunciado e do ponto de vista da enunciação.

Um longo período, em que os pormenores, quase tirando o fôlego, se acumulam como necessários à configuração do sentimento que se focaliza, na sua força, concretude e peso, abre o capítulo seguinte:

> Pois então aqui sentado nessa solta, com essas cinzas que botei na cabeça e todos os caminhos que cavei com os pés, andando em roda não sei quanto tempo e batendo no peito se gurgurando na garganta, que eu dei um grito que se ouviu em todo o Estado do Sergipe, para todos os lados, para baixo, para cima, até encostar no oco do mundo, que ribombou, eu dei o grito mais retado que se deu na terra. (SG, p.127)

Após descrever esse momento como explosão de um sentimento único, a raiva, que se expressa em choro, Getúlio retoma a narração. Mas, antes, é curioso observar dois pormenores. Primeiro, a gestualidade com que Getúlio encerra a cena dessa explosão emotiva. Como que re-ancorando-se no contexto, diz:

> Aí eu olhei assim ao redor e não vi nada. Forcei as vistas e não vi nada. (SG, p.127)

O espaço que aí se abre pelo olhar, olhar ao redor, não é mais o espaço anterior, imaginário, construído no discurso. Contrapõe-se a este como o espaço referencial, concreto da situação enunciada. Num processo de tomar tento de si e do que faz, Getúlio reassume o espaço em que se situa, buscando o outro, o não-eu: busca ao redor com as vistas, numa procura inútil que ele confirma: Forcei as vistas, mas o resultado é o mesmo: "não vi nada".

O segundo pormenor se refere ao registro no discurso de Getúlio. A carência de um interlocutor em que ecoe o seu grito de desespero, que lhe devolva como resposta o grito duas vezes referido, provoca uma mudança de registro no discurso. Esta se faz duplamente. Primeiro, pela enunciação de sua origem: o que vem a seguir pertence à dimensão do puro *querer*, cujo caráter virtual, de junção não realizada com o objeto desejado, se detecta, além disso, no tempo verbal empregado – *queria*. É esse *querer* que, combinando-se com o *não poder ser*, determina todo o discurso. Nele, o imaginário, como o desejado, vem amarrado à dimensão do real, por meio da consciência do enunciador da disjunção entre eles. Essa amarra se reafirma na reiteração do emprego do pretérito imperfeito do subjuntivo:

> e eu queria ter uma espada muito grande, que eu com essa espada botasse embaixo todas as coisas que ficasse na minha frente ou de tras, amuntado num cavalo preto que o suor fedesse tanto que matasse pelo cheiro... (SG, p.127)

Por isso a referência ao ato de olhar ao redor não volta da mesma forma, mas abrandada como coisa reconhecida: "E eu. Forcei as vistas dessa forma e não pude nada ver mesmo". Dessa maneira, a nova referência do grito, ou a referência ao novo grito, vem num novo contexto, interpretativo desta vez:

> Não quis fazer mais nada por muito tempo, porque fiquei triste e então dei um grito ouvido em todo Estado de Sergipe, o chão tremeu e eu sentei de novo. (SG, p.128)

A descrição dessa cena, tensa pelas emoções em jogo, fortemente dinâmica na sua expressão dramática, ocupa página e meia, e se encerra com a citação supra. Em toda a sua extensão, o motivo dela é dado duas vezes: uma primeira vez, "porque foi agora que senti", e uma segunda, "só estava sentindo". Entre elas, uma gradação temporal expressiva: de um lado, a contemporaneidade entre o tempo da enunciação e do enunciado – "foi *agora* que senti" –, de outro, uma pequena não-contemporaneidade – só *estava* sentindo. Em ambas o objeto do sentir é elidido.

Essa elisão prossegue no parágrafo seguinte, estilisticamente muito bem explorada. O novo parágrafo se inicia francamente narrativo, mas linearmente distanciados enunciado e enunciação pela não-contemporaneidade. O novo parágrafo elege um objeto metonímico ao redor do qual se constrói: o ver "os olhos":

> Quando eu vi, estava parado, com o olho aberto. (SG, p.128)

A que se segue uma narração em que o dono do olho é silenciado: "na mesma posição que tomava para bater no cano da arma...", para que se retome o olho, assim despojado do sujeito, no terceiro parágrafo: "O primeiro que eu vi foi os olhos porque antes eu estava...". Somente no final do parágrafo de uma página é que o sintagma se completa: "eu espiei de banda e vi os olhos de Amaro".

Retomando-se a narração após a pausa entre um parágrafo e outro, Amaro-morto é referido anaforicamente pelo pronome: *ele*.

> Antes ele estava bem, aliás estava ótimo... (SG, p.129)

Segue-se um trecho extenso em que a reiteração da referência anafórica, fazendo-se pelo pronome, evidencia que se trata de um processo estilístico. Tanto que o capítulo prossegue numa longa narrativa em que se destacam o cuidado e gosto pela minúcia, pelo fato bem retido e bem lembrado, em que predomina a disposição anímica do Sargento, na luta desigual dele acossado com Luzinete e Amaro, contra a tropa que os cercara. A narrativa se encaminha euforicamente, focalizando um sargento que se lança à luta ao mesmo tempo em que a lê e a interpreta positivamente, por meio da invenção de histórias a respeito de cada inimigo que abate e de si próprio, denominando-se Dragão Manjaleu, Comedor de Coração.

Cria-se ao longo de cinco páginas um novo ritmo, um novo *pathos*, em que se envolve o narratário, já quase esquecido do início dramático do capítulo. No entanto, de repente, a meada é retomada:

> Pois então, quando eu vi os olhos de Amaro, parados, e ele olhando para lugar nenhum, com o braço pendurado no prego, eu vi que ele tinha sido matado e no começo não senti nada. (SG, p.134-5)

Só então a narrativa recoleta os dados, reata os fios, para referir o acontecimento elidido: a morte de Amaro.

Sintetizando, a narração trabalha basicamente com a figura da *elisão*, ao focalizar a morte de Amaro. Além do desvio, distanciando espacial e temporalmente na enunciação o referente do referido, pela descrição da luta em si, Amaro é dado agora metonimicamente pela figura do olho:

> Quando eu vi, estava parado com o olho aberto...
> O primeiro que eu vi foi os olhos...
> Vi os olhos de Amaro...

Ou então, evitado ou elidido pela substituição do nome pelo pronome *ele*:

> Eu vi os olhos de Amaro, parados...
> ...ele olhando para lugar nenhum...
> ...eu vi que ele tinha sido matado.

O caráter pontual do acontecimento, da percepção do acontecido, o conhecimento do fato transformando a morte dele como realmente um acontecimento que, como tal, muda o rumo das coisas aparecem nesse jogo especular dos olhos que o sujeito vê, reiteradamentte referido (*eu vi*), forte em seu aspecto pontual, e o que olho que já não vê. A pontualidade do *ver* contrasta com o aspecto não pontual, progressivo do acontecimento. Primeiro, o aspecto incoativo de "O primeiro que eu vi", depois pontual de "vi que ele tinha sido matado", e o durativo da incredulidade: "Eu fiquei olhando mais Amaro morto".

Mas entre a percepcão da morte e o sentimento dela há um espaço e um tempo, de incubação, que justifica a explosão posterior: "eu dei o grito mais retado que se deu na terra, porque foi agora que eu senti".

DO SIMBÓLICO: A PAIXÃO, O BOI, A TERRA

A ESCOLHA DO OBJETO

Como se trata de uma narrativa em que o *depois* – como Getúlio traslada um preso político de um lugar a outro do Nordete – corresponde ao presente enunciativo, colocando o *antes* – Getúlio, sertanejo transformando em polícia – como passado do relato, e considerando a disposição anímica do enunciador que assume o papel de sujeito apaixonado que crê poder impor uma leitura desse passado, considerando-se, pois, tais aspectos, não se pode imputar a avaliação que ele faz de sua competência inata – figurativizada em "ser despachado" – categoricamente como verdadeira. Pelo contrário, o tom apaixonado, ainda que contido, de sua fala leva a perguntar se não se trata de um arranjo feito *a posteriori*, no momento mesmo da narração, em que Getúlio preenche o segmento da competencialização segundo a coerência com que ele constrói a narrativa de sua vida.

Seria mesmo o seu deslocamento do campo para a cidade o resultado de uma interpretação crítica da realidade de que Getúlio se diz ter sido capaz? Como as suas palavras fazem supor, teria ele projetado um simulacro em que se presentificassem concomitantemente passado, presente e futuro, como segmentos que se caracterizariam como a reiteração do mesmo, como uma duratividade que a segmentação diferencial no *continuum* temporal só serve para confirmar? Isto é,

Getúlio teria mesmo se dado conta de que o seu passado miserável de sertanejo se confirmava no presente e se projetava como o seu futuro certo?

De qualquer maneira, a competência pretendida se estrutura como uma sobremodalização pelo saber, ou seja, Getúlio se diz dotado de um saber inato, de que tem consciência (sabe que sabe ser); a ele faz seguir um saber-fazer, que o induz a tomar e a realizar a decisão correta, ir para Aracaju. O acesso aos novos valores culturais decorreria, portanto, dessa competência inata. Sobre a *performance* dela resultante – sair do sertão – exerce um fazer judicativo, julgando-a correta e acertada pragmaticamente. Ele impõe, desta maneira, uma avaliação axiológica da qualificacão de ser despachado. Ser despachado é um predicado positivo. Ademais, por outro lado, na configuração de seu discurso, na sua textualização, surpreende-se uma modalização do objeto como dever-ser: as coisas não só são como devem ser exatamente como ele as apresenta e enuncia. Com essa atitude, aparentando não fazê-lo, ele impõe ao narratário um contrato veridictório em que se camufla, porém, um viés ideoletal. Ele projeta um observador social que avalia moralmente a qualidade de ladino como eufórica. No entanto, esse observador é, na realidade, uma instância formal em que ele investe o seu querer. Para dar credibilidade à sua avaliação, implícita em sua argumentação, sobre a sua escolha como correta, lança mão do princípio de autoridade do consenso. Consensualmente a sua escolha é dada como acertada.

Na realidade, porém, trata-se de um desdobramento do sujeito que, assim, constrói, debreada, a imagem de um indivíduo que sabe ser pragmaticamente, isto é, sabe viver. Por isso, é sancionado positivamente por uma coletividade para a qual o pragmatismo, a utilidade interessada seriam os valores dominates, os quais orientarão todo o comportamento posterior do Sargento. Ou seja, a coerência há pouco referida está nessa orientação moral que presidiria já o momento da ruptura campo/cidade, mantendo-se depois na *performance* de Getúlio como homem urbano.

Desta leitura, ficam duas conclusões. Primeiro, observa-se aí a construção de um ego ideal, origem do narcisismo que embasará a sua vida a partir de então. Segundo, grife-se que a imagem pode, de um lado, ser verdadeira; pode, por outro, ser também uma projeção posterior, como estratégia argumentativa do enunciador. Qualquer que seja a resposta, flagrar a moralização da estrutura modal do sujeito – dando como valor positivo o saber-ser e o saber-fazer – como uma ação manipulatória sobre o enunciatário, que pode ser o próprio enunciador, ouvinte de si mesmo, em seu solilóquio – é flagrar a fragilidade da condição do sujeito – da enunciação e do enunciado. O enunciador, ao manipular autoritariamente o enunciatário, deixa à vista a tensão de dúvida entre ser/não-ser verdadeira a avaliação moral tanto do sujeito do relato quanto a dele mesmo, enunciador. A sanção positiva dos fatos que a instância da enunciação pretende assinar se revela como um processo de automanipulação que desnuda uma carência que pretende escamotear. Essa escamoteação se processa por essa auto-avaliação marcada pelo narcisismo.

O fundamental é que se entenda que o processo narcisista se realiza, pelo menos, na relação entre a enunciação e o enunciado-relato. O enunciador elabora ao enunciatário uma imagem de si no passado em que se reconhece como objeto de amor, uma projeção que vai manter-se posteriormente na escolha do objeto – o despachado é digno de amor – em que ele investe os valores urbanos selecionados: o mundo militar.

Curiosamente, por ser essa imagem uma construção consciente, buscada, o enunciador silencia quanto à existência no momento da opção de uma individualidade já constituída, tanto do ponto de vista psicológico quanto de suas relações exteriores, em papéis temáticos específicos. O silêncio, propositado, quer transformar esse momento de risco em um grau zero, a partir do qual o seu projeto existencial se origina.

O silêncio – produto, portanto, da manipulação narrativa, na medida em que o relatado já está pronto, e que o sujeito observador aspectualiza apresentando-o em sua terminatividade, isto é, o passado já foi vivido e é conhecido – faz ver que a história enquanto contada é, em parte, um simulacro baseado num querer-fazer ser assim. Um querer que, segundo o discurso, seria móvel da assunção tranqüila de valores urbanos e não o resultado de um percurso de um confronto real – entre o querer pragmático, da necessidade, e o querer da vontade de continuar no campo. A dominação coube ao primeiro, acarretando a precisão de eliminar o confronto, dramático para o sujeito, com vistas a abolir a angústia do desejo real escamoteado.

O silêncio faz parte, pois, de uma estratégia de defesa: é a elipse causada pela evitação. Há um esforço de manipulação da linguagem que, situando as coisas na ordem do simbólico, sistematiza os fatos narrados. Ao trazê-los para o discurso, seleciona os fatos, acontecimentos, as experiências, num sistema coerente em que se re-cria e se reforça o simulacro de seu eu ideal. E o universo militar é o espaço por excelência de seu exercício. Por isso, Getúlio o elege como objeto de seu amor.

Hugo Bleichmar assim sintetiza a eleição narcisista do objeto, segundo Freud:

> Ao tentar fundamentar a razão da diferença entre o luto formal e a melancolia, Freud considerou que nesta última condição o objeto perdido havia sido eleito de acordo com o tipo de eleição narcisista. Agora, que é que se deve entender por eleição narcisista do objeto? A resposta não é unívoca. Freud, em *Introdução ao narcisismo* (1914), designa como eleição narcisista de objeto a que se caracteriza por ser o objeto eleito de acordo como o sujeito é, como foi, como quisera ser, ou alguém que uma vez foi parte do sujeito; o filho para a mãe, por exemplo. Pareceria então que a eleição narcisista se caracteriza porque nela o objeto tem uma semelhança com o ego que o elege, ou seja, que a eleição se faz à imagem e semelhança do ego. Este é o conceito de eleição narcisista de objeto explícito no texto citado. No entanto, no mesmo texto, Freud diz que as mulheres amam e fazem eleição do objeto segundo o tipo narcisista. Ou seja, elevam como objeto sexual os que as amam, aqueles que as hiperestimam e as convertem em seu ideal. Aqui, evidentemente, ao falar da eleição narcisista de objeto não se refere ao fato de que o objeto eleito pela mulher seja à imagem e semelhança do ego que elege; o que se quer destacar é que mediante esse objeto sexual, o que se satisfaz é o narcisismo do sujeito, quer dizer, sua auto-estima. (1991, p.41)

O contexto histórico do Nordeste aponta o engajamento como polícia a única alternativa mais segura para o sertanejo que é obrigado a migrar para a cidade, e aí fixar-se. Isso faz supor que o sentimento narcisista cresceu ou mesmo nasceu no seio da relação subordinado/líder, seja como uma forma hiperbólica de denegar o outro termo preterido, mas na verdade desejado, isto é, o campo. Essa forma ambígua de denegação descobre na identificação a sua forma de investimento cabal.

O ego se constitui e se mantém basicamente pela identificação com a imagem do outro, isto é, a imagem com que o outro se apresenta para o sujeito que sofre a identificação, e, além disso, a imagem que o outro tem de si, aceita como tal pelo sujeito que se identifica com esse outro.

Os sinais de socialização antecipada com que o sertanejo quer fazer-se igual ao chefe, encarnação para ele do mundo urbano, e que crê haver conseguido ser aceito no e pelo novo grupo, criam um paradigma de figuras fetichizadas que configuram o contexto social desejado e constróem o eu ideal: líder, branco, maneiroso, dominador, dono do saber. Eis um conjunto de figuras e objetos em que se inscrevem valores como perfeição, plenitude e onipotência, fundamentais à experiência narcisista. A onipotência do subordinado é uma ilusão porque vicária, tendo, portanto, pouca correspondência com a realidade, mas de qualquer modo fundamentando tanto o sentimento de plenitude quanto o de perfeição, decorrentes da concordância entre o que se crê ser e o ego ideal.

Ocorre, pois, um primeiro momento em que o Sargento vê no líder o outro, em que, ao descobrir nele investidos certos valores, o toma como objeto de amor.

Getúlio ama o outro como uma alteridade na medida em que nele reconhece a encarnação do que na sua visão seria a imagem acabada do homem vitorioso. Mas ao mesmo tempo, ama-se nele, desconhecendo que os valores erigidos assim como supremos foram doados, foram outorgados pelo outro. O simulacro do ser bem-sucedido no mundo que norteia Getúlio não provém do sertão, mas da própria cidade.

No entanto, conforme Freud, há um segundo tipo de eleição narcisista. Neste, o objeto é constituído por pessoas que amam ou superestimam o sujeito, relação em que o objeto real em jogo é a auto-estima. No amor ao outro ama-se a imagem que o outro tem do sujeito. Como as mulheres belas, que, segundo Freud, não necessitam propriamente de amar, mas antes de tudo de serem amadas, aceitando o homem que preencha essas condições, da mesma forma as contínuas manifestações de apreço do subalterno ao chefe se convertem na expressão invertida da necessidade de ser amado.

Na relação intersubjetiva dual, entende-se que por parte do chefe ocorra toda uma *performance* de manipulação, por sedução ou por tentação, talvez não tanto por provocacão ou intimidação, em que ele incute no outro a auto-estima. Reiteradas são as referências de Getúlio à sanção positiva do chefe, superestimando a *performance* do subordinado, de tal maneira que fica implícita no discurso deste a legitimidade de suas ações, dadas já como inquestionáveis por sancionadas *a priori* pelo chefe. A autonomia (ou a impressão dela) do comportamento do Sargento decorre dessa pressuposição.

A identidade não se sustenta por si só na subjetividade do sujeito; ela necessita ser pelo outro como verdadeira. O outro não só a funda como se torna indispensável para a manutenção e as transformações sucessivas do ego-representação.

Todo o discurso de Getúlio testemunha essa manutenção de sua identidade como homem esperto, inteligente, capaz, corajoso, sempre referendado pelo destinador. Enquanto internamente se processa uma moralização, graças ao sincretismo de destinador doador-julgador, assumido por Antunes ou a ele atribuído por Getúlio, em que a conjunção do homem com a coragem e a esperteza é considerada de alta estima, na norma de conduta masculina, um outro sujeito-observador social, delegado do sujeito da enunciação, avalia essa mesma conjunção, mas com o sinal invertido. É esse desencontro, entre observador social interno e observador social externo, que possibilita entender que a representação de ego que Antunes possa ter exibido ao subordinado e tê-la mantido ao longo do tempo faz parte de um fazer manipulatório.

A manipulação de imagens se faz, portanto, duplamente. De uma parte, ao destinatário, o destinador apresenta de si uma imagem de pessoa interessada, que estima o outro. É com ela que Getúlio se identifica. De outra parte, o destinador faz crer ao sujeito destinatário que aceita a identidade de Getúlio como verdadeira. O líder não só ajuda a fundar essa identidade como as reiteradas sanções a diferentes *performances* do ajudante na atividade de repressão política, como reiteração do mesmo, caracterizam a continuidade da ação manipulatória. Antunes ratifica continuamente em Getúlio a crença de que é um ser eleito. De tal maneira essa manipulação se processa que, quando se instala a crise fiduciária com relação ao chefe, o próprio Getúlio se vê obrigado a buscar alhures o reconhecimento dessa mesma identidade como corajoso, esperto, inteligente, seja no motorista Amaro, seja no fazendeiro Nestor ou no Padre de Aço.

Também nesse sentido, é pelo menos curiosa a função especular exercida poı Amaro. Se com o líder há uma identificação positiva, isto é, Getúlio ama no outro o seu ego ideal, no motorista diz ele desprezar aquilo que na verdade corresponde aos mesmos valores mas com sinal negativo. Amaro é o não-corajoso, o de origem espúria, é o equivalente à não-cultura ou anticultura. Na escala de preferência da norma urbana um lhe devolve uma auto-estima máxima, enquanto o outro encarna a possibilidade, evitada a qualquer preço, da estimação mínima. O líder é o que lhe garante a experiência da totalidade, só possível no ego ideal, eclipsando a fragmentação de outros egos possíveis. É contra essa disjunção que luta Getúlio, para o qual não existe e não pode existir a figura da relativização ou a da compensação.

Se a estima narcisista se baseia numa escala em que o sujeito se situa no mais alto grau, pode-se então ler no tema do braço direito do chefe uma forma de investimento dessa valoração narcisista. No entanto, a representação que o sujeito faz de si mesmo como inteligente, forte, corajoso não consiste num mero situar-se numa escala de qualificação. Implica que aquele que estiver dotado de tais atributos em máximo grau ocupa o lugar de preferência com relação a outros. O narcisismo está, desse modo, estruturado no próprio seio de uma situação edípica, em que a perfeição adquire a conotação de triunfo sobre o rival. A figura de Édipo pressupõe a existência de alguém, além do sujeito, que pode ser amado pelo outro. No primeiro tempo do Édipo, estabelece-se uma relação entre duas personagens: o menino de um lado e, de outro, a mãe. O menino, numa dependência de amor, deseja ser o objeto do desejo da mãe – torna o seu desejo o desejo da mãe; isto é, torna o seu desejo o desejo do outro, seja no sentido de ser desejado pelo outro, seja no sentido de tornar o desejo do outro o seu próprio desejo. Cria-se o ternário imaginário: a mãe, o menino e o falo, em que este é, para o primeiro, o falo imaginário, na medida em que se identifica o menino, na sua relação com a mãe, com o objeto imaginário de desejo desta.

Compreende-se, dentro dessa estrutura, que a relação de Getúlio se desenvolve como uma relação edípica, em que, na subjetividade do sertanejo, ele é o falo imaginário de Antunes. Se o falo imaginário é o que completa o sujeito em uma falta, produzindo a expansão do narcisismo e a sua satisfação, na sua *performance* e na sua competência de subordinado o Sargento crê que o outro lê a realização de seu desejo de completude. Getúlio se sente sendo o falo imaginário, algo não que ele possui, mas algo que é da ordem do ser. A socialização antecipada do Sargento – que copia signos diferenciais do chefe, os quais, de sociais, são tomados como singulares, particulares – é a expressão da ilusão de que, convertendo-se em um igual ao líder, ele realiza de forma mais eficaz o desejo do outro. O chefe é corajoso, é esperto: em Getúlio, ele tem a *performance* da coragem e da esperteza. O Sargento é a realização material dessa falta, a concretude que cria reiteradamente a ilusão dessa perfeição. Ele é o significante que, pela sua materialidade, cria a ilusão de que nada falta.

Getúlio não age propriamente por conta própria, pelo contrário, crê agir assim porque assim espera o seu chefe: ele cumpre o desejo deste fazendo dele o seu próprio desejo.

No entanto, simultaneamente, pode-se colocar a pergunta se, na realidade, ao atribuir ao chefe o desejo, não estaria Getúlio cumprindo o seu próprio.

A sanção do destinador às crueldades cometidas pelo subordinado, sempre subentendida, traz pressuposta que ele expressa um desejo seu, de chefe, na medida em que tal sanção significa reconhecer, por exemplo, a legitimidade do emprego da violência e da trapaça no trato com o grupo rival. Desde que é o subordinado que, com sua coragem, cumpre pragmaticamente tais empreitadas, este crê ser o que completa a incompletude do chefe que o veria como corajoso.

Quando, porém, se leva em conta que a prática da violência na atividade militar e política pode ser encarada como o que sana a carência de Getúlio – vingar-se do não-poder no campo –, poder-se-ia entender que Getúlio lê nas atitudes do outro a satisfação de suas necessidades. A castração do não poder ser de outra forma no mundo rural, que empurra Getúlio para a cidade, vai fazê-lo encontrar no outro, no partido, na polícia, no chefe o elemento que suprirá essa carência: ele reconhece nas atitudes do chefe a realização de tal carência numa relação em que a Getúlio caberia o lugar de mãe fálica. No entanto, a relação hierárquica objetiva o obriga a inverter as posições, cabendo ao chefe a de mãe fálica, para a qual o sertanejo seria o falo imaginário. Mas Getúlio não logra esse reconhecimento.

Por isso ocorre, aí, um processo de transitivismo, em que Getúlio lê no rosto do outro o seu próprio, como o menino lê na mãe a satisfação de suas próprias necessidades. É, pois, o outro que lhe determina quais sejam as suas carências. É isto que retrata o desempenho apaixonado de Getúlio, que, ao descrever degustando a crueldade com que enfrenta o inimigo, revela pressuposta a sanção do destinador que, nesse exato momento, lhe está configurando o seu desejo.

No primeiro tempo do Édipo, o menino é o falo para a mãe. Mas além disso, explica Bleichmar, a mãe é a rainha que tem um súdito:

> Porque a mãe tem um súdito a quem ela dita uma lei que é a lei do desejo do filho, ou seja, aparece como aquela que goza do atributo de poder marcar a lei do desejo, como lei onipotente. Está encarnada na mãe uma lei onímoda, de que a mãe não é sua representante, mas a própria lei. Assim como o filho é o falo, a mãe é a lei. O menino e a mãe formam uma unidade narcisista em que cada um possibilita a ilusão no outro de sua perfeição e produz um narcisismo satisfeito. A mãe converte o menino em falo para poder ser a mãe fálica. (1991, p.30)

Há, pois, uma relação dual, especular em que estão ambos presos pela mesma ilusão, em que cada um deles possibilita que o outro se mantenha na mesma. A mãe é determinante, é exterior, preexiste ao menino, molda-lhe o desejo. Não há, portanto, a onipotência intrínseca do sujeito, de Getúlio.

Um dado sublinhado reiteradamente no discurso de Getúlio é o fato de ser Antunes o chefe. Com chefe quer significar origem da lei, e lei absoluta. Num percurso de sentido que vai do indivíduo ao coletivo, para as questões do contexto social, econômico, político, pode-se entender que a relação hierárquica numa corporação como a em pauta – em que funções, atribuições, poderes se distribuem estatutariamente – pode estar implantada recortando esse substrato de estruturas edípicas. Como comandado, Getúlio necessita crer que o líder o ama; crê mais, que as ordens que cumpre apaixonadamente se devem àquele outro de quem se acredita o falo.

Como sertanejo, nas condições socioeconômicas que aponta como responsáveis pela sua migração do campo, Getúlio não existe verdadeiramente como sujeito, se se leva em conta que é dominado pelo querer e poder do proprietário, modalizações de que, na realidade, está destituído. A imobilidade que então o caracteriza não se confunde com o estado de quietude benfazeja, ao qual de alguma forma quer retroceder.

Ao deslocar-se para a cidade, Getúlio se modaliza como aquele que quer ser um sujeito, objetivo que pretende alcançar pelo processo de identificação com a figura que, a seus olhos, encarna o ser mesmo do urbano. No entanto, não se dá conta de que, ao erigir-se tal modelo, desenvolve uma contradição intrínseca à sua relação com o chefe. Afinal, os valores que configuram, desta maneira, o ego ideal são valores que lhe são impostos como imprescindíveis à sua sobrevivência. Getúlio é, com certeza, moldado pelo outro. O seu esforço em equiparar-se ao chefe, numa tentativa sucessiva de ultrapassar a barra, o espelho que o disjunge de Antunes, é um esforço desesperado de alienar-se no outro, de perder-se nele. A identificação se desvela como um processo de alienação de si no outro, e, conseqüentemente, de negação da construção do sujeito que Getúlio quer fazer crer.

Essa busca do objeto-imagem é, na história de Getúlio, uma busca desesperada, sempre em curso, que não chega ao término, tanto pela própria natureza do processo em que a fusão total seria catastrófica, como por sobrepor-se a ela toda uma atividade de manipulação do chefe por evitá-la.

Essa duplicidade dramática entre a busca da fusão e a impossibilidade dela se exemplifica no romance no capítulo I, em que Getúlio é flagrado num momento de parada somática, confinado no espaço exíguo de um carro em movimento, distanciado, pois, fisicamente do objeto de seu desejo, que permanece em seu espaço, sacralizado em sua imobilidade.

Esse capítulo inicial se estrutura como um vaivém entre o universo imaginário de Getúlio que lembra, reconstitui, avalia a sua vida em um passado próximo, quando sobressai um enunciador tomado pela contensão emotiva, e o retorno intermitente à situação concreta, presente, da viagem pelo interior nordestino.

A cobertura figurativa, de orientação realista, de um espaço específico, do agreste rude, quase despovoado, de estradas desconfortáveis sofre um outro recorte, com que se desenha uma cena de confronto entre dois sujeitos em que Getúlio se desdobra. A reclamação irritada contra as picadas e o assédio dos mosquitos e potós, e contra o próprio calor sobrepõe à representação o espaço em si (em cuja figurativização a isotopia da agressividade alinhava a heterogeneidade dos componentes geográficos), uma representação da inadaptação do ser humano, pela disjunção ser/espaço, resultante de uma disjunção psicocultural.

O paradigma de calor, poeira, inseto assume aí o termo negativo da categoria ordenado/caótico, instalando o anti-sujeito que agride Getúlio que se considera o investimento do urbano. A reação negativa ao espaço imediato, contrariando a sua própria definição de sertanejo como ser integrado em seu hábitat, leva a questionar a representação que Getúlio tem de seu próprio ego.

No entanto, essa inadaptação que autoriza a sancionar a interpretação de que o Sargento é ali um corpo já estranho, porque já assimilado ao novo espaço da cidade, é contrariada em outro nível do texto, na dimensão da enunciação.

Na enunciação, Getúlio se configura como um sujeito que retoma um esforço, contínuo, de levar ao término a construção da imagem do chefe. O discurso é todo um processo árduo de *congelar* a figura do outro, evitando que este, ao instalar-se como caótico, mutável, se furte a essa apreensão como algo uno e, como tal, dominável. Barrando os fulcros protéicos possíveis, o trabalho da enunciação não se debruça exclusivamente sobre um material já existente, ou seja, sobre o passado já vivido, mas também sobre a projeção de fazeres que terminem de conferir concretude à imagem, guindando-a em nível do factual. Ainda a estas alturas de sua existência, já apontando a vontade de aquietar-se pela aposentadoria, Getúlio, ao chegar à cidade, se propõe copiar o cabelo do chefe, moldando-o à força de Brilhantina Glostora, vai comprar um rádio de pilha porque é chique.

Assim, a construção e congelamento da figura do outro, perfeita em sua totalidade, preenchida nas fissuras possíveis, na verdade, se convertem em um processo especular.

Domar o sujeito o cabelo indócil, graças à eficácia da pomada, faz ser o cabelo do outro. Ao copiá-lo, faz o outro ser, do qual o sujeito é o espelho. Como Dorian Gray, que não sabe quem é o sujeito, quem é o outro.

É exatamente por se tratar de uma construção que se elabora na dimensão da enunciação, na e pela linguagem, em que o imaginário pode ser manipulado, que os sinais de uma inquietação, resultante de não segurança de que as coisas sejam como se deseja, se denunciam.

A identificação edípica deixa perceber indício de fraturas, em um processo de desestabilização quando uma nova figura, inesperada, do chefe se insinua. Furtando-se à docilidade com que comportara ao desejo do outro, ela não mais se articula dentro de uma estrutura imobilizante, em que a um significante corresponda sempre um mesmo significado. Ao tornar-se movediça, instala o primeiro colapso narcisista. Situações se impõem em que a relação fálica imaginária é ameaçada. Denunciada às vezes sutilmente, como no desprezo do Sargento ao ser obrigado a encarar-se como aquele a que se encarrega tarefa pouco abonadora de sua fama de macho. Às vezes abertamente, como no mimo do pássaro preto passado para frente, acenando com a possibilidade de um rival no afeto do chefe, a que Getúlio reage com um ciúme disfarçado de animosidade partidária.

A característica maior da figura do chefe identifica-se, assim, na capacidade de *elidir-se*, de fugir à solicitação do outro. A relação urobórica de antes agora se horizontaliza, abrindo espaço para a fuga do objeto.

Esse caráter fugidio do outro assume a forma de mediações possíveis que a comunicação entre Getúlio e o líder começa a sofrer: a visibilidade do chefe, sempre ao alcance físico dos olhos, é invadida pela invisibilidade. Não por acaso, na narração de suas lembranças agarra-se fortemente à realidade, recuperando-a minuciosamente nos detalhes, de forma que estes se convertam em garantia do modo verídico de ver as coisas. Ele necessita *ver* o chefe, falar com ele olho no olho, numa relação corpo a corpo.

Em dado momento, os mensageiros de Antunes sugerem a Getúlio que *suma*, para resolverem o impasse entre soltar o prisioneiro e cumprir a ordem inicial. Sumir é o verbo utilizado. O estranhamento a que Getúlio submete a relação dos actantes nele envolvidos, apreendendo a inadequação de seu emprego – como posso sumir (de mim) se são os outros que somem (de minhas vistas)? – lhe dá o modelo lingüístico do recorte da realidade factual. De repente não é ele mais o fulcro com base no qual a realidade se compõe, e deixa de ter sentido o seu *olho*, até então sempre pressuposto.

Getúlio não se dá conta, logo e com clareza, de que sumir significa sair de cena. Fato terrível, porque no discurso de Getúlio isso significa não existir. Como, saindo de cena, compor com o chefe a cena do espelho? O pai que assim se furta à cena do espelho, deixando de comparecer, é um pai terrível que interdita o fundamental, o ver. De trás do espelho aparece o outro como um outro qualquer, que sequer lhe deixa a ilusão de crer ser o que julgara até então. A cisão introduzida nega a existência de Getúlio como sujeito, ao negar o outro como imagem.

Terríveis como o machado que faz a fenda, os mensageiros, delegados metonímicos, são barreiras que impedem concretamente qualquer conjunção com o outro.

No entanto, o confronto não se faz à base de armas como requereria a definição anterior de macho, de braço direito, na qual se fundamenta a relação fálica imaginária. O confronto acontece no domínio do outro: as armas agora são palavras. Getúlio se surpreende com a habilidade inesperada de saber lidar no campo do adversário. Dá-se conta de que passara por uma prova de qualificação em que deixara de reproduzir a voz do outro.

Se se diz que Getúlio se crê o falo imaginário de seu chefe que é o seu outro com que se identifica, diz-se ao mesmo tempo que Getúlio não se vê como falo simbólico. O que acontece quando, ao descobrir a diferença de sexos, descubra que também a sua mãe não tem falo? Falo designa algo que é diferente do menino, o falo dele se emancipa. A criança descobre que ela representava outra coisa para a mãe, abrindo-se uma distância entre o que representa para a mãe e o que ele é. Ele simboliza o falo, mas não o é. Nesse momento ocorre a *castração simbólica* que dá acesso à *ordem simbólica*. Nasce então uma subjetividade independente, situada como um sujeito dentro de uma estrutura. Aparece a categoria cognitiva do símbolo como algo articulado em cadeia, e não como algo em si. Há uma distância entre o símbolo e o simbolizado, em que uma coisa representa outra, uma coisa remete a, substitui outra que remete a outra:

> O que caracteriza o falo simbólico não é, portanto, a oposição presença/ausência e *sim que o ausente pode ser substituído por outra coisa que o representa. Não se tem o falo mas se pode substituí-lo. É uma ordem na qual algo pode ser substituído por outra coisa, no qual não há valores fixos ... O filho pode substituir o falo.* (Bleichmar, 1991, p.41) (grifos nossos)

São, pois, atributos do falo simbólico: é algo que se pode ter, mas não ser; pode-se perder; é algo que circula, se dá, se recebe; pode-se substituir por outra; é da ordem do paradigma.

A FUNÇÃO ESPECULAR DE AMARO

Na constituição de Getúlio como uma subjetividade independente, Amaro desempenha uma função especular.

Após a decisão de levar a cabo a primeira missão, o capítulo VI focaliza a *performance* do Sargento que se qualificara como modalizado não só pelo querer como pelo poder e saber levar o prisioneiro a Aracaju.

As forças opositivas estão representadas pelas dificuldades advindas da precariedade da situação, como a debilidade do preso, o cansaço de Getúlio e Amaro, obrigados a se desfazerem do que lhes constitui peso. "Mal carrego a arma e Amaro a dele" (SG, p.102), confessa Getúlio.

Mas das armas não se desobrigam tanto um quanto o outro. Principalmente Amaro, que estabelece entre ele e a garrucha de dois canos, cedida pelo Padre de Aço, uma relação específica que revela uma disponibilidade configuradora do seu ser. Disponibilidade tanto mais significativa porque ausente em Getúlio: "de fato gostou muito, só falta cheirar ela, aliás acho que cheira assim de noite, quando ninguém está espiando, dá uns cheiros nela" (SG, p.102), anota o narrador. O caráter positivo dessa conjunção, como algo que se deve ao motorista, a que ele tem direito em sua humanidade, pode-se apreender na função que a fala do Sargento lhe atribui no caso da perda do carro Hudson. "Então o que fica, diz ele, para Amaro é a bichinha de dois canos, que ele alisa e lustra e cheira, e quando encosta desafasta, põe um pé com a coronha no chão, pega a espiar como quem espia a filha" (SG, p.102). Está implícito nas palavras acima o reconhecimento de uma falta na condição humana que deve ser preenchida, ainda que em forma da substituição arma/filha.

O que se modaliza aí é a *junção*, em que recai o estranhamento expresso nas atitudes de Amaro, acima descritas. Legitima-se, assim, a representação metonímica que a partir de então a arma assume com relação ao sujeito. Por isso, com a morte de Amaro, a sua ausência configurada como significante de uma falta é sanada com a arma que recebe carga mitificadora: "arma que era do padre e depois dele agora minha, que eu guardo nas costas e que mão nenhuma pode tocar que não a minha mão senão morre" (SG, p.139), e se reinveste das mesmas funções desempenhadas com Amaro: "com essa mesma arma eu enfrento o que aparecer" (SG, p.139).

Como ficou assinalado há pouco, a partir de certo momento, a garrucha que faz esse trajeto semântico, ao passar das mãos do Padre para as de Amaro e, por fim, para as de Getúlio, toma o lugar do velho carro Hudson. No instante em que falha o carro, faz-se valer a equivalência: "Até os hudsos morre", constata Getúlio, e conclui: "Então o que fica... para Amaro é a bichinha de dois canos".

O que traça a linha dessa equivalência é o olhar do sujeito observador, encarnado por Getúlio. É o seu olhar que percorre o quadro do motor exposto do carro enguiçado e introduz a isotopia das perdas sucessivas que povoarão, a partir daí, o seu trajeto:

> Eu fiquei olhando esse carro, que é novo mas já ficou velho faz muito tempo, eu fiquei olhando ele assim, todo frio. Ficou lá morto. Amaro ainda levantou a tampa e espiou para dentro, uma ruma de partes que tinha dentro, tudo parado, até os hudsos morre. (SG, p.102)

É nesse contexto, em que os instrumentos inanimados, extensões mecânicas da competência de Getúlio, figurativizam o tema da falta, seja como uma marca do humano, seja como aquela que se destina a ser sanada pelas relações humanas, é nesse contexto que ocorre o grande deslocamento definitivo de Amaro na estrutura mínima da concepção de Getúlio: o motorista deixa de pertencer ao *eles*, ao não significativo, e passa a compor o outro termo, o *nós*, restrito agora a Getúlio, Luzinete e Amaro. É dentro desse termo que se instala uma função, possibilitada pela amizade. A amizade é a figura que recobre uma relação especular, em que Getúlio, necessitado de uma nova identidade, se lê:

> Esse Amaro é meu irmão, porque só tem ele no mundo essas alturas, posso crer, só tem ele no mundo que escuta o que eu estou dizendo, possa ser que só tem ele no mundo

> que não acha que eu estou bobo da idéia, até mesmo que eu estou um pouco abestalhado da idéia mesmo. (SG, p.75)

Amaro, que era visto como outro, começa a ser reconhecido como o mesmo.

PAIXÕES

A relação edípica entre Getúlio e Antunes se manifesta no romance como um percurso de paixões, numa seqüência em que recebe predominância uma paixão ou outra, sucedendo-se umas às outras, ou transformando-se uma em outra.

Já no momento em que se instaura o sujeito cognitivo que procede a uma leitura crítica de seu presente, como algo que se origina no passado e ameaça prolongar-se futuro adentro, Getúlio se apresenta como um sujeito *potencializado*. Define-se ele como aquele que quer não ser o que fora até então. Todavia, embora a cidade se identifique como o lugar dessa outra coisa de seu querer, ainda não há uma opção por ela. Por isso, Getúlio é um sujeito somente potencializado. Nesse estágio, a opção aparece como uma pressuposição lógica dentro de uma estrutura mínima referencialmente encarnada pela configuração socioeconômica da região. Ao querer não ser campo, logicamente se seguirá querer ser cidade como única alternativa real existente. Como que ignorando a posição de sujeito potencializado. Getúlio, no entanto, é antes de mais nada o sujeito que conhece a existência da cidade sem ter ainda assumido os seus valores. "Poder-se-ia imaginar", dizem Greimas e Fontanille, "que o sujeito da busca, antes de receber o querer e o dever, é instaurado quando descobre a existência de um sistema de valor e que essa instauração prévia faria dele um sujeito potencializado" (1993, p.53).

Desenha-se, portanto, aí, uma cena de disjunção em curso, em vista de uma conjunção ainda não alcançada, perspectivamente eufórica, segundo a enunciação.

Assumida a opção, em que o sistema de valores da cidade investe o segundo termo da estrutura mínima, a enunciação do monólogo de Getúlio o configura como um sujeito cuja conjunção com tais valores se colore, pela sua intensidade e continuidade, como uma paixão: o *apego*.

No apego, o que se modaliza é a junção do sujeito e o objeto, qualquer que seja ela, sempre fundamentada num *dever-ser*. Um dever-ser que "compromete de certa maneira a existência semiótica do sujeito; tudo, com efeito, se passa como se, uma vez rompido o apego, o sujeito tivesse que regressar a uma fase pré-semiótica onde nada teria mais valor algum para ele" (Greimas e Fontanille, 1993, p.192).

A radicalidade com que Getúlio assume a sua conjunção com Acrísio Antunes, nos termos em que aqui se coloca, situando o seu rompimento com o passado quase como o estabelecimento de um grau zero, a partir do qual todo e qualquer sentido se instaura, retrata bem esse estado pré-semiótico a que os semioticistas se referem.

Uma vez adotados os valores da cidade, e na medida em que essa adoção, no nível superficial, investe o tema da fidelidade e da fidedignidade integral do sujeito, Getúlio se *imobiliza*. Nesse estado, tornando-se um sujeito encerrado, insulado, num simulacro passional, identificando-se como um sujeito que optou por viver de seu imaginário, quase alheado da realidade, do partido, de cidadão subalterno. Esse distanciamente que o domínio do imaginário supõe e impõe explica a forma tortuosa, por exemplo, do raciocínio de Getúlio, cuja logicidade obedece, antes, à necessidade de criar, alimentar o seu simulacro do chefe e do partido.

A intensificação do apego e a sua moralização levam ao *zelo*, entendido como uma disposição para o fazer, no caso, para servir, em que o sujeito é exclusivamente investido pelo objeto, a ele consagrando-se até o sacrifício. O zelo assume as figuras da lealdade e fidelidade, quando alguém se consagra sinceramente a uma causa ou pessoa.

Exatamente por esse excesso modal, o zelo pode conduzir à *possessão exclusiva*, que, por sua vez, acarreta o *ciúme*:

"O sujeito da possessão exclusiva não é um sujeito do fazer" – distinguem Greimas e Fontanille – "que visa conjunção, mas um sujeito já conjunto que visa ao prazer de seu objeto" (1993, p.185).

A possessão exclusiva leva ao prazer da conjunção, situando-se na dimensão tímica, enquanto a simples conjunção se situa na dimensão pragmática. A busca do objeto, uma vez realizada, não esgota o "querer-estar conjunto" que se observa, por exemplo, no querer do avarento a quem, além do simples acúmulo, quer gozar de seus tesouros.

Se a boa disposição de Getúlio em, praticamente, restringir-se às lembranças de seu passado na polícia e política, mais particularmente no cumprimento das ordens do chefe político, pode ser entendida como uma narrativa de sucesso, por outro lado, ela pode ser lida como a expressão eufórica desse prazer do zelo e da possessão exclusiva. Talvez não por acaso o lugar concedido a Getúlio como protagonista, nessas narrativas, enquanto relatadas por ele, queira significar semioticamente a ordenação espacial na hierarquia do partido a partir do líder.

Sequer quando algumas figuras como Tárcio ganham peso, na dimensão pragmática, elas rivalizam com Getúlio nessa hierarquia. Nesse caso, mais do que como companheiro de ação, ele se coloca como sujeito observador, alçado, portanto, a uma posição superior que permite que um outro qualquer se apresente em cena.

O fato de que Getúlio se inteira é de que, na verdade, processou-se já uma transformação do objeto em sujeito. A coisa possuída é capaz de dar satisfação. O objeto, assim transformado em sujeito, é modalizado por um poder-fazer. Por isso, o sentido eufórico das narrações e descrições de Getúlio, de sua competência em matar, como "político" e não como pistoleiro, na realidade decorre dessa comutação de posição. O prazer que Getúlio crê causar a seu chefe passa a ocupar o lugar do sujeito que causa prazer a Getúlio: ele está preso a esse prazer.

A exclusividade da possessão supõe uma totalidade: os sujeitos exclusivos barram ou questionam o processo de constituição do actante coletivo; eles se individualizam em detrimento da coletividade, afirmando, contra os traços constitutivos dessa totalidade, traços diferenciadores do indivíduo. A decisão de retirar o objeto da comunidade, de afirmar a "originalidade per si do objeto e recusar reconhecer aí o traço partitivo que funda o objeto coletivo suscita a sombra de um rival, delineia o lugar onde o antagonista virá inserir-se" (Greimas e Fontanille, 1993, p.189).

Na verdade, a ignorância por parte de Getúlio do que seja um partido, de como se estrutura, personalizando-o na figura do chefe, ou denominando-o genericamente como aquilo que o constitui em oposição ao eles – dos comunistas, integralistas e udenistas –, expressa essa experiência do sujeito apaixonado.

"No apego mesmo, a coletividade introduz-se em negativo, de algum modo, como uma presença. A exclusividade prepara", dizem Greimas e Fontanille, "o terreno da rivalidade no apego mesmo, a coletividade introduz-se em negativo, de algum modo, como uma presença actancial com a qual o sujeito entretém, por pressuposição, relações polêmicas ... Nesse sentido o rival nada mais é que a concretização (a actorialização) dessa presença recusada e postulada ao mesmo tempo pela exclusividade" (p.189).

Quando a *rivalidade*, que se apóia na disputa de alguma coisa por dois ou mais sujeitos, ganha a forma de *emulação*, de sentimento que leva alguém a igualar ou ultrapassar a outrem, entra em pauta a competência tanto como saber fazer como poder-fazer. O antagonismo, portanto, centraliza-se no ser mesmo dos sujeitos. As longas descrições de Getúlio, em seus pormenores, como voz, entram em confronto com ou fazem subentender, para fundar a sua significação, pelo menos uma outra voz. A voz de Getúlio afirma sempre o saber-fazer, mais que o poder-fazer, cuja *performance* já mereceu sanção positiva do destinador:

> Matei uns três infelizes assim, pelo cima de uns quipás, sendo que um chegou devagar no chão, receando os espinhos sem dúvida. Assunte se quem vai morrer se incomoda com conforto. Fosse dado a sangria terminava o vivente no ferro, porém faz um barulho esquisito e não é asseado por causa de todo aquele esguincho que sai. E dessa forma acertei um disparo no cachaço, procurando atitude para não espediçar munição. Inda xinguei por me obrigar a caçar pelessas catingas. (SG, p.9)

O julgamento ético transforma a emulação em *mérito*: "o mérito tornou-se, na língua contemporânea, o mérito de alguma coisa, mérito que se mede com referência a um objeto valor adquirido ou esperado. O alvo do objeto é, pois, restabelecido, mas ele se submete a uma condição de competência e de reconhecimento" (Greimas e Fontanille, 1993, p.175). Isso significa que o percurso em seu todo é que dá a medida do mérito, quando são sopesados não só o fazer em si, mas também o comportamento do sujeito diante dos obstáculos, a sua atitude, a sua maneira de fazer. Por isso, o mérito, embora seja uma forma de competência, é também um excedente modal que está além da competência exigida pela realização da *performance* em si. Desta maneira, entende-se que o mérito está relacionado à prova de glorificação, mais que à decisiva, em que comparece um destinador que vai, por meio de um julgamento ético, avaliar a maneira de fazer ou ser do sujeito.

A emulação, tornando-se paixão na medida em que a rivalidade que a constitui é avaliada de uma só perspectiva, do sujeito, pode dar entrada à *inveja*. Enquanto, pois, a relação que Getúlio mantém com os outros companheiros e mesmo com correligionários de outros partidos pode ser de rivalidade que caminha para a emulação, em determinados momentos são de inveja e ciúme os simulacros com que ele deve lidar.

A inveja se define como desgosto ou pesar pelo bem dos outros: desejo violento de possuir bem alheio, que pode ser um objeto, uma vantagem, um prazer. Nela podem ocorrer ou uma relação polêmica entre sujeitos ou uma relação de objeto, as quais se manifestam, portanto, separadamente. No primeiro tipo, o objeto do sentimento mediatiza a inveja de um sujeito pelo outro; no segundo, o segundo sujeito mediatiza o desejo do primeiro.

O saber não ser o que quer ser aos olhos do chefe e a paixão da possessão exclusiva levam Getúlio a um outro estado passional, o do ciúme. A cena mais clara dessa paixão se identifica no relato do mimo feito por ele ao chefe em forma de um pássaro preto, por ele cegado e que fora pelo outro oferecido a um amigo udenista: "Um mimo que *até hoje ele tinha*, narra Getúlio, *se não desse para um amigo que visita ele de vez em quando e que eu não gosto.* Tem a cara de seriguê. É tipo da testemunha, não vale nada" (SG, p.26) (grifos nossos).

O julgamento de Getúlio, totalmente subjetivo, que não conduz a nada, é a manifestação de uma paixão intersubjetiva que comporta três atores: o ciumento, o rival e o objeto. E se realiza construindo uma cena passional, em que o temor de perder o objeto só se compreende baseando-se em um rival potencial ou imaginário. O temor do rival nasce, em contraposição, da presença de um objeto que funciona como pivô.

O ciúme, conforme seja anterior ou posterior à cena decisiva, à crise passional, pode redundar em depressão ou em sofrimento ou temor e uma angústia. No caso, as palavras negativas do Sargento sobre o outro expressam o temor e a angústia e fica implícita a pergunta sobre a confiabilidade do objeto sobre o qual recai realmente o seu amor.

Situando-se na articulação entre rivalidade e apego, o ciúme é doloroso e amargo, tendo como perspectiva a perda do objeto. O apego se fará inquieto e preocupante. A inquietude se infiltra graças ao simulacro de um anti-sujeito mais ou menos imaginário. A inquietude é o estado normal do ciumento.

Por outro lado, aparecem a "dúvida, a suspeita, o temor que repousam todos numa perturbação fiduciária que modifica os dados originais do apego" (Greimas e Fontanille, 1993, p.19).

A concepção de que o ciumento sofre, ou por ver um outro fruir ou por temer perder, instala um espetáculo em que a relação em foco é sempre a da conjunção entre o rival e o objeto. O espetáculo oferecido ao sujeito é o de que alguém se apodera do objeto ou que o objeto está perdido em proveito de outrem, engendrando sempre a mesma paixão. Por isso o ciumento é colocado sempre como observador da cena, e, como tal, excluído dela:

> ele mesmo se apresenta, com relação a seu próprio simulacro passional, como sujeito virtualizado, sujeito sem corpo que não pode ter acesso à cena. Essa posição muito particular no dispositivo actancial vai produzir-se no nível discursivo pela atribuição de uma posição de observador específica: o observador do ciúme será efetivamente um espectador, isto é, observador cujas coordenadas espaço-temporais referem-se às do espetáculo que lhe é oferecido, mas que não pode, em caso algum, figurar como ator nessa mesma cena ... seja qual for a posição espacial ou temporal do ciumento com relação à cena onde o rival e o objeto se congregam, esta última será sempre "presente" em sua imaginação – é a obra de suas determinações espaço-temporais de que ele se acha sempre excluído. (Greimas e Fontanille, 1993, p.19)

Se se comparam as narrações e descrições que faz Getúlio de suas *performances* como braço direito do chefe, verificar-se-á que também aí se instala um espetáculo, em que, pelo contrário, o júbilo da enunciação provém do sentimento e da constatação de que ele está incluído no espetáculo, que dele participa influenciando em seu desenvolvimento. Segmento exemplar nesse sentido é o do assassinato de dois desafetos e a cena da perícia pela polícia. Como já se analisou, o jogo entre o visível e o invisível, o revelado e o segredo não se restringe ao enunciado em que o acontecido é relatado analogicamente pelo jantar constituído pela sopa do tatupeba. Mesmo em nível de enunciação, Getúlio se compraz nesse jogo de esconde-esconde, em que o seu prazer de pertencer à cena e ser não só observador está manifesto.

Já, em contraste, a cena, referida há pouco, do pássaro, opera em direção oposta: desaloja-se o sujeito da cena, de presentear com a ave o objeto de seu desafeto, expulsando-o para o lugar periférico de observador. Mais ainda, fica a dor não só de não ser-lhe permitido participar dela, mas principalmente da sua impossibilidade cabal de nela interferir.

A outra alternativa desse impasse em que quase se comuta a função de observador com a de anti-sujeito apresenta-se a Getúlio na fazenda de Nestor. Condoídos, a velha ama e o fazendeiro, da situação do prisioneiro confinado, amarrado, em um quarto, argumentam eles a favor da soltura do homem:

> E Osinira velha, aquela vaca surda, fica falando, coitado que está com as mãos cortadas da corda, coitado que não agüenta nem se mexer ... Por mim degolava a língua dessa égua velha, peste, não vejo serventia nessa. Apuquenta, isso faz. Pois então ficou Amaro falando e seu Nestor falando, para mim quanto mais velho mais frouxo ... Por essa razão que o bandido sou eu aqui, eu que nunca dei tiro por trás de ninguém, nunca. Pois sou o bandido aqui. Arreceio que, se demorar muito tempo, termina ele saindo e eu ficando, como cachorro ruim, um capuco amarrado no pescoço, uma corda no pé. (SG, p.45)

Excluído, assim, da cena, e num movimento pendular que cada vez pende mais para a quebra do contrato fiduciário, Getúlio torna-se um *sujeito desesperado*, que, ao mesmo tempo, ao decidir-se pela manutenção do projeto inicial de traslado do preso, pauta a sua conduta pela *obstinação.*

São mínimas as diferenças entre o desespero e a obstinação. O desesperado é aquele que se caracteriza pelo dever ser e o querer ser, de um lado, e pelo não poder ser e saber não poder ser, de outro. Em ambos os casos, a modalidade regente é o querer que tanto pode levar à revolta ou à depressão, de uma parte, como pode levar a um fazer teimoso. No entanto, na obstinação, o dispositivo modal será *paradoxal* graças ao dispositivo da impossibilidade; o querer da obstinação se torna um querer resistente, pelo qual o sujeito afirma sua autonomia em face da regra coletiva.

Já no desespero, o dispositivo modal é *conflitual*: o seu querer não é mediado pela consciência da impossibilidade, não é um querer resistente. Enquanto no desespero a coesão modal do sujeito é ameaçada até a ruptura, na obstinação ela é confirmada. No primeiro caso, o querer ser, de um lado, e o saber não ser e o poder não ser, de outro, coabitam sem se contradizer nem se contrariar, provocando a ruptura interna do sujeito. O querer, nesse caso, não pressupõe as demais modalidades, pois trata-se de dois universos modais incompatíveis: o saber sobre o fracasso e o próprio fracasso não são necessários à aparição do querer.

De um lado, estão o fracasso e a frustração, de outro, a confiança e a expectativa: é essa independência e incompatibilidade que, combinando pertinácia e desespero, fazem a dramaticidade do texto, porque insolúvel. O sujeito é o resultado e ao mesmo tempo um fazer teimoso. É teimoso, pois o efeito passional é, sem dúvida, "produzido pela confrontação entre um saber que recai ao mesmo tempo sobre uma impossibilidade, de um lado, e um querer indefectível, de outro" (Greimas e Fontanille, 1993, p.67).

Feita a castração simbólica, Getúlio se torna um sujeito obstinado. A obstinação se caracteriza por: saber não ser, isto é, o sujeito sabe que está disjunto do objeto; pode não ser ou não pode ser (o sucesso da empresa está comprometido), mas quer ser (o sujeito insiste de todo jeito em ser conjunto).

Um sujeito querer fazer não bastaria para explicar o prosseguimento indefectível do fazer. É o excedente modal regente que garante a perseguição da *performance*, apesar do obstáculo que caracteriza a obstinação. O sujeito está em estado de continuar a fazer, trabalhando com o simulacro modal daquele que quer ser aquele que faz, o que não significa simplesmente querer fazer. Na obstinação há um paradoxo: tem-se um querer fazer que sobrevive no poder não fazer. O dispositivo modal da obstinação é: o querer ser contradiz o poder não ser ou contraria o não poder ser, enquanto o saber não ser pressupõe o não poder ser ou se conforma ao poder não ser. O saber não ser pressupõe o poder não ser e o querer ser, paradoxalmente. O paradoxo resulta da projeção no eixo sintagmático, regido por pressuposição, de relação de não conformidade. O dispositivo, linearizado, apresentar-se-ia como a seqüência modal: não poder ser-saber não ser-querer ser, resolvendo-se o conflito pelo sucesso do sujeito volitivo, que constitui a característica maior de Getúlio no segundo momento de seu percurso, após a cisão líder/subordinado.

A CARNAVALIZAÇÃO

Um episódio aparentemente deslocado na economia do romance, mas fundamental no projeto de constituição de uma individualidade autônoma, é o da invasão do destacamento de Japaratuba.

Ele está inserido no capítulo VI e se localiza após o deslocamento do trio – o Sargento, o motorista e o prisioneiro – do convento do Padre de Aço para a casa de Luzinete. Isso significa que se situa após o contrato que Getúlio firma consigo mesmo de opor-se à contra-ordem do antigo destinador, transformando-o em antidestinador.

A situação é de perseguição e Getúlio se comporta como um sujeito obstinado. "Estou sabendo que andam atrás da gente, dá pra sentir uns fedores olhando assim pra trás" (SG, p.104), declara Getúlio. No entanto, "não quero combate", afirma. Não querer um confronto direto, de fato, significa que a prioridade é chegar a Aracaju. Tal prioridade quer dizer evitar um combate em que os valores em jogo seriam aqueles mesmos do capítulo I. Significa implantar uma nova hierarquia: a baixa signicidade da relação sujeito/mundo que a violência implica é deslocada por uma modalidade de mediação simbólica.

O episódio da luta na fazenda de Nestor com a degola do tenente é uma experiência inesquecível. O comportamento instintivo, primário, sem mediação simbólica é deslocado e o sujeito passa a ser controlado por uma paixão: a pertinácia.

A pertinácia é a figura que investe o querer decidir sozinho, desprotegidas as costas em decorrência do desligamento do destinador heterônomo e sem a certeza de poder cumprir ou não o decidido: "chegar a Aracaju com o peste e isso eu chego, em Aracaju, eu encosto com ele, nem que seja nem se mas encosto. Nem sei (como) mas encosto" (SG, p.104) é a promessa, é o projeto.

O que implica a realização dessa promessa ou projeto é a cisão entre o dado – entregar o prisioneiro ao chefe em Aracaju – e o seu valor simbólico. A atuação de um novo sistema simbólico se processa por meio da percepção de uma fenda na continuidade entre fato e sentido. Essa fenda está sinalizada pela ausência de um sentido pragmático ao gesto de cumprir a todo custo a primeira missão e pela percepção sígnica do mesmo gesto. A luta corpo a corpo entre os sujeitos operadores cede o lugar a um confronto entre destinadores.

O espetáculo do velho Hudson, agora imprestável, já é lido dessa nova forma, ainda que não fortemente sistematizada, como assinala a projeção, no enunciado que focaliza a máquina abandonada, de marcas emocionadas da subjetividade que a contempla. A reiteração do sintagma "ja viu foi coisas", fortemente aspectualizada, sensibiliza o ponto central da leitura a que se submete o objeto. Projetam-se sobre ele três simulacros: o de seu passado (de experiência), do presente (de "burro morto") e de futuro (de "estátua"):

> Esse coitado desse Hudso velho metralhado, com uma porta quase que se pode dizer soldada de metralhadora, já viu foi coisas. Parace uns arrebites... Viu foi coisas. An - bem, ali fica com a tampa levantada, como um burro morto e depois de muito tempo alguém acha ele, com uns maribondos fazendo casa pelas partes dele e as caças passando por debaixo. (SG, p.104)

Apesar de ser um momento de perseguição e de fuga, o desenvolvimento, no nível de enunciado e no relato, decorre num clima de distensão. A distensão de Getúlio-enunciador, que abranda o seu discurso, mesmo em sua animosidade contra o prisoneiro, alia-se, em nível de relato, à inserção de temas não bélicos, com que se compõe a descrição das peripécias do deslocamento. A miragem das casas transformadas em prato de comida acaba sendo suprida pela caça de um teiú que os três comem com prazer. O tempo é preenchido por histórias inventadas. Exatamente nesse ponto o romancista insere o tema do gosto lúdico de Amaro pela palavra.

A distensão geral é a condição que introduz a possibilidade de um distanciamento, de um alheamento, do espaço inóspito, do caminho de fuga. O contraste com o capítulo I, que focaliza o primeiro deslocamento do prisioneiro, em que predomina a sensibilidade irritada de Getúlio continuamente solicitado, é evidente. O não poder ser de outra forma, a impotência do sujeito com relação ao espaço, dá lugar a um poder deslocar-se para o espaço do imaginário. Desfilam pelo imaginário compartilhado pelos jagunços histórias de trancoso, a história da vaca amarela e da vaca vitória, a da velha que comeu um macaco inteiro e, principalmente, do macaco que "no Piauí, no Ceará, nas Alagoas voa".

Segue-se o encontro com Luzinete, em sua casa à beira do Japaratuba. À narração desse encontro convocam-se alguns temas fundamentais ao romance, tais como o da sexualidade reconquistada e fecunda, o do enraizamento ou não do homem na terra.

Em suma, cria-se um clima de apaziguamento, de conjunção geral do sujeito consigo e com o mundo, presidido por um querer e poder ser, com base na opção feita.

Sem maiores avisos, a narração introduz o episódio da invasão da delegacia de Japaratuba, e a descrição minuciosa da empreitada se faz destituída, sintomaticamente, da superioridade arrogante do capítulo I: pelo contrário, reina ali o sentimento de um poder lúdico absoluto:

> por ali ninguém me pega, porque ali se pega todos os caminhos. Solto um cavalo, ainda hoje, quero ver quem me pega. (SG, p.110)

Sintomaticamente se cola a essa imagem de liberdade plena e de onipotência uma conotação primordial, que é retomada várias vezes como signo de uma nova identidade. Pela primeira vez, referindo-se a si mesmo, Getúlio é sujeito de uma semiose nova. Da mesma forma que para ele dar-se um novo nome pelo acréscimo de título significara dar existência a uma realidade, o processo inverso, de subtração, é um ato fundador: "ah meu nome é Getúlio", diz ele, assim despido, liberto de uma sistematização rígida que a forma anterior – Sargento Getúlio – supõe.

Emerge aí o primeiro impulso para uma carnavalização que do nome se irradia para tudo o mais. O dever ser que fundamenta qualquer fazer com vistas a um objeto é deposto, juntamente com a deposição de qualquer destinador heterônomo:

> Por que que eu vou não sei, só que estou com vontade de fazer um arrelia, uma coisa assim, só para demonstrar. Precisar não preciso de uma máquina dessas. (SG, p.110)

Na dimensão pragmática, uma primeira carnavalização se surpreende na circunstância temporal: uma noite, nem escura, nem clara, povoada de gritos de bacuraus. Acobertado por "essa meia lua, vai Getúlio montado num burro preto e metido nesse timão que é de Luzinete" (SG, p.113).

A carnavalização se processa também, ou principalmente, em nível de enunciação. Por meio de um engate temporal, o enunciador torna contemporâneos enunciado e enunciação, provocando o efeito de sentido de uma focalização global daquele momento. Coincidindo ambos, cria-se a impressão de que a única realidade é a que se conta naquele momento: a experiência do presente não permite a sua invasão por qualquer coisa além dela no espaço e no tempo.

Essa plenitude é harmonizada pela sensação de controle forte, de comando que a enunciação provoca. Pode ela colar-se ao desenvolvimento dos acontecimentos mas pode permitir-se a intercalação de digressões. Assim, após anotar "estou perto da igreja, ouvindo cada bacurau que é uma festa de bacuraus" (SG, p.113), a enunciação dá-se o prazer de dissertar ricamente acerca de conhecimentos práticos sobre morcegos e corujas, confirmando a função carnavalizante da presença desses animais. Por isso, é dentro desse cenário, de corujas reais e evocadas, de morcegos não desejados, de meia lua, que Getúlio se autodescreve em sua aparência exterior: "Devo estar uma novidade, aqui todo de preto" (SG, p.114), e em sua disposição interior: "Pode ser o que quiser, em mim não pega nada, eu sou eu e nicuri é o diabo, campe-se" (SG, p.115), numa relação de expressão e conteúdo, que se sincretiza na figura do diabo. Diabo, alma penada, visagem são termos ou entidades equivalentes em que Getúlio quer ver ou crê-se transformado na confusão.

Essa transformação se verifica em nível de discurso, pois a atropelia relatada, ao ser narrada, é dada como armada pelo diabo ou entidades dessa natureza. Essa transfiguração se deve a um simulacro, originário do desejo de Getúlio, que assim lhe confere um sentido específico. Por isso, segundo um protótipo do imaginário popular, chega a querer um dente de ouro: "Eu dava tudo para ter um dente de ouro nessa hora" (SG, p.117), confessa e reitera:

> Se eu tivesse o dente de ouro, bastava uma risada alumiada de medo, preto assim tem medo do diabo que só vendo. (SG, p.17)

Liberto, assim, pela enunciação das obrigações do relato, Getúlio não se apercebe de que, no discurso, outras transfigurações estão em curso. Um pequeno conjunto de dois motivos – a vestimenta e o cavalo –, ao se reiterar três vezes, em contextos distintos, malgrado Getúlio, dá o indício de que se encontram ali significantes diferentes do mesmo significado. Primeiro, o estranhamento do travestimento – "devo estar uma novidade, aqui todo de preto, amuntado em burro" – que leva ao imaginário popular. Em seguida, a confissão: "eu fico pensando aqui de preto. Se eu fosse para o cangaço, se tivesse cangaço" (SG, p.115). E, finalmente, a avaliação de seu desempenho pela evocação da figura folclórica do rei de Hungria, cuja representação se amplia para além de simples referência, quando a qualificação do homem se espelha metonimicamente nas excelências das montarias:

> Estou melhor do que os reis de Hungria, aqui todo de preto, um, bem podia ser um cavalo ... desses que os cascos parece de cortiça, um cavalo que morde a brida, baixa a cara e resfolega fumaça, desses é que podia ser, e eu melhor e mais bonito e mais valente do que o reis de Hungria, esperando combate. (SG, p.116)

A carnavalização se produz também pela defasagem entre o objeto – a invasão de uma delegacia e o seqüestro de armas, isto é, a profanação de uma instituição – a forma como ela ocorre e o resultado dela. Podem classificar-se como paródicos:

> Quando saí e até tropecei na saída da porta e arrumei o dedão num pedaço de ferro que tinha saindo do chão. (SG, p.120)

A carnavalização mais significativa, no entanto, é a que inflige Getúlio à estrutura minima tão rigidamente mantida e valorizada no imaginário do machismo. Ao valer-se de uma vestimenta feminina, numa ação masculina, o Sargento promove um deslocamento que perturba um sistema sígnico rigorosamente constituído. A castração simbólica do adultério e a misoginia decorrente se abrandam de maneira que as coisas, ao se deslizarem de uma posição categorial à outra de macho/fêmea para não-macho/não-fêmea, desentranham um dinamismo liberalizante. Vestir-se de mulher não significa ser mulher mas tampouco deixa o indivíduo estático na posição de homem, levando os dois termos a coincidirem em algum ponto e a se equivalerem. É isso que Luzinete vai comprovar, mais tarde, demonstrando que a coragem não é prerrogativa masculina.

Após a fuga, Getúlio faz referência à roupa quanto ao desconforto: "não sei como mulher agüenta usar esse trambique" (SG, p.120). No entanto, tal registro muda em seguida: "Pode dizer que já me vesti de mulher, quando entrei na delegacia de Japaratuba, e lá, na vista de todos os machos que diz que tem lá ..." (SG, p.120).

Não se trata só de narrar o seu desempenho de macho. Projeta-se a figura de um sujeito observador que se dá conta do travestimento e que, nesse ato, julga esse comportamento. O substrato do código do machismo ali vigindo se denuncia na própria necessidade de o narrador referir-se a esse dado e na observação: "na vista de todos os machos que diz que tem lá". Essa referência assim colocada – como objeto do dizer, dele, narrador e de qualquer outro – é necessária porque a palavra tem função fundante. O dizer, não o fato pragmático, é que funda o ser. Ter-se vestido de mulher é que deve ser dito; travestir-se de mulher, essa é a figura que a linguagem lhe oferece, convidando-o a penetrar na ordem do simbólico.

A carnavalização se promove, portanto, pelo destronar-se do dever pelo querer. Após a cisão que o pai promove na relação fálica imaginária, entre Getúlio e Antunes, deslocando a lei deste que modalizara o comportamento do primeiro como um dever, Getúlio desenvolve um movimento de liberação, em que a categoria do querer é convocada. Não sabe ele ainda se o que faz decorre do querer ou do não querer, mas sabe que não é mais regido pela necessidade.

Por isso, observa-se, em sua narração do seqüestro das armas, a conclusão da carnavalização no relato, com a subversão da ordem. Ali se alinhava, graças ao poder atribuído à enunciação, a sua autodescrição, costurando o sentido de seu fazer pragmático. Essa autodescrição vai além dele como sujeito operador; ela aponta para o cerne de sua preocupação, a sua modalização endotáxica. Implicitamente, a sua descrição pragmática é alinhavada por essa modalização do querer ser, de tal maneira que é com referências claras a ela que a narração fecha segmentos temáticos do episódio.

Apesar de avaliar as possibilidades de sucesso da invasão, quanto ao espaço, diz o narrador: "solto o cavalo, ainda hoje, quero ver quem me pega, ah meu nome é Getúlio, minha flor" (SG, p.110). Logo a seguir, apreciando o mérito da ação, ele conclui: "Pode ser o que quiser, em mim não pega nada, eu sou eu, e nicuri é o diabo, campe-se" (SG, p.115). Paralelamente, Getúlio analisa: "Por que que eu vou não sei, só que estou com vontade de fazer uma arrelia, uma coisa assim, só para demonstrar" (SG, p.115). Mais tarde, interpreta: "Não faço somente o que eu preciso, mas também o que eu quero pronto", e logo depois: "Precisar não preciso, fui só de abuso graças a Deus" (SG, p.121).

De qualquer maneira, é fundamental o papel da enunciação. Além da instalação de Getúlio como sujeito cognitivo – incipiente nesse instante –, que ela propicia, paralelamente conclui-se a castração simbólica com o ingresso na ordem simbólica.

Considerando-se, pois, esses dois fatores básicos, é que se pode promover o episódio do seqüestro das armas, no destacamento de Japaratuba, como aquele em que se processa a grande virada de Getúlio Santos Bezerra.

Denunciando a natureza de recalque do discurso autoritário de Getúlio, e contrariando essa nostalgia de um retorno a um estado fusional de tensividade fórica, indiferenciada, representada sinteticamente pelo sono, pelas fissuras desse primeiro discurso se desentranha um outro.

Uma evocação aqui, outra ali, mas principalmente por meio de lembranças voluntárias e involuntárias, toda uma substância vai-se amalgamando e ganhando forma até condensar-se num discurso essencialmente lírico.

Com ele, o universo apagado, recalcado do passado recobra o seu direito, retomando o seu lugar na constituição da individualidade de Getúlio e de seu imaginário.

Dois são basicamente os momentos em que ele se instala já como uma reelaboração simbólica do material coletado ao longo do desenvolvimento do programa narrativo de base: o capítulo II, em que se evidencia claramente a oposição dos dois discursos, na medida em que ele constitui uma pausa no discurso narrativo; e o final do romance, o momento mesmo da agonia e morte de Getúlio.

O VERSO DA FALTA

Entre as lembranças intermitentes e involuntárias que povoam o discurso de Getúlio, uma, que se destaca pelo peso de sua disforia e como tal se posiciona como um paradigma, como um referencial, é a da cidade de Laranjeira.

No primeiro momento em que é referida, ela o é como exemplo mais claro dessa irrupção não intencional, de um légamo que força as portas da manifestação, medida exata de sua função de significante a que converge uma cadeia de significado:

> Às vezes estou assim aquietado, só com o juízo ruminando, e me lembro como se fosse agora de uma coisa que aconteceu. Estou falando assim, ou fazendo qualquer coisa, pegando o fumo com a mão esquerda, metendo a mão no bolso, perguntando que horas são, espiando a cara de um vivente, estou assim bendomeu, quando penso que aquilo já aconteceu. Quer dizer, não aquilo mesmo, mas uma coisa como aquilo, quase aquilo mesmo e de como que já sei o que vem depois, mas logo esqueço e volto. É somente numa horinha, mas vem como uma gastura na barriga. Eu já fiz isso igualzinho, eu já fiz isso a mesma coisa. Bem aqui. Assunto isso porque não sei por quê, arrumando aqui me vem essa coisa na cabeça essa coisa de Laranjeira. (SG, p.32)

Além do estranhamento quanto à forma de emergência, surpreende também Getúlio o sentido impreciso dessa lembrança teimosa, reiterativa, falta que se precisa mais quando se compara com o sentido imediato das coisas do sertão:

> Se fosse só o sertão, entendia. Mas Laranjeira não, aquelas grades. Não sei por quê. (SG, p.32)

Laranjeira é enfocada dentro de um processo de deteriorização:

> parece que vai morrer, como os cachorros de pedra empinados nas pilastras das casas grandes, com grades. Nunca vi tanta grade como em Laranjeira, posso dizer. Quer dizer ... Lá a gradilhona, tantas grades, maioria marron com pontas. (SG, p.30)

A oposicão entre o construído e o natural é violenta. O espaço de dentro, do interior da cidade, é fortemente delimitado pela mão do homem, por um signo de uma cultura que aí aparece representada pela reiteração insistente, do retilíneo, percuciente, não-maleável, figurativizados pelas grades, numerosas, onipresentes, fortes, altas, ferinas. É no centro desse mundo masculino, fálico, que se situam duas figuras femininas – as prostitutas e a laranjeira. "Moças velhas, com os cotovelos aparafusados nas janelas, olhando mortas, todas murchas nem falam" (SG, p.21), marcadas pela isotopia da estaticidade, da rigidez, da esterilidade, pelo aspecto terminativo da seiva esgotada e do tempo decorrido.

O estranhamento do sujeito observador surpreende o processo simbólico em seu desfazimento, em que o nome da cidade se deve a um referente caracterizado pela fecundidade, pela vitalidade. O simbólico se desfaz, não só porque o referente não condiz mais com o signo, mas também porque o referente metonimicamente nega o conteúdo: "cada dia vai morrendo um pouco mais a laranjeira. Um dia morre toda e fica como um caju seco, no meio das grades" (SG, p.31). Observa-se que Laranjeira é um espaço continente, cujo conteúdo deveria estar investido do sema da feminilidade fecunda, que justifica a simbolização da árvore. No entanto, a ação cultural aparece aí instalando a isotopia do não-molhado, do seco. Por isso, a cidade choca pela contraposição das ruas vistas como "uma chatura pelo chão", pela negação da expansão, dos olhos que não vêem, dos braços que já não se movem, da fala que não se exercita.

Como num quadro expressionista, avulta o desconforto, o sentimento incomodado do enunciador que se situa como um observador diante da cidade. Sincretizada nas estatuetas de cachorros empinados nas pilastras das casas, na laranjeira que murcha e se confunde com um cajueiro, a cidade, barrada, permite a metáfora: "Em Laranjeira, o mundo é gradeado. É uma vida gradeada e reta" (SG, p.31).

O termo atualizado na estrutura elementar de vida/morte é, assim, não vida, cujo investimento figurativo se condensa em *laranjeira murcha*.

E O REVERSO

Ademais da significação realista que identifica Getúlio ao protótipo do sertanejo miserável, a descrição que ele faz de seu futuro, não fosse a fuga para a cidade, cria, na verdade, um quadro em que, se poderia dizer, predomina a subtração. Na aparência o sujeito comparece podendo ser caracterizado positivamente. Ele é aquele que come semente de mucunã, é o homem magro como o filho do cão, tem dois trastes, uma penca de filhos, um tico de comida e cuida de gado alheio. No entanto, tais marcas o são de carência: do homem sem comida, sem meios de subsistência, sem nome. Ele é o não ser.

A sua definição se faz pelo avesso: ele é aquele que não é. Desta maneira, o texto que Getúlio constrói, com base nessa leitura, se faz o texto de uma situação inicial que é uma falta. Nesse ponto de sua trajetória, num determinado tempo, pontualmente se instala um buraco que assim se inscreve na sua memória.

Tal falta se converte, como um recalque primordial, no móvel de programas narrativos, basicamente classificáveis em dois paradigmas: o que tem como objeto o poder, que vai sustentar a ação nuclear da história do sargento, e um outro, menos evidente e pragmático, que se pode denominar como o paradigma da *fome.*

Como elemento em que se centraliza a cena, como condição de vazio que se preenche, a fome está na figura da semente de mucunã mastigada, correlativa do anominato, da inexistência social. Relativo a ela, fome é o alinhavo isotópico que o alimento, o estar comendo ou o poder estar comendo, introduz intersticialmente em situações e ações heterogêneas. Isto é, não é o vazio da fome que é realizado.

Várias são as referências ao ato de comer ou ao objeto possível do comer. Destacam-se algumas: o sonho da aposentadoria, junto ao Japaratuba, comendo caranguejo ou doce de leite; o pão de Inhambupe; a lembrança de comilança; o cheiro; Luzinete que traz ao amante, dormitando à beira do rio, a novidade de um caranguejo.

Tais referências, porém, se esvaziariam praticamente de sentido maior, não fosse um episódio.

De fato, é verdadeiramente admirável a descrição de Getúlio de um almoço oferecido por um amigo de Antunes, embora da UDN. Totaliza aproximadamente cinco páginas em que a focalização segue, criteriosamente, desde a disposição da mesa, a ordem dos pratos até a sobremesa. Segundo o narrador, primeiro "a mesa que nunca eu vi igual, de pau preto" (SG, p.78). Segundo, a comida. Terceiro, a comida mesmo. Quarto, um feijão com couve. Quinto, uns cajus na calda etc.

No item a mesa, "muito importante", como ele mesmo classifica, o móvel é o ponto de convergência e de divergência de uma paisagem que se expande acompanhando o movimento do sol nas alturas, mas que se escorrega, sem ferir, pela praça da cidade. A mesa está situada numa meia varanda que, como tal, forma um contínuo com o mundo externo – "um pedaço dentro de casa, outro pedaço fora" (SG, p.78) –, em que o vegetal repete a harmonia em sua qualidade e quantidade: uma cajarana, um oiti, um abacateiro muito grande. Tal disposição é imitada pelo vento fresco – "só vendo a fresca que batia, uma fresca mesmo, fazendo barulho como chuva nas folhas das árvores" (SG, p.78). Avançando mais além, um sol, "mas um sol que só escorregava ladeira sem ferir" (SG, p.78), cuja amabilidade, por sua liquidez, acompanha os contornos do casario, num abraço completo, "acabando embaixo e volta ladeira acima e fica nisso" (SG, p.78), enquanto a praça se transforma em mar, "por causo de tudo ser azul em riba da igreja" (SG, p.78). Esse movimento de harmonia, de continuidade homogênea, em que o construído, o humano das ruas tortas sem largura, da praça, da igreja, da esquina se naturaliza pela ação da árvore, do sol, do vento, converge para o interior do homem que, sentado dentro de casas, para lá leva o que está fora:

> lá de dentro a gente pode sentar e esticar a mão para quebrar as rodinha de trepadeiras de chuchu nos dedos, ou então alisar como se fosse para endireitar, parece umas molas e a gente vai puxando, vai puxando sem prestar muita atenção e esquece a vida, ou e então se lembra de uma vida verdadeira, sentado, sentindo. (SG, p.79)

O texto é verdadeiramente poético, graças principalmente a uma unidade criada pela equivalência entre o líquido, o dinamismo, a não-agressividade, criando uma naturalidade que apaga as fronteiras com o cultural para uma imersão do homem na natureza. A aliteração em "sentado, sentindo" corrobora essa quietude somática propiciadora desse veio interior que corre no gerúndio em que desliza contínua e finamente.

Tanto pela extensão quanto pelo demorado graças à descrição cuidadosa das iguarias, da mesa farta, rica, heterogênea, grassenta, quente, excessiva, ainda assim, ordenada, o trecho adquire na economia do romance uma autonomia que é confirmada, inclusive, pela ausência de um sentido imediatamente apreensível. A que vem esse almoço homérico oferecido por um membro do partido rival?

É curioso como, apesar de um nós inclusivo que explica a refeição coletiva, em nenhum momento se alude a qualquer outro convidado, além do anfitrião. O egocentrismo se atenua assim, mas fica a impressão sempre de que o que importa seria Getúlio mesmo, que assim se refere ao acontecimento: "Também sofro recordações, como quando comi em São Cristóvão, na casa de um udenista que tem lá, muito rico" (SG, p.78).

O epílogo – dormir sem a perturbação possível do sonho, como uma redução a zero das tensões, num abraço do regaço materno da rede – na medida em que remete a um dos desejos de Getúlio, como forma de anular as agruras da vida, parece possibilitar a leitura de que esse almoço, ao inscrever-se na memória, transformou-se na realização de um desejo inconsciente de Getúlio: a sua lembrança é a anulação da tensão desprazerosa, também inscrita na memória, da situação inicial, da carência da vida no sertão. Poeticamente imaginada como uma imersão num útero, da natureza, a plenitude do homem é completada por uma plenitude interior, proporcionada pela ingestão do alimento, sem pecado, como sugere a expressão reiteradamente atualizada, "graças a Deus".

O BOI

Um dos componentes mais fortes na composição do discurso lírico de Getúlio é a figura da vaca, do boi, do vaqueiro. Ela aparece de três maneiras: uma primeira relacionada com a mulher, outra, com o Padre de Aço, e terceira, com as estatuetas de barro.

Para compreender-se o percurso que tal motivo descreve, é preciso dizer que o romance trabalha *a priori* com a dicotomia real/simbólico. O animal vivente, aos olhos de Getúlio, é totalmente disfórico. Getúlio nunca foi propriamente um vaqueiro. Surge desse fato um espaço de convivência em que a contigüidade – de Getúlio e o animal – é sentida como fator antes de um distanciamento que de uma aproximação empática que a denominação "sertão" possa implicar. Totalmente ao contrário, pois, do que ocorre no universo das narrativas rosianas. Essa característica do texto de João Ubaldo torna mais sensível o processo de como se dá a inscrição da vaca ou boi no horizonte da personagem.

A emergência da significação simbólica para Getúlio se surpreende em três vertentes.

Uma delas está relacionada com o Padre de Aço. Toda a descrição do primeiro encontro do Sargento e do Padre se processa como *reconhecimento*: "Deve ter sido filho de vaqueiro antes de ser padre" (SG, p.66), avalia Getúlio, instalando-o paradigmaticamente no mundo rural. A ambigüidade assim instala a dicotomia não parecer mas ser vaqueiro, e parecer vaqueiro mas não ser, que instiga a pergunta sobre o nível em que a questão se resolve. Está sutilmente instalado um segredo que só se declara aos olhos do eleito. Por isso é à percepção de Getúlio que os sinais de uma outra realidade se insinuam: em que dimensão este que se diz padre e parece sê-lo pode ser também um vaqueiro? Se, de um lado, a visão realista declara: "Quer dizer, nunca vi padre fazendo reza de bicheiro, diz que não adianta" (SG, p.66), por outro, os indícios de uma outra verdade instigam o sertanejo:

> Hein, Amaro, já viu como esse padre anda nadando para baixo, como um vaqueiro? hum-hum. (SG, p.67)

É essa mesma impressão de que um sistema simbólico fala por meio da semiose realizada por Getúlio que se observa quando este aproxima agora a figura da vaca à da mulher. Isso ocorre em duas ocasiões. A primeira delas se surpreende quando Getúlio, manifestando a sua solidariedade às prostitutas presas às janelas de Laranjeira, compõe quase um verso: "As putas, putenças de minha padecença são vacas de meu Brasil" (SG, p.23), em que o ultrapassar a esfera do individual para a do coletivo situa a metáfora num universo de valores e crenças não pragmáticas. A segunda se verifica ao dizer Getúlio de seu afeto por Luzinete. É esse mesmo mecanismo significativo que comanda o carinho do homem pela mulher, que se exprime pela mesma imagem. Mais significativo nesse sentido porque o contentamento do macho se expressa num contexto em que a mulher é metonimicamente especificada pela curvelinealidade do ventre, do umbigo, que parecem sincretizar o feminino, de fêmea, mulher, mãe.

Finalmente, a mais importante e mais expressiva manifestação do mesmo motivo é a evocação das estatuetas de boi de barro, vendidas em feiras nordestinas. Salvo engano, esta modalidade aparece três vezes no romance, em situações especificamente sublinhadas. Abre o capítulo II e o encerra, e está no desfecho do romance, com a morte de Getúlio, assassinado pelos soldados que o perseguem.

O capítulo II se destaca por sua contraposição estilisticamente muito clara ao capítulo I, e por ser na sua quase totalidade um discurso eminentemente lírico.

Num discurso fragmentado, não racionalmente amarrado, nas passagens acima aludidas, a estatueta de barro é nomeada pelo sintagma "um boi de barro", reiterado cinco ou seis vezes, continuamente, numa invocação agônica. Em seguida são evocados os boizinhos como uma coletividade que é situada, seja num cenário sem luz, seja num cenário de dia de sol. Como num teatro de marionetes, os boizinhos, no meio da escuridão de um dia chuvoso, estão como que parados. No entanto, em dias de sol, este provoca a ilusão de movimento das fileiras que se perdem em perspectiva, visualmente, e as crianças participam de um mundo feérico: "os meninos ficavam espiando, pensando nas boiadas e querendo laçar o boi" (SG, p.30).

O detalhe mais importante a observar é que o jogo de ilusão e realidade, de real e simbólico, é surpreendido no sujeito cognitivo que não confunde as coisas, tomando um pelo outro: "De maneras que no sol tudo rebuliçava e tremia como coriscos e era um movimento que a gente sabia que não tinha mas que tinha" (SG, p.30).

No final do capítulo, a lembrança volta enriquecida em pormenor: os boizinhos são colocados em um garajau que, preso a uma mula, é por esta posta em movimento, no balanço que imprime à visão uma maior transfiguração: o conjunto de bois é denominado boiada, e o sintagma anterior é usado paralelamente a outro: "um garajau cheio de boi". Os movimentos dos quartos do burro imprimem às estatuetas um balanço da andança dos animais pelos acidentes do caminho: tudo parado, só vai subindo e descendo aquela boiada de barro (SG, p.40).

O querer ilusório se exercita nos pormenores: "os olhinhos que não mexe, os chifres que não fura, as pernas que não anda". Mas a introdução de um destinador mágico – "Mas quando bate o sol na feira" – processa a animização: que rebrilha, aí se mexe, é uma boiada que se estremece.

O sujeito que espia o espetáculo se converte, então, num vaqueiro e o aboio se transforma na forma mais profunda de expressão de um sentido que não se pode denotar, um sentido fluido que amarra animais e homens numa dimensão que os situa além de qualquer valor pragmático. Decorre daí o contraste entre a declaração clara, sem ambigüidade – "Nunca fui vaqueiro" – e o aboio triste com que encerra o capítulo:

> Meto o dedo no ouvido bem de leve e devargarzinho vou sacudindo, vou sacudindo e solto um aboio alto pelos ares. Mas ninguém escuta, não tem boiada, o meu aboio é oco. (SG, p.40)

Desfaz-se a sacralidade reencontrada. Desassociam-se os dois níveis de realidade, desassociando o presente de um passado mítico, deixando a imagem de Getúlio como um sujeito dividido. O aboio, a lembrança dos boizinhos, da feira, inexistente no presente, são na verdade os significantes de uma falta.

Para situar melhor essa falta em sua dimensão coletiva não se pode esquecer de uma outra modalidade de manifestação do motivo: o universo do boi se amplia da feira para um espaço maior pela evocação de um cenário que se situa, regionalmente, no sertão brasileiro, feito de caveiras de boi enfincadas em algum lugar ou espalhadas pelo campo, como as distribui esse olho que preside a recordação:

> Lá em casa, duas caveiras de boi, muitas caveiras de boi, as ossadas alvas meu gibão, meu peitoral sem enfeite sentado na beira de lá, as vitas duras nas cascas de ovo enfiadas nas pontas das árvores e da varas. (SG, p.40)

Primeiro, uma ancoragem temporal, um passado bastante distanciado e renegado pragmaticamente. Depois, uma ancoragem espacial que remete ao centro, à origem, à matriz – à casa. A seguir, duas caveiras que se multiplicam, que se ampliam em ossadas brancas e que, por similaridade visual, metonimicamente se reiteram nas cascas de ovos. Tudo isso identificado como uma reconstituição fragmentária, graças à recordação que emerge sem controle, evoca um motivo das narrativas míticas; o da transformação do homem em ossos após a morte, os quais viram estrelas como, neste romance, ocorre com Luzinete, a mulher.

A MULHER

Desempenhando ou não papéis actanciais fundamentais ou recobrindo figurativamente temas nucleares, a mulher contracena com Getúlio ao longo do romance.

A mãe é uma figura ausente que, conseqüentemente, não investe nenhuma função actancial. Tanto quanto ao pai, não há referência a ela no nível do relato. No entanto, no discurso lírico ela aparece como uma exclamação, como uma palavra que se repete, assim, absoluta, limpa, desnudada, íntegra.

Dentro do círculo familiar, essa falta cobra significação, exatamente, em contraposição, graças a uma presença, à da irmã. Do período anterior ao engajamento na polícia e política, a imagem que Getúlio resgata é a da irmã. Entre os irmãos se estabelece uma relação intersubjetiva em que à irmã cabe o papel de mediadora entre o irmão e o mundo. Ela encarna o papel actancial de doadora de um saber, um saber ver o mundo, num primeiro momento sintomaticamente o mundo natural da paisagem rural. Ao irmão que andara "despracatado" ela pedagogicamente ensina a ver os canaviais, no pormenor destituído de valor pragmático de suas flores semelhantes a vassouras invertidas. É ela, assim, destinador doador que reata umbilicalmente uma ruptura indesejável.

Além de recobrir o tema da relação fraterna, a irmã se encarrega do tema da mulher-fêmea: "Tenho uma irmã que ficou no barricão, e hoje vive na janela com outras vitalinas lá em Vila Nova gostava de ver cana na floração" (SG, p.21). Por isso, por uma equivalência paradigmática, ela volta substituída pela lembrança das prostitutas de Laranjeiras. "Vida de rapariga, hoje entendo", confessa Getúlio, "As putas, putenças que de minha padecença são vacas de meu Brasil" (SG, p.31). Uma frase poética, num ritmo lírico, que a rima interna ajuda a criar, cujo significado permanece hermético mas que libera uma significação empática pela reiteração dos possessivos, pela isotopia do sofrimento que a rima confirma e pela metáfora mítica da vaca.

É preciso, no entanto, considerar que uma outra voz nesses enunciados soa, numa relação polêmica, de contradição mesmo e que vai irromper mais tarde na fala de Getúlio. Assim, coerentemente com a cosmovisão machista que fundamenta o universo do sargento e jagunço, é preciso recuar e considerar um outro simulacro que medeia a relação de Getúlio e a mulher. O investimento mais radical desse simulacro se encontra no episódio da sedução da filha do fazendeiro Nestor pelo preso.

Centrada a focalização da menina em Getúlio, a narrativa vai construindo o processo de sedução, em que o papel de sedutor fica com a adolescente, cabendo a ele o de seduzido. Essa distribuição actancial dos semas agente/paciente se figurativiza espacialmente num jogo cênico, de movimentação somática, em que cabe à moça deslocar-se em direção ao homem: figurativiza-se num jogo de gestualidade em que ela se oferece aos olhos dele. É a ela também que cabe a iniciativa de estabelecer um diálogo, cujo objeto se escamoteia sob a aparência ingênua e ao mesmo tempo erótica de uma beiju que parece solicitar-se e recusar-se ao mesmo tempo.

Para que a sedução se efetive, faz-se necessário que o seduzido leia e interprete os sinais emitidos. Nesse instante é interessante observar que, ao ler os sinais emitidos pela adolescente, Getúlio vai ao mesmo tempo avaliando a competência dela não quanto ao querer seduzir mas ao poder seduzir, qualificação que se consubstancializa no estágio de maturidade biológica. A caracterização externa dessa maturidade é inscrita em mensagens gestuais, num processo de insinuação, brincando com o visível e o invisível:

> Acho uma menina grande demais para estar andando de califom pela casa. Já está cheia de corpo. Amaro viu ontem e disse: "Deus lhe crie, benza Nossa Senhora." E ficou de olho pregado no assento dela, pensando besteira. (SG, p.42)

A qualificação biológica da adolescente como fêmea, expressa na resposta de Amaro, importuna também Getúlio:

> Já é mulher, deve ter uns treze anos, possa ser catorze, o oveiro já está baixado no ponto de mulher. (SG, p.43)

Getúlio ocupa, assim, a posição de sujeito observador que se recusa a participar da cena, na qual a sedução se processa a quatro atores, mas a qualificação da adolescente como mulher pelos três homens libera o sentido de naturalidade, pressuposta na resposta do indivíduo às solicitações biológicas.

No entanto, a narrativa quebra abruptamente essa ideologia para anulá-la, contrapondo-lhe uma outra em que a reificação da mulher alcança a radicialidade de legitimar a extirpação do instinto sexual. A manifestação da sexualidade é crime e, portanto, passível de punição: "Mulher que viu homem nessas condições é rapariga. Ou vai ser" (SG, p.55). É também contra a ordem do mundo, da natureza: "Diabo de mulher tem querer não, mesmo, pronto" (SG, p.55), sentencia Getúlio. Essa amputação do humano que é não poder querer, nas palavras de Amaro, chega à supressão da condição humana.

O episódio da filha de Nestor, da sedução punida, colocando como que um grau zero com base no qual o tema da sexualidade feminina se desenvolve, reafirma o seu sentido porque obriga uma retroleitura de um outro crime da mesma natureza e a sua punição violenta: o assassinato da mulher grávida.

Na narração do assassinato, há três vozes entrelaçando-se, tecendo um diálogo de desencontros. Da perspectiva masculina, mais particularmente, do homem que se define como tal como macho, o adultério feminino se situa no código sexual como proibido, cuja infração deve ser cobrada. É esse entendimento que sustenta a coerência da implicação adultério/morte, baseada, portanto, num código cultural aceito pela comunidade, e no qual a sua inobservância pressupõe desonra do parceiro: "e ainda perguntou: que é que tem? Ela sabia, não sabia só disso, tinha a certeza que não adiantava fugir, porque eu ia atrás" (SG, p.39).

A banalidade do tema no romance é salva porque o que marca a cena da morte é o silêncio: o silêncio não da ausência da palavra, mas o da palavra cassada. E ela é cassada tanto à mulher quanto ao homem.

Toda a gestualidade da mulher, cuja única manifestação verbal resume-se à pergunta "que é que tem?", vã, inútil porque não tem força para interferir nos acontecimentos, é marcada pela inutilidade da palavra:

> Uns olhos gazos tão parados e o cabelo escorrido de banda e a cabeça do lado, me olhando. Que é que tem? Ela sabia. Quando viu meu braço detrás das costas, tirou os olhos ... na hora que enfiei o ferro, fechei os olhos. Nem gemeu. Caiu lá, com a mão na barriga. (SG, p.39)

Na contramão da voz que aceita o código de honra, uma outra voz, calada, mas por isso mesmo presente, a contesta. No próprio ato de aceitar a punição – "Nem gemeu" – a mulher afirma, em sua própria impotência e na coragem implícita na infração, um outro código vigindo, ainda que vencido.

A relação entre os actantes da cena da morte está estruturada como uma relação de poder que se explicita como poder da força física do homem, e o poder cultural do machismo, um homólogo do outro. A posição da mulher é de termo dominado, duplamente porque a mediação simbólica de valores desaparece na violência que atinge a eliminação física do ser. Mesmo assim, a contestação feminina está presente no silêncio e na própria ausência de sinais de uma reação instintiva.

Além do silêncio feminino da palavra cassada, há um outro que entra em tensão com o anterior. "Tinha de fazer", diz Getúlio, denunciando o grau de interiorização do código do machismo: a modalização regente não é mais somente a do querer da paixão mas do dever-fazer, conseqüente da atuação forte de um destinador a que o sujeito operador não logra subtrair-se. É interessante observar que Getúlio passa por um estágio de pura paixão, em que o destinador é descartado – "Pensei que não antes da hora, pensei que ia com muita raiva mas não fui" –, para em seguida a paixão desaparecer: "matei sem raiva" (SG, p.55) –, arrastando de volta o destinador, que reocupa o seu lugar.

Paralelamente a esse deslocamento, ocorrem um querer falar e um querer mas não poder falar, de Getúlio. Contrariando o costume de matar calado, ele quer falar: "Isso pensei em dizer a ela, cheguei a abrir a boca e quis dizer porque ... vinha com dor" (SG, p.38). Com a fala ele quer dar um sentido ao ato, mas isso é desnecessário quando o código é compartilhado. Por isso a necessidade de Getúlio de falar à mulher adúltera pretende preencher uma lacuna que esse mesmo código não prevê:

> Uma mulher não é como um homem. O homem vai lá e se despeja. A mulher recebe o caldo de outro. Que fica lá dentro, se mistura com ela. (SG, p.39)

Num primeiro momento, a diferença que distingue a masculinidade da feminilidade reside na função actancial, do primeiro, de doador, destinador, e de destinatária, da segunda. A cobertura figurativa é sintomática na medida em que atribui ao homem o sema atividade ("vai lá") que se realiza como de cima para baixo, como conteúdo que se comunica, que faz circular.

A estaticidade do feminino, já apontada na gestualidade da mulher, daquele que se oferece aos olhos de quem chega – "cheguei, olhei, ela deitada" (SG, p.38) –, enquanto os seus estão parados, gazos, uma estaticidade que ela quebra ao infringir o contrato, se reitera aqui na figura do *estar lá*, do que está e do que não vem. Por outro lado, frisa-se a qualificação de continente da mulher, de receptáculo, por isso passiva, porque preenchido. Ela não se faz sujeito operador porque, essa função, a investe o princípio masculino. Essa passividade se reforça pela perspectividade implícita na denominação do masculino como *outro*: "recebe o caldo do outro" (SG, p.39). Desse ponto de vista, ela é a mesma, ele a alteridade que promove a transformação, o movimento, a evolução. Daí o resultado: "Então não é a mesma mulher" (SG, p.39).

O segundo argumento de Getúlio inverte o processo:

> E também tem que se abrir. E quando se abre assim, se escancha e mostra tudo, qual é o segredo que tem? A mulher que viu dois é diferente da mulher que só um viu, porque tem de abrir as pernas, mostrar até lá dentro. Não é a mesma mulher. (SG, p.38)

Deixando de lado o caráter machista, é interessante atentar para como aqui se reconhece um arquétipo em que à mulher cabe o papel de doadora de um saber: o segredo. Enquanto, pois, a espacialidade do masculino parece ser a da exterioridade, do fazer se ver, do ex-posto – que se reconhece no conceito de honra: "Não gostava de pensar que ia atravessar a rua com o povo me olhando: lá vai o de galhos" (SG, p.38) –, a espacialidade do feminino é a da concavidade, do recesso, do que se cala, do que se guarda.

Apesar da cor machista principalmente do segundo argumento de Getúlio, pode-se afirmar que a distância que separa a punição radical pela morte e a fala que a substitui – "Se quer fazer uma coisa, não converse. Se não quer, converse" (SG, p.38), preceitua o Sargento – é de natureza simbólica. Mas dentro dela, e por meio da linguagem, se modeliza um outro sistema simbólico cujo alcance vai-se expor a seguir.

Dentro do programa narrativo pragmático ocorre, pois, do ponto de vista masculino, a transgressão de um contrato baseado num código de valores em que a observância da fidelidade por parte da mulher equivale à observância da honra masculina. E de tal maneira que o seu contrário lê-se como cometimento de um crime acarretando uma falta, a falta de honra. A morte do infrator tem, pois, a função de punir o crime. Curiosamente, no entanto, em Getúlio, o reparo do dano instala uma outra falta mais ampla:

> Fui embora logo, nunca mais botei os pés. Moro no mundo. (SG, p.39)

A primeira conseqüência dessa falta que não se sana está assinalada pelo deslocamento compulsivo de sair do centro como um lugar que se sacraliza exatamente por tornar-se proibido, o evitado: "nunca mais botei os pés lá" (SG, p.39). Esse deslocamento do lugar tópico, do aqui do sujeito, não o conduz em direção a um lá claramente determinado, com a força de um enraizamento novo. O dramático desse gesto, de abandonar o aqui, provém do fato de que o periférico a que o sujeito se dirige é um periférico sem limites. Pelo contrário, caracteriza-se como aberto, infinito e, por isso, fluido, desestruturador, diluidor: "Moro no mundo" (SG, p.39), diz Getúlio. Morar é um aí, é um estar provisório que converte o mundo em um espaço sem ponto de partida nem de chegada. Por isso, Getúlio pode traduzir logo a seguir: "Melhor morar andando" (SG, p.29).

"Morar no mundo" ou "morar andando" é uma metáfora de outra imagem: "minha mulher sou eu e meu filho sou e eu sou eu" (SG, p.39).

Esse progressivo enovelar-se do eu desenvolve-se como um movimento centrípeto, de negação de um movimento centrífugo anterior. Neste, o eu é o ponto a partir do qual se projetam, objetualizando-se, as figuras da mulher e do filho. Objetualizados, mulher e filho podem ser apreendidos como alteridades com que o eu não se confunde. No entanto, a projeção sobre essa relação amorosa – de homem/mulher, pai/filho –, do crivo da ideologia machista, denuncia essa objetualização como especiosa, pois a revela como uma relação narcisista.

Desvelados como projeções do próprio eu, mulher e filho são recolhidos até coincidirem com o sujeito, como se exemplifica na seqüência de enunciados acima. Ao contrário do que se verifica no mito de Narciso, em que morre o Narciso real, aqui morre a imagem do filho e da mulher, projetada no espelho. Mas a discrepância é só aparente, pois o efeito da morte da imagem é a morte ontológica do sujeito.

Contrapõem-se na descrição do assassinato da mulher o silêncio e a resignação feminina ao desespero e raiva do homem, como se encontrassem em estágios diferentes de processos edipianos: enquanto a mulher, tendo-se submetido a um código de prescrições e proibições que está acima dele e dela, transgride-o sabendo que será punida, o homem se descobre ainda num estágio de plenitude fálica imaginária. Ao vivenciar a mulher em sua fidelidade como a seu falo, ele só pode entender a infidelidade como uma forma de castração. Uma castração que, por sua imersão na ideologia do machismo, Getúlio confunde com a castração real.

Luzinete, a única mulher a participar do programa narrativo de temática política, vem marcada e vai-se marcando por contraste à mulher assassinada. Antes de mais nada, ela é a mulher silenciosa, a quem quase não se outorga voz. Mas é acima de tudo sujeito de fazeres. É ela quem requisita Getúlio sexualmente, numa atitude que, ao contrastar com o regrado das relações de Getúlio e a outra mulher, a assassinada, mergulha a cena amorosa de seu reencontro numa carnavalização em que predomina o prazer.

Essa carnavalização, na verdade, é a manifestação figurativa de uma categoria recorrente no romance, a do ordenado/não-ordenado, que se encontra harmonicamente homologada pela oposição limpo/sujo. O próprio Getúlio é quem lembra o seu estado de estar higienicamente não limpo, pelo tempo de caminhada em fuga. Mas é ela quem sobredetermina a categoria cultural do estar/não estar limpo, lavado, pela categoria natural do (cheiro) próprio/não próprio do homem. A sexualidade se manifesta, pois, dentro de uma naturalidade não regrada, sem a mediação cultural, em que Getúlio recupera as funções do corpo e com ela a fecundidade:

> Faço um filho, faço dois filhos, faço uma ruma de filhos. (SG, p.111)

Essa mesma isotopia do não regrado que permite a plenitude do ser consigo mesmo e com a sua circunstância, inaugurada por esse encontro com Luzinete, instaura, dentro da narrativa, um momento intersticial, localizado, portanto, antes da retomada da temática política. É nesse período que, verdadeiramente, após a opção pelo cumprimento da primeira missão, se delineia um novo contrato em que outros valores são instituídos. Isso ocorre dentro de um marco de carnavalização em que se subverte o simulacro de cultura imposto a Getúlio pelo partido.

O comportamento de Luzinete se pauta, então, por uma aparente submissão aos caprichos de Getúlio, atendendo a uma volubilidade e a uma insconstância primárias que se exercitam gratuitamente:

> É uma mulher retada. Se eu digo: não gostei dessa peste dessa moringa, ela vai e quebra a moringa e ainda diz não sei como essa peste dessa moringa veio parar aqui, não suporto essa moringa. E se na hora que ela vai quebrar eu digo mas que moringa bonita da moléstia já se viu um diabo de moléstia bonita assim, ela pega a moringa, abraça ela e diz que uma moringa porreta assim ela só tem porque eu gosto. Eu bem que podia ficar o dia todo fazendo ela pegar e soltar a moringa, mas fico com pena e aí paro. (SG, p.112)

A aparente submissão que permite a prática de uma liberdade absoluta se desmente na descrição que o homem faz da mulher, lembrando em sua constituição física uma bela parceira do Padre de Aço:

> É um diabo duma mulher grande, duas braças de mulher de cima para baixo, cinco arrobas de mulher da legítima, no pesado, uma mulher boa. (SG, p.112)

Perfeita, bem plantada, Luzinete sana as carências de um programa narrativo que se inicia. Além da conjunção plena espacial, ela é a provedora generosa que mata a fome, cujo sentido maior já ficou aqui assinalado:

> Por isso certas horas, com o cotovelo na janela, quando tu volta de lavar roupa ainda com as mãos enrugadas de água e umas manchas de anil, eu fico olhando o verdume,

essas horas pode ser. Por que o que é que tem depois? Tem o seguinte: eu fico achando graça em tudo, e com muita preguiça. E eu sei que não vai ter nada para fazer, nem hoje nem amanhã. E eu sei que, voltando você, a gente pode esperar comer, que vai sair e a gente pode dizer que horas quer que saia o de comer. (SG, p.121)

No trecho acima, o sujeito observador coincide com o sujeito cognitivo que se figurativiza no olho que abarca tudo amplamente. O espaço que é abrangido pelo olho, localizado num ponto zero de convergência. O olho substitui o sujeito cognitivo que diz sei, e projeta um simulacro de não conjunção do sujeito com antiobjetos em tempo algum. O tempo é um tempo de certeza.

Substituto metonímico, o olho se situa num espaço eufórico, o do abrigo da casa. É dali que se expande para o exterior, criando uma geografia de convergência, para um ponto de plenitude. O motivo do lugar ameno se surpreende na suavidade do campo, em que sequer é esquecida a lembrança da água, que, combinando harmonicamente com o feminino, liga o mundo natural com o cultural.

Essa posição do homem de destinatário de doações gratuitas especifica esse momento como o de um estado de plenitude, de satisfação absoluta em que o sujeito é totalmente liberto de injunções e de suas solicitações biológicas. Coerentemente, no exercício de destinadora, Luzinete faz uma dupla revelação a Getúlio: de Amaro e de si próprio. Com relação ao motorista, tira a máscara dos valores com sinal invertido com que sempre o Sargento o caracterizara – da não coragem, da ignorância – para desvelar-lhe o ser da amizade.

Com relação a ele, são, sobretudo, dois os valores que Luzinete lhe outorga: a coragem como não privativa do homem, desestabilizando a sua concepção de machismo, e o da fecundidade. Ela recoloca Getúlio na posição de ser fecundo, sobredeterminando, porém, a sexualidade como fundada sobre o valor da procriação. O machismo deixa de ser um valor intransitivo ou reflexivo.

Do mesmo paradigma da sexualidade participa o motivo do umbigo, centro da lembrança positiva da mulher assassinada. A sua contemplação evoca novamente o espaço eufórico do lugar ameno, sincretizada na definição: é uma paisagem.

Descrito em pormenores, o umbigo reproduz a curvelinearidade do ventre, como a de um continente. A depressão é expressão de uma abertura que se negaceia, porque é vedada, sensibilizando a vontade do macho que com a língua a percorre.

Enlaçam-se o tema da fêmea e o tema da maternidade: o macho, metonimicamente dado, é que preenche o continente da barriga porque é aquele que penetra duas vezes: como pênis do homem e como falo, o que volta ao recesso da mãe. Por esta é que o contato de Getúlio com o umbigo se faz em tempo de paz, de calma, de quietude:

> Eu alisava a barriga quando tinha tempo, quando vinha um sossego, quando quentava, quando deitava, quando estava neblina. (SG, p.38)

De todos os termos do paradigma arrolado, um requer exame: *neblina.* O emprego inusitado leva ao estranhamento da circunstância em que se dá o contato do homem com o umbigo feminino. A natureza indicial dele se explicita quando se coteja com um outro contexto em que a neblina é atualizada: o capítulo II, em uma evocação de fragmentos bricolados:

> aaaaaaai, ai, ai, ai, mãe, um boi de barro na neblina, um boi de barro na feira. (SG, p.40)

As diferentes linhas isotópicas se convergem e se entrelaçam em deslocamentos despistadores. O feminino se reitera também na água da neblina, na terra do barro. Por isso, amarrando a trajetória simbólica, depois da morte de Amaro, na dimensão imaginária pode Getúlio lançar-se em um amplo processo cósmico de transfiguração – de mulher, mãe, chão – que arrasta especularmente o próprio homem:

> Mas ia lá e emprenhava de uma enfincada só e ela nem precisava comer nem nada, porque ela ficava como o chão, só tomava chuva. (SG, p.138)

No entanto, Luzinete, a que pedia filhos, morre, sem deixar prole, e se transforma em lua. Isto porque, dentro da coerência de sua configuração simbólica, ela sincretiza os princípios feminino e masculino. Pelo desejo de Getúlio, ela encarna o primeiro, mas é pelo segundo que ela dá conta de seu papel de doadora: o fecundado é Getúlio, que, assim competencializado, pode gerar filhos simbólicos por meio da palavra.

COMEÇO DE TUDO

Em claro contraste com o capítulo I, o capítulo II instala um discurso novo, cuja característica maior é a embreagem temporal que se associa a uma elaboração estilística de uma linguagem essencialmente lírica. Nesta se colam uns aos outros fragmentos de lembranças da meninice de Getúlio, as quais, como numa bricolage, compõem um quadro, cujo material, heterogêneo, pode ser identificado por alguns motivos básicos: as estatuetas de boi de barro, a manta de carne-seca pendurada em janelas das casas, o enterro de madrugada, as arupembas penduradas, o pó colorido de pedras piladas, o dia de chuva.

O capítulo se inicia por um longo lamento que se abre e se fecha com a mesma imagem "moro andando", já analisada como expressão do desenraizamento do homem a quem o valor de macho foi negado. É dentro da moldura assim determinada que se evoca, pela primeira vez, uma outra figura também já examinada, a do boi de barro. Reiterado seis vezes, o sintagma que a expressa se instaura como um signo cujo significado é ainda uma promessa, uma virtualidade que, no entanto, já se visualiza fecunda.

Refere-se o sintagma a pequenas estatuetas de barro, expostas nas feiras do Nordeste, empilhadas umas sobre as outras, as quais, sob a luz do sol, adquirem o movimento de boiada ou, quando carregadas em garajaus no lombo de burro, o movimento da montaria.

A estatueta é um objeto composto de barro e cozido ao fogo. É um artefato. Como artefato, o boi de barro se equipara à moringa, que também dele se aproxima por ser feita da mesma matéria-prima e dentro do mesmo processo: terra misturada com água e cozida pelo fogo. Participam ambos, como objetos trabalhados culturalmente, do mesmo paradigma das arupembas penduradas e das mantas de carne-seca "grandes esturricadas, pretas ou alvas na gordura" (SG, p.29).

Ao balanço da andança do animal que a carrega, como numa batea, a estatueta se submete a um processo no qual se decompõe nos elementos que a constituem como representação: o garajau se enche ou de boi ou de terra. A reiteração do sintagma "um boi de barro", ao sofrer tais modificações como num procedimento de depuração, começa a conferir individualidade a três figuras que vão recuperando o valor mítico perdido: a água, a terra e o boi.

A partir dessa base, a terra pode articular-se com novos semas e passar a compor com o humano relações sintáticas em que novos valores se desentranham. Assim, na declaração "Me encontro-me sujo de terra" (SG, p.155), metonimicamente a terra assume a posição de elemento que envolve, abraça o homem, numa relação de conteúdo e continente. Esta torna-se mais clara quando o investimento dos termos é comutado e a terra se manifesta como conteúdo. Isto ocorre quando a essa relação se sobrepõe o código alimentar: a terra vira comida de menino – "como barro como de comer" (SG, p.155) –, ela é alimento digerível, por isso retida no interior e assimilada.

Curiosamente, a mesma categoria, e investindo o mesmo código alimentar, é retomada por outro motivo do texto: o do enterro de madrugada:

> Não era menos enterro, por ser de madrugada, antes era mais, porque em outras horas tem sempre gente na rua que não está prestando atenção no enterro. E de madrugada não, porque, quando tem um enterro de madrugada, só tem mesmo aquele caixão deslizando e o povo atrás e se ouvindo as pisadas no chão e as pernas das calças se esfregando umas nas outras. (SG, p.28)

Da mesma maneira com que as estatuetas de boi se destacam da paisagem da feira, fazendo obliterar-se tudo o mais, a lembrança do enterro a escoima do ruído como num ritual que nada tem de sombrio. É fundamental, no contexto, que esta lembrança venha enquadrada por duas referências à isotopia alimentar iniciada pela terra: encerrando a evocão das mantas de carne-seca nas janelas, o enunciador sintetiza: "Lembranças de comilanças e cheiro", para acrescentar a seguir: "às vezes, um enterro cedo" (SG, p.28).

O cruzamento da temática da morte e da alimentação se sintagmatiza na observação pouco corriqueira e aparentemente fora de propósito: "defunto não come, talvez seja melhor" (SG, p.28). A correlação morto não come/vivente come se completa quando o objeto é terra, de onde se chega a "morto se enterra", ou seja, as posições sintáticas se comutam: envolvendo-o, é a terra que come o homem, transforma-se este em alimento daquela. Ocorre, pois, uma troca de funções, as posições sintáticas de sujeito e objeto, entre o homem e a natureza, quando o código alimentar é investido. Há, portanto, uma circularidade que volta a ser colocada no final do romance:

> e eu sendo eu, quando eu era menino eu comi barro e entrei por dentro do chão, comendo barro, cagando barro, comendo de novo. (SG, p.155)

O processo da ingestão convoca uma nova categoria, a do dentro/fora, ao mesmo tempo em que manifesta o sema dinamicidade, que se figurativiza como movimento do interior ao exterior e vice-versa. A categoria dentro/fora é mobilizada quando a terra, conteúdo interior, é expelida graças à ação da água, em forma de lágrima de lama. Na condição de elemento consumido, não há incompatibilidade entre a "terra e o homem": a indisposição, a não-possibilidade do sujeito de assimilá-la é que a torna não digerível. O que se recusa na lágrima de lama é a terra que, por alguma razão, se tornou disjunta do homem: não por acaso a imagem ocorre para referir a dor de Getúlio pela morte de Amaro.

A ritualização do momento do enterro resgata o entendimento dessa superposição de códigos que dê conta da manifestação figurativa (a criança comendo terra, o sujeito que clama de cara suja). Resgata-o de uma significação pragmática e o inscreve num sistema simbólico no qual há uma compatibilização entre o homem e a terra que a cultura pragmática disjungiu, numa relação de troca em que se recebe e se devolve o que se tomou.

A embreagem que a anunciação promove no trecho "Me encontro-me sujo de barro assim como do barro como de comer, por causa do gosto" (SG, p.55) libera uma aspectualização que eterniza o ato de comer, atemporaliza-o, de forma que sequer a notação de uma ancoragem forte em "De menino, na feira, lhe conto" logra perturbar.

Além do enterro, na paisagem da madrugada, a feira oferece ainda o espetáculo das mantas de carne-seca, penduradas nas janelas. Também aqui se manifesta o código alimentar, em que o termo realizado é o da carne que já não é propriamente crua, mas está num estágio de transformação sob a atuação de um sujeito operador. É significativo que essa função de agente seja assumida pelo sol que, como já se observou, investe o mesmo papel transfigurando em um espetáculo feérico o quadro inanimado dos bois de barro.

Em posição de equivalência com as mantas de carne estão as moringas. Como as estatuetas, elas representam a presença da cultura operando sobre a natureza. Mas ao mesmo tempo em que o cultural retira o elemento natural de seu contexto – como na água represada, transformada em água digerível –, a moringa é um termo complexo, algo nem totalmente domesticado nem totalmente *in natura*, como o é a água porejando em forma de suor. A harmonia desse encontro de cultura e natureza, que é sentida em forma do prazer tátil da mão que escorrega pela superfície feminina, está também na gratuidade do gesto de bater em arupembas penduradas.

A água feminina, quando contida no artefato doméstico, mantém essa marca ao apresentar-se como chuva, já poça:

> Na chuva, nada, só poças. Mas antes da chuva, parava. Parava tudo mais. Ficava ali sentado no torete do mourão, assuntando. Mas parava, a não ser os pensamentos. Na chuva, nada, só poças. Mas antes da chuva, parava. Parava tudo mais. Ficava. A fala parava. Se as vistas ia duma parte da rua para a outra. Só podia ser devagar porque até a cabeça era como dentro dágua, um ar grosso, aquilo mole e quieto. (SG, p.30)

Não de fora, como a chuva que cai, fecundante, mas de dentro é focalizada a paisagem, em cuja descrição domina a isotopia do não-movimento do não-ruído, do não-rígido, configurando um ambiente uterino. Evoca-se aí a mesma quietude (*neblina* é a palavra usada então) que se apossa de Getúlio ao acariciar a barriga grávida, quando se repete o mesmo gesto ativo, masculino, do *assuntar*.

> Parecia um cachorro, ficava ali, os olhos gazos, miúdos me assuntando. (SG, p.38)

É esse conteúdo que, ao contrário da lágrima de lama, dá possibilidade ao imaginário de completar a transfiguração da terra na grande matriz original:

> tenho essa terra toda. Isso eu tenho, essa terra toda eu tenho, porque quem me pariu foi a terra, abrindo um buraco no chão e eu saindo no meio de umas fumaças quentes e como eu outros ela sempre vai parir, porque essa terra é a maior parideira do mundo todo. (SG, p.153)

Eis aí a imagem mítica final, em que se sintetiza todo o percurso dos elementos fundamentais – terra, água, ar, fogo – que, legitimando os investimentos culturais, compõem no imaginário do sertanejo os códigos que o reinstalam, antes de mais nada, no espaço natural, cósmico do sertão. Só com base nele, desse imaginário, pode Getúlio traduzir a expressão "eu sou eu".

NAS VEREDAS: UMA ESTÓRIA DE AMOR

UMA PEQUENA NOTA

Quem conhece as narrativas menores de João Guimarães Rosa e as coteja com a entrevista concedida a Günter Lorenz (1973) é agradavelmente surpreendido por encontrar ali, sinteticamente, e mesmo poeticamente, traduzidos pelo próprio escritor, aspectos fundamentais de suas contribuições no âmbito da ficção. Destaquemos alguns deles.

Na entrevista a Lorenz, aceitando a sugestão do entrevistador, de iniciar o depoimento pelo biográfico, ou seja, pelo local de nascimento (que Lorenz define "como aquela estepe quase mística do interior de seu país, encarnada como um mito na consciência brasileira"), Guimarães Rosa esclarece:

> Sim, mas para sermos mais exatos, devo dizer-lhe que nasci em Cordisburgo, uma cidadezinha não muito interessante, mas para mim, sim, de muita importância. Além disso, em Minas Gerais; sou um mineiro. E isto sim é o importante, pois quando escrevo, sempre me sinto transportado para esse mundo. Cordisburgo. Não acha que soa como algo muito distante? Sabe também que uma parte de minha família é, pelo sobrenome, de origem portuguesa, mas na realidade é um sobrenome suevo que na época das migrações era Guimaranes, nome que também designava a capital de um estado suevo na Lusitânia? Portanto, pela minha origem, estou voltado para o remoto, o estranho. Você certamente conhece a história dos suevos. Foi um povo que, como os celtas, emigrou para todos os lugares sem poder lançar raízes em nenhum. Este destino, que foi tão intensamente transmitido a Portugal, talvez tenha sido o culpado por meus antepassados se apegarem com tanto desespero àquele pedaço de terra que se chama sertão. E eu também estou apegado a ele... (apud Lorenz, 1973, p.321-2)

Ao longo de toda esta extensa citação subjaz fortemente o denominador comum do sentimento da necessidade humana de um arraigamento físico, espacial, ao solo, e de um enraizamento na História, poeticamente transformada em estória, preservada e evocada pelo plano material da palavra. Essas duas vertentes da definição do homem – a localização espacial, enfaticamente delimitada (no caso, do sertão, e do sertão mineiro), e a dimensão temporal (por meio de um mergulho na História até os limites do mítico) – marcam pontos referenciais fixos de uma cosmovisão que se enriquece – e se configura como uma esfera – pela expansão vertical por intermédio do imaginário e da palavra. "Os homens do sertão", explica Guimarães Rosa, "somos fabulistas por natureza" (Ibid., p.325). Aponta em seguida a fonte e a razão desse fabular: "Somos tipos especulativos, a quem o simples fato de meditar causa prazer ... Gostaríamos de tornar a explicar diariamente todos os segredos do mundo." (p.336).

Dessa especulação meditativa resultam descobertas tais como:

> A vida, a morte, tudo é, paradoxo. Os paradoxos existem para que ainda se possa exprimir algo para o qual não existem palavras. (p.324)
>
> Apenas na solidão pode-se descobrir que o diabo não existe. E isto significa o infinito da felicidade. (p.329)
>
> Pois o diabo pode ser vencido simplesmente, porque existe o homem, a travessia para a solidão que equivale ao infinito. (p.329)

Tais colocações e essa faculdade de "permanecer imóvel longo tempo, pensando em algum problema e esperar" (p.336), que Guimarães Rosa reputa própria do sertanejo, levam-nos particularmente a uma de sua novelas (ou conto?): "Uma estória de amor (Festa de Manuelzão)".

Confirmando o alerta do próprio escritor – de que quanto mais simples o seu texto maior desconfiança deve despertar –, já o título da narrativa denuncia uma duplicidade indiciadora de uma significação mais ampla. Qual a relação entre o título e o subtítulo? Entre amor e festa? Uma leitura superficial do texto reafirma o que assinalamos há pouco: a fixação espacial do protagonista, um antigo boiadeiro, agora um bem-sucedido capataz na região dos Chapadões, que festeja a fundação oficial da fazenda sob a sua administração, tudo conforme as boas maneiras da sociedade local. Tudo aí converge para a configuração da imagem do protagonista – Manuelzão J. Roiz – como o homem orgulhoso de seu sertão. O que, entretanto, o cria como uma grande figura de ficção é exatamente esse especular sozinho, ensimesmado – vigilante sobre o cavalo ou aquietado pelo pé ferido – sobre os segredos do mundo. Toda a narrativa corre, assim, em dois planos: de um lado, os sucessos da festa a que acode gente da redondeza toda –

das veredas e das chapadas, gente humilde e gente fidalga; de outro, essa subjetividade crítica que, atenta, perscrutando o presente, revendo o passado e imaginando o futuro, cresce até o clímax do fecho.

É nesse segundo plano que se acrisola essa travessia para a solidão que, para Guimarães Rosa, "equivale ao infinito". Sendo, pois, este nível textual que determina toda a significação da narrativa, imperioso se torna que nos detenhamos mais demoradamente nele, na busca dos caminhos da realização literária dessa travessia. Nessa tarefa, parece-nos mais acertado iniciar pelo estabelecimento do ponto de referência comum ao narrador e ao narratário, ao qual denominamos *situação inicial da enunciação.*[1]

CONVERSA A DOIS

"Ia haver a festa."

Assim se inicia a narração de "Uma estória de amor". [2]

O tempo verbal – *ia haver* – indica, antes de mais nada, o estabelecimento de um processo comunicativo entre dois sujeitos, o que conta e o que ouve. O processo se efetua apoiado em uma dissociação, à primeira vista, temporal com relação ao evento focalizado. Entretanto, confirmada mais tarde a natureza não verídica do acontecimento, a distância afirma a sua função de demarcador da natureza fictícia da narração. O tempo verbal desempenha função ficcional-narrativa e não referencial

Por outro lado, a forma perifrástica estabelece de início a distância de perspectiva de focalização: o evento, como processo que se desenvolve no tempo, é visto em seu aspecto inceptivo: *ia haver.* O aspecto inceptivo transformando-se no nível de manifestação em temporalidade, de futuro provável, institui uma distância de ponto de vista. Esta é reiterada em seguida, no parágrafo subseqüente, na forma de um dêitico: *naquele lugar.*

Em outras palavras: tanto a temporalidade da perífrase verbal quanto a espacialidade do sintagma circunstancial convergem para a determinação do ponto de vista narrativo: "Ia haver a festa.".

---

1 Situação inicial da enunciação que não se confunde com a situação inicial do enunciado, codificada por Propp.

2 João Guimarães Rosa. Uma estória de amor (Festa de Manuelzão). In: ________. *Manuelzão e Miguilim.* 3.ed. Rio de Janeiro: J. Olympio, 1964. No texto, será citado como EA.

O processo comunicativo da narração começa a assentar as bases de efetivação também na significação catafórica do artigo definido: *a* festa. Lançada a ponte referente-referido, os dois períodos seguintes se encarregam da determinação do referido. Sobre eles cabem, logo de início, duas observações. Primeiro, encontram-se separados pela adversativa *mas*; segundo, o parágrafo por eles constituído se encerra por um sintagma circunstancial: "Na Samarra". O parágrafo introdutório está composto, portanto, dos seguintes segmentos:

> Ia haver a festa / Naquele lugar – nem fazenda, só um reposto, um currais-de-gado, pobre e novo ali entre o Rio e a Serra-dos-Gerais, onde o cheiro dos bois apenas começava a corrigir o ar áspero das ervas e árvores do campo-cerrado e, nos matos, manhã e noite, os grandes macacos roncavam como engenho-de-pau moendo. / Mas, para os poucos moradores, e assim para a gente de mais longe ao redor, vivente nas veredas e chapadas, seria bem uma festa. / Na Samarra.

Cujo esquema seria este:

I	II
Ia haver a festa.	Naquele lugar.
nem	
	III
... Mas, para	
	IV
....	Na Samarra. (Gráfico I)

A primeira determinação da festa, como evento, faz-se em termos espaciais. O segundo segmento introduzido pelo arquilexema *lugar*, indicativo de espacialidade simplesmente, está constituído de sintagmas que aportam especificações à generalidade do arquilexema.

As principais especificações são, de certa maneira, sintéticas: são três *denominações: fazenda, reposto, curral-de-gado.* A primeira se faz, porém, negativamente: "nem fazenda"; e, restritivamente, a segunda: "só um reposto". E ambas se sintetizam na terceira: "um currais-de-gado". Eis aí um jogo, em que na sintagmatização dos elementos de um mesmo paradigma se constrói um referente que não corresponde exatamente a nenhuma das três denominações, nem mesmo à terceira. Dizemos se constrói porque o que resulta aí não é propriamente a expressão verbal de um referente, mas uma certa visão desse referente, determinado, como veremos, por uma perspectiva axiológica. Em outras palavras: a seqüência das denominações, ao obedecer a um movimento disfórico, expressa, antes de mais nada, uma axiologia, segundo a qual *festa* implicaria, como lugar de sua realização, um lugar equivalente: uma *fazenda*. Os pormenores que seguem como apostos de *currais-de-gado* têm como alinhavo essa isotopia axiológica.

A manifestação pura de tal axiologia determina um efeito-de-sentido disfórico com relação ao evento. Entretanto, ao somar-se-lhe uma empatia eufórica, promove-se, sutilmente, a negação dessa mesma valoração das coisas, a qual prepara a oposição expressa pelo período seguinte: *Mas para os...*

O caráter *acanhado,* expresso pela negativa e pela restrição há pouco mencionadas, é reiterado nos determinantes de currais-de-gado: na lexicalização *pobre* e no aspecto inceptivo manifesto em *novo.* A seguir, a determinação passa a fazer-se segundo a categoria espacial /englobante/ *versus* /englobado/: "ali entre o Rio e a Serra-dos-Gerais". O englobado tem o seu sentido determinado, logo depois, por sintagmas cuja isotopia conotativa retoma o sentido de acanhado e incipiente ao focalizar a atividade humana.

O fazer humano, que toma a forma de um programa cuja função é a dominação, tem o seu objeto dividido em mundo vegetal e mundo animal. Estes se encontram aproximados, em sua manifestação, pelo seu aspecto rude lexicalizado em "corrigir o *áspero* das ervas", *roncavam,* e pela desmesura em *corrigir, grandes* macacos, *manhã e noite.*

O significado de *festa* é dado, assim, em sua determinação espacial, a qual se especifica em espaço englobado com relação à localização geográfica, e em espaço continente, lugar onde. O conteúdo correspondente pode ser traduzido por /atividade humana acanhada e incipiente em um espaço agreste/. Continente e conteúdo que não condizem, como já vimos, com a primeira concepção de festa.

Essa articulação contrária é confirmada pelo termo lógico que introduz o período seguinte: "Mas para os poucos moradores...". Assim enfatizado, esse termo coloca, implícita e explicitamente, dois pontos de vista. O explícito: a conceituação de festa para "os poucos moradores". O implícito, o que manifesta a oposição expressa pela conjunção adversativa colocada entre os segmentos II e III. Pelo ponto de vista explícito, afirma-se a legitimidade de considerar-se o evento como festa. Pelo implícito, duvida-se dela, pois pressupõe no conceito de *festa* uma adequação espacial, isto é, um lugar condigno que não seja nem reposto nem curral. Esta adequação se acha definida por meio da negação das características apontadas ao conteúdo de *aquele lugar.*

À questão do ponto de vista voltaremos ainda. Por ora, para a configuração da *situação inicial da enunciação,* basta que se compreenda o processo de singularização utilizado na apresentação do evento principal, a qual prepara o narratário para a especificidade de sua significação.

É preciso, por outro lado, atentar, nesse primeiro parágrafo do texto, para a posição ocupada pelo componente espacial na denominação das coisas. A população humana, num primeiro momento, traz em sua denominação este componente, como se observa na seqüência: "poucos moradores", "Gente de mais longe ao redor", "vivente nas veredas e chapadas". Expressões como "vivente nas veredas" e "vivente nas chapadas" se erigem em signos semivazios pela sua significação antes de mais nada dêitica. A sua significação se preenche apoiada na articulação categórica continente *versus* conteúdo, sem que se conheça como se dá a correlação determinante/determinado, isto é, se é o continente que determina o significado do conteúdo ou vice-versa. Ao nomear as gentes por meio de referências ao espaço geográfico cotidiano delas, o discurso lingüístico se faz lugar de manifestação do processo de criação do espaço heterotópico, o alhures, em oposição ao espaço tópico, o cá da Samarra, como veremos adiante. Também aqui ocorre a mesma seqüência estilística observada logo no início deste trabalho: primeiro, uma expressão genérica, equivalente a um arquilexema: "gente de mais longe ao redor". Depois, para confirmar o consenso de que seria uma festa, a especificação espacial de "gente ao redor" em "veredas" e "chapadas".

Chapadas e veredas expressam os dois termos polares em que se realiza a relação de contrários das categorias sêmicas, a qual pode ser esquematizada da seguinte maneira:

espacialidade geográfica a) longitude + verticalidade inferativa = veredas
b) latitude + verticalidade superativa = chapadas

Considerando-se que tal articulação sêmica não significa solução de continuidade entre os dois termos, mas que a transição de um a outro se processa por gradação, pode-se ver no sintagma "vivente nas veredas e nas chapadas" a referência implícita a toda região em sua totalidade. É essa totalidade que constitui a base isotópica da relação metalingüística entre o sintagma em questão e o sintagma precedente: "mais longe ao redor", isto é, "nas veredas ... nas chapadas".

Vistas as coisas assim, tanto a *festa* quanto a população local se apresentam, quanto ao conteúdo, como duas expectativas em correlação, em que a definição de *moradores* e *viventes* define *festa*, e vice-versa, a festa define os primeiros como manifestação deles. Por meio da festa conhecem-se os moradores.

A mesma estruturação semântica espacial ocorre no nome do local da festa. Como se indicou no esquema, o primeiro parágrafo do texto se encerra com o sintagma "Na Samarra", constituindo sozinho um período frasal. A nomeação direta do espaço do acontecimento não se dá, portanto, nem no início nem no ponto intermediário do parágrafo, entre o que se denominou segmento I e II, precedendo "Mas ...". No texto ela efetua somente após a colocação da perspectiva explícita: "Mas para os poucos moradores ... seria bem uma festa. Na Samarra". Desta forma, ao apresentar-se pela primeira vez, o nome Samarra não aparece como uma realização lexemática dos conteúdos manifestados nos segmentos I e II. Pelo contrário, pela alternativa c), erige-se o nome Samarra como um signo que evoca necessariamente determinados conteúdos que só são possíveis pela perspectiva dos moradores da região, ou seja, da perspectiva explícita já mencionada. Samarra é, já aqui, o nome mítico da população regional e do texto todo, mas cujo conteúdo ainda se desconhece.

Estabelecidas assim as coordenadas com base nas quais o acontecimento anunciado deve ser entendido, passemos à sua focalização.

O parágrafo seguinte descreve os preparativos da missa; nele, o acanhado da ação humana, vista no parágrafo anterior, é retomado. Não, porém, por meio da oposição entre a atividade humana e o mundo natural, mas entre a prática cultural letrada e a cultural não letrada, como exemplifica a descrição da capela, ao traçar uma homologia entre ela e o humano. Aí se encontra um painel metonímico que explica a oposição apontada no parágrafo primeiro. Na prática acima referida, surpreende-se o parâmetro subjacente da cultura letrada que se manterá ao longo da narrativa, principalmente no comportamento social do protagonista. E dessa prática, o resultado disfórico: "a invocação, em desastradas letras, que iam não cabendo na empena exígua".

Apoiando-se em tal leitura da descrição da capela, torna-se fácil apreender o contraste entre o parágrafo que a ela se refere e o subseqüente. Introduz-se agora a figura do protagonista: tudo nele se converte em retomada explicativa declaração: "seria bem uma festa. Na Samarra":

na disposição proscênica:

> Manuelzão, ali perante, vigiava. A cavalo, as mãos cruzadas na cabeça da sela, dedos abertos; só com o anular da esquerda prendia a rédea. Alto, no alto animal, ele sobrelevava a capelinha.

na atitude:

> Manuelzão, ali perante, vigiava.

na indumentária:

> Seu chapéu-de-couro, que era o mais vistoso, na redondeza, o mais vasto. Com tanto sol, e conservava vestido o estreito jaleco, cor-de-onça parda.

no nome

> Se esquecia. "Manuel Jesus Rodrigues" – MANUELZÃO J. ROIZ –: gostaria pudesse ter escrito também, debaixo do título da Santa, naquelas bonitas letras azuis, com o resto da tinta que, não só por pequeno preço, da Pirapora mandara vir.

no objetivo

> Queria uma festa-forte, e primeira missa. Agora, por dizer, certo modo, aquele lugar da Samarra se fundava. (EA, p.112)

Nos segmentos acima, observa-se a presença subjacente de uma axiologia; esta se manifesta, na realização actorial, na forma de uma *performance* que se poderia denominar *chefia*, pois, desde a primeira aparição em cena, o protagonista se apresenta desempenhando o papel temático de senhor e chefe. E assim mantém essa postura durante toda a narrativa. A sua cristalização mais concreta se surpreende na homologia entre o conteúdo mítico do nome Samarra e o nome do herói:

> "Manuel Jesus Rodrigues" – Manuelzão J. Roiz.

Em resumo, parece relevante destacar um certo número de componentes na configuração da situação inicial da enunciação. Na caracterização do espaço, do evento, dos atores e seus papéis actanciais e temáticos, preocupa-nos sobremaneira a determinação dos valores axiológicos que se manifestam no ato mesmo da narração, pois eles fazem parte do pacto cognitivo que o narrador oferece ao seu parceiro de conversa. Trata-se, portanto, de um ponto de partida comum, concebido pelo narrador e que, por isso, implica um lugar de observação mais abrangente, básico para a significação do texto como um todo. Afinal, é esse nível do texto ficcional que globaliza e manifesta os sentidos articulados nos níveis anteriores, o superficial e o profundo.

O que denominamos situação inicial da enunciação é, pois, o grau zero a partir do qual toda a narrativa adquire significação.

Todos os três primeiros parágrafos do trecho introdutório apresentam o mesmo foco narrativo: a terceira pessoa. Esta é mantida em quase toda a novela, excetuando algumas rápidas passagens no meio e no fecho do texto.

Essa homogeneidade, lingüística acima de tudo, encerra, por outro lado, uma diversificação de ponto de vista. Como vimos há pouco, já na introdução entram em cena dois pontos de vista: um explícito, declarado, e um implícito. A disjunção entre eles está expressa marcadamente pelo termo lógico interposto entre os segmentos II e III de nosso esquema. Entre essas duas modalidades de ponto de vista se estabelece a mesma relação existente entre enunciação e enunciado. A explicitação do segundo ponto de vista – "para os poucos moradores..." – equivale a uma enunciação enunciada e, conseqüentemente, à pressuposição lógica de uma outra enunciação.

Da mesma maneira, é possível desmontar o parágrafo em questão, deixando a descoberto a sua estruturação linear como a sintagmatização de relações hierárquicas, ou seja, de nivelamento de diferentes posições paradigmáticas:

I moradores da região: "será uma festa".
II "Para os moradores ... seria uma festa."
III " – Para os moradores ... seria bem uma festa." (Gráfico II)

No esquema, observa-se que:

I corresponde ao nível da fábula;
II corresponde ao enunciado que liga o ponto de vista (1) ao tema;
III corresponde ao enunciado, com base no ponto de vista (2), do ponto de vista (1), segundo o qual "seria uma festa", isto é, segundo o qual o tema é focalizado.

A conjunção adversativa nessa posição – antecedendo todo o enunciado que compõe o segmento III – desempenha uma função metalingüística. Como uma anáfora, retoma sinteticamente o já dito, legitimando a interpretação, pressuposta, do narratário. Ao mesmo tempo, antecipa cataforicamente o sentido do que vai ser afirmado em sua relação, de contradição, com o já dito pelo segmento anterior. O segmento III deve ser lido, pois, pressupondo: "Mas (isto é, sendo as coisas assim e mesmo assim) para os poucos moradores ... seria bem uma festa".

Enfatizado desta forma, o demarcador lógico põe em jogo explícita e implicitamente os dois pontos de vista, em que o implícito subsume o explícito. É, portanto, com base no ponto de vista implícito – ou da enunciação III – que o explícito existe. A relação acima mencionada, expressa pela conjunção *mas*, pertence, assim, ao ponto de vista implícito: o narrador em terceira pessoa diz estar afirmando que para os moradores locais seria, sem dúvida, uma festa.

A importância dessa hierarquia reside no fato de que é por meio do ponto de vista implícito que o primeiro parágrafo da novela determina o espaço cognitivo global, comum a narrador e narratário, graças ao qual se efetua o entendimento entre ambos. Esse contraste não impede, porém, que o ponto de vista explícito seja assumido pelo implícito, isto é, que o narrador assuma o que pensam os moradores locais. Essa harmonização se expressa no nível lingüístico: a narração marca-a ao enunciar o ponto de vista explícito – "para os moradores" –, graças ao recurso da modalização detectável no advérbio: "seria bem uma festa". Graças a ela, vê-se que a necessidade de afirmar a legitimidade do evento como um acontecimento é do narrador implícito, pois para o explícito não há dúvida sobre isso. Essa necessidade faz parte não do *dictum* mas do *modus* do ato de enunciação.

A distância entre o plano da história e o plano comunicativo em que se situa o narratário, enfatizada pelos expedientes já vistos – terceira pessoa, tempo verbal, modalização –, localiza o narratário como expectador, ao qual se adverte da não correspondência de código entre os dois planos; é segundo o universo cultural do narrador e do narratário que o evento não se qualificaria como uma festa. Conseqüentemente, o narratário é advertido também a respeito do filtro de estranhamento – ainda que simpatizante – pelo qual lhe deve chegar não só a inauguração de Samarra, mas todo o relato.

Com base em tal disjunção enunciativa, o segundo parágrafo pode ser considerado um termo complexo, em que a distância acima referida se reduz graças à participação empática do narrador, como indica a embreagem do discurso indireto livre. Feito isso, o terceiro parágrafo, embora na terceira pessoa, introduz uma nova perspectiva, a do protagonista, Manuelzão. A partir daqui, a perspectiva de focalização de objetos, seres e ações se mantém na subjetividade do herói: *o resultado é a conversão do discurso do narrador em terceira pessoa em um longo discurso indireto livre.*

A base isotópica noológica, graças à permanência da perspectiva subjetiva do herói, se evidencia basicamente em dois dados. O primeiro se detecta graças à não ocorrência de nenhum fato a não ser em imagem, filtrada pela visão do protagonista. O segundo se identifica na emergência em algumas passagens da primeira pessoa sem, contudo, desestabilizar o amálgama empático de pontos de vista, como se pode verificar no trecho seguinte:

> A ver, ele, Manuelzão, era somenos ... Parece que eu vivo, vivo e estou inocente. Faço que faço, mas não tem outro jeito: não vivo encalcado, parece que estou num erro... Ou que tudo que eu faço é copiado ou fingimento, eu tenho vergonha depois... Ah, ele mais o velho Camilo... (EA, p.87)

A introdução da primeira pessoa é preparada pelo emprego de um termo complexo que, embora formalmente pertencente à terceira pessoa, referencialmente equivale à primeira:

> *A gente* se alembrando – o pau-d'alho: que em certas árvores dessas, na idade, a madeira de dentro desaparece, resta só a casca com os galhos e folhas revestindo um

> oco, mas vivos verdes! Mas por que era que a gente havia tanto de... (EA, p.158) (grifos nossos)

E ambas as formas são antecipadas pela primeira pessoa do plural que, de certa forma, é menos distante da terceira que da primeira do singular, pelo grau de generalidade de sua referência:

> Pra quê? Só estamos repisando o que foi do bugre. (EA, p.152)

Estas modalidades de manifestação do foco em primeira pessoa são, na realidade, correlatos da referência espacial dada, uma única vez no texto, pelo dêitico *aqui:*

> Já o pai de Manuelzão tinha sido roceiro pobrezinho, no Mim, na Mata. Todas, terras tão diferentes, tão longe daqui... (EA, p.128)

Desta forma, os poucos e curtos diálogos da narrativa se inserem nesse longo monólogo, e de tal maneira que, penetrados pelas linhas isotópicas deste, são considerados, no correr da leitura, partes do discurso de Manuelzão. É este que constitui, portanto, o seu contexto significativo, e não propriamente a situação real de sua enunciação.

Imerso assim na leitura, apoiado na empatia eufórica do discurso maior em terceira pessoa, a vivência do leitor é quase a mesma que a de uma narração em primeira pessoa. Fica-lhe sempre, *no entanto,* a impressão de uma bipartição: ao mesmo tempo em que "vive com", o leitor vê o ator vivendo. Essa dicotomia se explica pela manutenção do foco narrativo em terceira pessoa, paralela ao ponto de vista centrado no protagonista. O foco narrativo implica, como se sabe, o emprego de todo um paradigma finito de unidades formais lingüísticas. Estas se encarregam de sustentar a distância entre narratário e protagonista e com isso lembrar ao primeiro da existência de um discurso mais amplo, contexto conotador do discurso de Manuelzão.

O narrador implícito, que se manifesta claramente no primeiro parágrafo da novela, dilui-se mas persiste ao longo da narrativa. Tal fato, ou seja, a existência de dois discursos ou de duas vozes, obriga a ver, nessa relação entre eles, o processamento de uma semiose.

Como ficou assinalado há pouco, raros e econômicos são os diálogos transcritos pelo discurso maior englobante. Além de quantitativamente reduzidos, exceto os que têm por interlocutor o velho Camilo, são qualitativamente pouco significativos. Os que ocorrem durante a festa são de função antes de mais nada fática. Talvez a mais importante das funções para um anfitrião. Coerentemente com esse dado, Manuelzão se apresenta, nessas circunstâncias, como "ativo e quieto".

Essa oposição entre a atividade somática e a atividade verbal se instala também entre a informação colhida no plano da fábula – a incansabilidade do capataz, desbravador de sertões – e o seu silêncio ao longo da festa. São poucas as manifestações verbais de Manuelzão. Decorrem daí duas conseqüências: uma diz respeiro ao *contraste entre o silêncio conservado ao longo do evento* e *a manifestação eufórica de Manuelzão no final dela*:

> – Espere aí, seo Camilo...
> – Manuelzão, que é que há?
> – Está clareando agora, está resumindo...
> – Uai, é dúvida?
> – Nem não. Cantar e brincar, hoje é festa – dansação. Chega o dia declarar. A festa...
> – A boiada vai sair! (EA, p.202)

Na realidade, estas falas pertencem a um diálogo mais amplo que, como veremos, se inicia antes do término da narração do *Romanço do Boi Bonito* por Camilo. A esta, mais que todos os demais ouvintes, reage Manuelzão, reage somaticamente:

> Manuelzão estendeu a mão. Para ninguém ele apontava. A boiada fosse sair – ele abraçava o Adelço e Leonísia.

e verbalmente:

> – Seo Camilo, a estória é boa! ... – Simião, me preza um laço dos seus. Um laço bom, que careço, a quando a boiada for sair... (EA, p.202)

Sobressai, assim, o diálogo, o discurso direto dos atores. O indireto é esquecido e praticamente desaparece o narrador implícito, reduzido a grau zero de manifestação.

A segunda conseqüência diz respeito à relação semiótica entre o discurso em terceira pessoa e o discurso monólogo do herói. Uma relação em que o primeiro se situa como plano de expressão do conteúdo do segundo e cuja função deve ser determinada. Uma resposta possível a essa função pode estar no fato de que a estória contada é *a busca do diálogo*, a busca do outro, que resulta no encontro do eu. Daí a função do *Romanço do Boi Bonito*: este dá ao herói o objeto desejado. E a narração em terceira pessoa se revela a narração dessa busca de significação e a narração da significação.

O monólogo de Manuelzão é anterior à *lexis*, conseqüentemente a sua manifestação verbal só pode ganhar forma em discurso alheio. Manuelzão é a procura que o capacite a narrar ele próprio a sua estória e a transformá-la em texto no sentido que lhe atribui Lotman. O diálogo que o transforme acima de tudo em um sujeito segundo o saber, apto a exercer o seu fazer não só na dimensão pragmática, mas também na dimensão cognitiva.

Confirmando, por oposição, o exposto até aqui, o fecho da novela se realiza em contraste com o início e o corpo do texto.

Em resposta à solicitação de Manuelzão, o velho conta o *Romanço do Boi Bonito.* A sua fala é graficamente assinalada como sua, seja pelo sintagma introdutório: "A estória do Velho Camilo", cuja relação sintática com a narração é indicada pelos dois pontos. Seja pelo travessão, pelas aspas e pelos pontos suspensivos. Numa determinada altura, porém, o discurso direto de Camilo é substituído pelo discurso do narrador implícito, como indicia a ausência dos sinais gráficos acima apontados. Desta forma, o discurso do narrador se faz narração da narração de Camilo. O desengate provocado pela focalização direta do discurso de Camilo é neutralizado, assim, por um engate, por uma nova embreagem. Mas é preciso atentar para o fato de que a dissociação apontada é um *incidente* no discurso do narrador, o qual é suavizado graças à manutenção da mesma linha isotópica *estilística.* Com isso, o narrador garante a uniformidade de seu discurso e a sua preponderância soberana. Afirma, desta maneira, a sua função de discurso conotador do discurso de Camilo.

É curioso observar que exatamente no segundo parágrafo, em que se dá tal engate, ocorre em meio à narração uma exortação ao auditório:

> Que todos me oiçam, que todos me oiçam: o seguinte é este. Grande tempo há já passado... O fazendeiro raivava. (EA, p.189)

A ambigüidade desse enunciado de função fática se deve a dois fatores: à ausência dos sinais gráficos indicativos da fala ao nível da fábula, e às duas ocorrências da mesma modalidade que se verificam antes. Realmente, tão logo o velho Camilo inicia a sua estória, são intercalados dois parágrafos exortativos, com registro em primeira pessoa do singular, semanticamente identificáveis como *manifestações de Manuelzão.* Entretanto, da mesma forma que no caso há pouco referido, não apresentam nenhum sinal gráfico que os indique como fala no plano da fábula, como comprova a transcrição a seguir:

> De daí, ô gente, agora me venham, para perto, e queiram, todo o mundo a escutar. Ao velho Camilo de gandavo, mas saído em outro Velho Camilo, sobremente, com avoada cabeça, com senso forte. Venham, minha gente, e outros, pessoas, meus bons vaqueiros de campo, hóspedes de minha seriedade. (EA, p.188)
>
> A vir venham, gente e gente, para rodear, pra escutar ... Com facho, tocha, rolo de cera aceso, e espertem essas fogueiras – seo Camilo é contador. (EA, p.189)

No caso de Manuelzão, a ausência desses sinais parece indicar que a exortação na realidade permanece no nível da virtualidade sem chegar à realização. Ou seja, permanece como pensamento e sentimento.

Por outro lado, em ambos os casos – de Manuelzão e de Camilo –, o engate no nível da narração, do discurso do narrador, parece indicar também uma embreagem semântica: dar-se-ia, então, uma fusão entre as duas perspectivas em que o narrador, ao assumir totalmente as palavras dos atores, faz diminuir a distância entre o discurso em terceira pessoa até então mantida e os fatos focalizados. Dá-se um verdadeiro "viver com" por parte do narrador. Tanto que, prosseguindo a narração do romanço, só uma última vez a terceira pessoa reaparece, para comentar a estória e a reação do público. É a última vez, pois, dada a palavra novamente a Camilo, voltam os sinais gráficos:

> Mas a estória se contava:
> – O Vaqueiro baixou o laço... O Cavalo governava.

A narração, continuamente interrompida pela manifestação oral do auditório, finaliza com a manifestação de Manuelzão que, aí, alcança a sua realização. Por isso vem assinalada com o sinal gráfico do travessão:

> – Uai, é dúvida?
> – Nem não. Cantar e brincar, hoje é festa-dansação. Chega o dia declarar!...
> – A boiada vai sair! (EA, p.202)

Do exposto se conclui que a embreagem, em que o discurso direto de Manuelzão e Camilo é alçado no nível do discurso do narrador, corresponde a um momento complexo: nele se prepara o final em que a narração se faz pela justaposição dos discursos diretos dos atores da narrativa. Ao contrário do que se verifica no discurso indireto livre, em que o discurso do narrador se deixa ver como contexto encaixante de discursos alheios, neste final o discurso encaixado coincide com o encaixante, e ganha toda a dimensão da cena. Ao fazer coincidir o término do discurso do narrador implícito com o da narração da estória do Boi Bonito, o autor dá à narrativa uma abertura em que se deixa totalmente ao narratário a decodificação de seu sentido, a qual se iluminará na medida em que se consiga intuir a decodificação do romanço realizada por Manuelzão.

Concluindo, podemos dizer que ao longo da narrativa uma evolução se processa no *nível da narração*. Nela, o discurso direto do narrador – um narrador, repetimos, implícito, configurado principalmente pelo emprego da terceira pessoa responsável pela distância objetiva de focalização dos eventos – é invadido pelo mundo narrado graças ao discurso indireto livre. Neste, a embreagem fica a meio caminho, na medida em que se distinguem ainda o discurso direto do narrador e o discurso do protagonista. No final, pelos processos narrativos apontados, a embreagem se completa quando o discurso encaixado substitui o encaixante graças ao discurso direto dos atores. Como se vê, trata-se de uma evolução que encontra homologia na evolução do herói: *é só a partir deste final que Manuelzão pode constituir-se como sujeito de um discurso verbal em primeira pessoa.*

Apesar disso, entretanto, é preciso entender que o desaparecimento do discurso do narrador é uma ilusão. Ele subjaz seguro e firme: e isto o consegue graças à coesão de *estilo*. Graças a ela a sensação final é de que nos encontramos antes de mais nada diante de *uma estória contada.*

MAPEAMENTO DO ONDE E DO QUANDO

Segundo Greimas (1976, p.99 ss), a descrição do espaço discursivo objetivado pode ser concebida como uma descrição topológica, de conformidade com a definição de relato e paralela ao desenvolvimento deste. Sendo o relato definido como uma transformação lógica localizada entre duas situações narrativas, o espaço pode classificar-se como:

a) espaço *tópico*: lugar em que se manifesta sintaticamente a transformação;

b) espaço *heterotópico*: os lugares que englobam o espaço tópico.

O espaço tópico se subarticula em: *utópico*, em que a intervenção do homem pode triunfar sobre o ser e, *paratópico*, espaço mediador entre os pólos da articulação espacial. Assim, a articulação do espaço enunciado aparece como a projeção objetivante dos dêiticos espaciais – a*qui, lá, acolá* – originariamente ligados à instância temporal da enunciação.

Em homologia a essa categorização do espaço, talvez se pudesse propor uma articulação do tempo, de forma que o sintagma narrativo da prova principal – ou de transformação – correspondesse a um tempo utópico, e os das provas de qualificação – ou competencialização – e de glorificação – ou de sanção – a um tempo paratópico.

O presente narrativo do texto em questão abrange alguns dias da semana: os da preparação da festa e os de sua realização. Esse curto prazo é, entretanto, enriquecido pela inserção de retrospectivas da vida não só de Manuelzão como de atores que desempenham papéis secundários: o velho Camilo, o filho natural Adelço e sua mulher Leonísia, o senhor de Vilamão, João Urugem. Na medida em que tempo e espaço se apresentam correlacionados, pode-se ver aí uma ampliação de duas naturezas: uma temporal e outra espacial.

O espaço e o tempo *heterotópicos,* assim configurados, se caracterizam por sua oposição ao *aqui* e ao *agora* da enunciação. Nesta, o *acolá* das serras e do sertão se distancia por ser o espaço de um tempo longínquo e por assim repercutir na memória das pessoas.

O tempo e o espaço heterotópicos ganham dimensão ainda maior de outras duas formas. Uma, pela caracterização dos convidados, os quais, ao serem nomeados por meio de referências aos lugares em que vivem, configuram-se como representação sinedóquica deles. Outra, graças ao relato por atores secundários de fatos contemporâneos ocorridos fora de Samarra.

Tais inserções, como bem demonstra Greimas, se apresentam, numa primeira instância, como uma disjunção espácio-temporal, pois falam de outro tempo e outro espaço que não os da festa. A esse processo de expulsão do discurso do narrador de tais intercalações segue-se uma reintegração desses mesmos segmentos ao contínuo do discurso. Como isso se deve à atividade cognitiva de Manuelzão, reconhece-se aí uma modalidade de expansão do tempo e do espaço narrativos.

Dentro do fazer cognitivo de Manuelzão, a relação entre o discurso intercalante e os segmentos intercalados é de interpretante e interpretado. As ações referidas pelos segmentos intercalados são submetidas a um *reconhecimento*: a um processo de identificação e interpretação. Nesse processo, o contexto sintagmático interpretante é o próprio texto constituído pelo presente da festa em Samarra, considerada esta o espaço marcado – em oposição aos espaços heterotópicos do sertão – em correlação com o tempo marcado da festa.

Desta forma, a embreagem introduz, num programa discursivo único, uma nova dimensão, um "tempo e um espaço interior", secundário, presentificação, no nível do ser, do que está fora de Samarra e da festa. O resultado dessa dupla expansão, em conseqüência da embreagem realizada pela ação cognitiva do herói, é, ao mesmo tempo, a interiorização do discurso e a manifestação concreta, em figuras do mundo, da interioridade. Graças a tais mecanismos, os textos inseridos, ainda quando situados no plano cosmológico, devem ser lidos no plano noológico.

Se se considera que o discurso em terceira pessoa do narrador implícito é o discurso interior do herói, pode-se intuir a relevância dos aspectos aqui apontados e de sua função narrativa.

Do ponto de vista da morfologia greimasiana, Samarra constitui o espaço tópico. Um espaço geograficamente delimitado, cujo enriquecimento se deve aos espaços criados pela memória. Da mesma forma, do ponto de vista temporal, a narrativa se organiza com base na oposição tempo de festa/tempo de trabalho, a qual se traduz na leitura feita pelo herói por *permanência/incidência.* Para Manuelzão, com base na dêixis espácio-temporal "festa na Samara", o contínuo do tempo cronológico se subdivide em *antes/durante/depois.* O segmento intermediário se situa, assim, entre duas permanências, pois a permanência, como veremos oportunamente, caracteriza o passado de Manuelzão boiadeiro, e parece caracterizar o seu futuro pela retomada de sua atividade de sertanejo.

Realmente, os três segmentos temporais acima referidos podem diferenciar-se pela oposição *movimento/estaticidade.* O primeiro aparece nas viagens acompanhando boiadas pelo sertão e, a segunda, pela fundação de Samarra e o pé ferido de Manuelzão. Ao configurar-se como uma necessidade a ser cumprida após a comemoração, a lembrança, durante os festejos, da boiada a ser conduzida constitui um fator de desassossego. Ela comparece aí manifestando os componentes sêmicos característicos do passado: nomadismo, movimento contínuo pelo espaço heterotópico.

Em contraposição a esse contínuo figurativamente dado pela constante movimentação de boiadeiro, o período da festa é marcado pela estaticidade. Como diz Greimas, a parada somática é também aí parada cognitiva que provoca uma parada no tempo. O segmento correspondente ao período da festa como que se exclui do contínuo temporal, o qual se reata pela promessa do futuro como necessidade de conduzir bois.

Esse tempo utópico da festa suporta a *incidência* da aparição do sujeito cognitivo. A incidência, que em sua temporalização se manifesta como aspecto pontual. Mas, ao inscrever-se no encadeamento sintagmático, a parada é susceptível de uma outra interpretação aspectual: ela pode ser traduzida também como o aspecto inceptivo de uma nova duração. Em nosso texto, as duas significações coexistem, pois é a ambivalência desse mesmo fato que inaugura e fundamenta a isotopia conotativa do texto.

Em homologia a tal configuração temporal, a grande dimensão do sertão se opõe, como espaço heterotópico, ao espaço tópico da Samarra. Este subdivide-se em espaço utópico – a sede composta de casa, currais e capela – e em espaço paratópico, constituído pela área restante da fazenda. O espaço paratópico ganha existência no texto por meio da memória de Manuelzão no reexame do resultado de seu desempenho como capataz:

> Supria a Samarra: os campos vividos; berro de bom gado, o arame das cercas tomando conta do Baixio, e terrenos agrícolas, terras lavradas, o arrozal como flor; o saco aberto, cheio de feijão. (EA, p.152)

O espaço utópico cujos lados se configuram, na dimensão horizontal, na forma de um círculo, está constituído pela capela e pela casa. Tal espaço é confirmado em sua função pelo movimento do herói que se locomove de um ponto a outro, muito cuidadoso com o seu desempenho como anfitrião. O espaço utópico se constrói também na dimensão vertical. Um levantamento das determinações espaciais dos componentes, naturais e artificiais, mais relevantes de Samarra nos revela uma disposição significativa deles.

Em Samarra – também denominada Baixio da Samarra ou Vereda –, "na barriga serrã", localiza-se a Casa. Abaixo da casa está o Córrego das Pedras, a que todas manhãs desce Chico Carreiro com a sua junta de bois para carrear água. A ligação da linha vertical entre a casa e o córrego é traçado pelo riachinho:

> dantes se solambendo por uma grota, um riachinho descia também a encosta, um fluviol, cocegueando de pressas, para ir cair, bem embaixo, no Córrego das Pedras ... Então deduziram de fazer a Casa ali, traçando de se ajustar com a beira dele, num encosto com piso de lajes, a porta-da-cozinha, a bem de tudo que fácil, se carecia. (EA, p.152)

A inferatividade do riachinho, com base na referência de sua contigüidade espacial com a casa, se manifesta em sua configuração como "escuro um tubo fundo" após o esgotamento da água.

Da mesma forma, a superatividade na dimensão vertical, representada pela capela, é sobredeterminada pelo aspecto inceptivo graças à focalização do movimento da procissão:

> Para lá, para a Capela, e parecia até que para o céu, partia a procissão noturna, formada em frente da Casa, demoradamente, e subindo, ladeira arriba, concisos, caminhavam. (EA, p.131)

O sintagma "parecia até que para o céu", apesar da modalização – "parecia" – salvaguardando a isotopia realista, denuncia uma isotopia que se reitera na expressão de amor de Manuelzão pela mãe morta:

> Manuelzão havia de andar. Vigiar o volume tudo da festa, os contornos. Ia até lá na chã, acabar de visitar a mãe, aquele dia, no cemiteriozinho, só? (EA, p.197)

A mãe é deslocada de um lugar terreno para outro não terreno: "Aquele dia, ela estava juntinha com Nossa Senhora" (EA, p.155), cujo conteúdo, ao modo do ser, é o mesmo da descrição cosmológica seguinte:

> A Capelinha estava só de Deus: fazendo parte da manhã, lambuzada de sol, contra o azul, mel em branca, parecia saída de um gear. (EA, p.155)

A significação desses referentes que delimitam o espaço utópico é confirmada pela distribuição espacial dos atores humanos. Manuelzão e Camilo se deslocam de um ponto a outro, tanto na dimensão horizontal quanto na vertical: só eles visitam o cemitério em que está enterrada a mãe do primeiro, e se unem na lembrança dela. Seria por acaso a referência à superatividade da posição de Manuelzão na descrição: "Alto, no alto animal, ele sobrelevava a Capelinha"? Nela se observa bem uma permuta na ordenação dos elementos aqui referidos, de forma que, próximo ao ponto máximo da dimensão vertical – céu – se encontre não a capelinha, mas Manuelzão. A distribuição seria então a seguinte: céu e a mãe – Manuelzão – a capela.

A mãe, associada à superatividade da capela e dos céus, tem como correlato na dimensão vertical inferativa Leonísia, cujo território na Samarra é a cozinha. A inscrição de Leonísia nesse domínio, marcadamente feminino, da geografia da casa, torna-se verdadeiramente significativa, quando se leva em conta o fato de que a construção da casa se orientou pelo propósito de colocar em contigüidade imediata o riachinho e a cozinha. Tal contigüidade sobressai pela oposição ainda entre a caracterização do humano como mulher jovem e matriz fecunda, e o esgotamento do riachinho. Essa oposição é fundamentada no eixo semântico manifestado, por um lado, pela imagem "fonte d'água" referindo-se à beleza de Leonísia e, por outro, por constituírem ambos as duas ausências continuamente presentes no espírito de Manuelzão.

Com relação à morfologia da casa, é interessante observar que o seu espaço se articula em *sala versus cozinha*, basicamente. É na sala, onde almoçam os principais fazendeiros da região, numa reunião antes de mais nada masculina, que se dá a *leitura* da carta de Federico Freyre. Em contraposição, é na cozinha que se reúnem as mulheres que *contam estórias*. Na noite anterior ao dia principal da festa

> as compridas estórias, de verdade, de reis donos de suas fazendas, grandes engenhos e mais pastos, todo gado, e princesas apaixonadas, que o conto da mãe-de-lua numa vereda

distante punha tristonhas, às vezes chorando, e os guerreiros trajados de cetim azul ou cor-de-rosa, que galopavam e rodopiavam em seus belos cavalos – as estórias contadas na cozinha, antes de se ir dormir, por uma mulher. (EA, p.131)

Evidenciando já os papéis actanciais que desempenham, distinguindo-se, portanto, dos demais do mesmo paradigma, os únicos atores masculinos a ouvir as estórias das mulheres são Manuelzão e Camilo. Mas ambos não penetram somaticamente a área restrita da cozinha: "Ouvia-as Manuelzão, já deitado, aqui atrás da parede, quase encostado na cozinha", e o "velho Camilo não entrava na cozinha, tivesse ou não vontade" (EA, p.139). A subversão no final da posição de tais componentes – a estória contada, agora, por Camilo, para todos ouvirem, não mais na cozinha, espaço fechado e restrito, mas na amplidão do pátio, com fogueiras acesas, e Manuelzão sentado junto a uma árvore – assinala a realização do momento fundamental da narrativa.

Sendo *O Romanço do Boi Bonito* o sujeito que promove a transformação que define o relato, é preciso compreender que, com ele, no interior do espaço utópico da sede da festa abre-se um espaço mental. À semelhança do que ocorre com a retrospectiva do passado de alguns atores no início da narrativa, a estória do Boi Bonito provoca um desengate, do qual resulta uma expansão espacial e, conseqüentemente, outra temporal. A embreagem que se segue ao término da narrativa, indiciada pela reação do auditório, talvez nos autorize a ver aqui, em oposição a uma expansão horizontal dos relatos e retrospectivas do início, uma expansão vertical do espaço e tempo utópicos.

O evento da festa pode ser entendido como o aspecto terminativo de um processo mais amplo: a fundação da Samarra. Como se verá mais adiante, por "fundação de Samarra" denomina-se todo um percurso narrativo, o da *performance* de Manuelzão durante a qual se cumpririam as três provas do relato. A festa corresponde, aí, à prova de glorificação, de sanção, de reconhecimento.

Dentro desse esquema, o passado do herói constitui a *situação inicial da fábula.* A respeito dela passaremos a falar.

Como já assinalamos, a retrospectiva constrói o espaço e o tempo heterotópicos da narrativa. O espaço heterotópico se caracteriza pela heterogeneidade, graças à modalidade da atividade pragmática do herói, desenvolvendo continuamente o papel temático predominante: o de boiadeiro. A heterogeneidade decorrente da mobilidade espacial do sujeito se converte em plano de expressão da homogeneidade que se pode resumir em *dinamicidade* contínua. A iteratividade do fazer, sobredeterminada pelo aspecto tensivo, tem por efeito transformar um fazer recorrente em um estado permanente:

> Pois ele sempre até ali usara um viver sem pique nem pouso – fazendo outros sertões, comboiando boiadas, produzindo retiros provisórios, onde por pouquinho prazo se demorava – sabendo as poeiras do mundo, como se navegava. (EA, p.116)

Exceção, entretanto, é o sentimento do medo. No cerne da horizontalidade das andanças de boiadeiro – versão brasileira do nômade –, instala-se a verticalidade de uma permanência. Em sua representação figurativa, evidencia-se a atividade cognitiva do herói que vai destacando traços pertinentes à sua definição. Nessa definição, o componente temporal se aspectualiza em duratividade graças à apreensão de elementos descontínuos que lhe servem de contraponto:

> medo constante acordando e dormindo, anoitecendo e amanhecendo. (EA, p.116)

Também aqui o cosmológico se faz interpretante da dimensão noológica: a duratividade do noológico se transforma, na esfera pragmática, numa ação orientada e tensiva. Esta se converte num movimento contínuo no tempo, que encontra correlato no movimento espacial: note-se a propriedade expressiva do conectivo na citação acima: "acordando e dormindo", "anoitecendo e amanhecendo".

A reflexão de Manuelzão revela logo a necessidade primordial de determinar pontos balizadores. A necessidade faz-se aí um remontar no tempo, à procura de uma data como referência inicial. O contínuo começa, então, a ser segmentado. O primeiro ponto de referência que Manuelzão reconhece, a mais longínqua, se encontra na lembrança, econômica mas decisiva, do pai. Toda a imagem deste é dominada por um mundo noológico, completamente preenchido pelo medo. A sua expressão, na atividade pragmática, se caracteriza pela estaticidade (físico-temporal e espacial) e pela inferatividade do olhar, sempre dirigido para o chão, tomado por um sentimento que paralisa tudo: "O pai de Manuelzão concordava em ser pobre, instruído nas resignações" (EA, p.129).

O remontar no tempo se processa como um reconhecimento. Numa relação de semiose, as atividades práticas do herói se transformam no plano de expressão de um único significado: a homogeneidade de um mundo noológico que se investe de um único conteúdo – o medo. Da relação de causalidade que se estabelece entre o noológico e o cosmológico resulta a identificação da origem do medo: a miséria.

Do retrospecto da vida de Manuelzão desde a infância, emerge o exemplo do percurso narrativo de dois temas: o da incapacidade do indivíduo de sair da miséria e o da relação entre a miséria e a carência de respeito humano:

> ficar rico era o que era seguro. Rico, para não precisar se ter medo de que todo o pouco que fosse da gente não estivesse sempre salteado ... Cada vez a gente tem mais medo. A coragem era só para se avançar mais longe, ir fundar noutra parte. Só isso, ah, sempre. (EA, p.152)

O aparecimento de Federico Freyre, desse ponto de vista, significa o incidente que pode promover uma mudança de situação. A incumbência dada a Manuelzão seria, assim, o reconhecimento pelo destinador da qualificação para a tarefa de desbravar o sertão. Quando a narrativa se inicia, já nos encontramos no final dessa tarefa: a festa é a glorificação do herói, com a sanção positiva de seu desempenho pelo destinador.

APARIÇÃO DO SUJEITO ENSIMESMADO

O tempo paratópico tem como marco a própria fundação de Samarra. Esse tempo que deveria caracterizar-se pela euforia de sua oposição ao tempo heterotópico evidencia-se, porém, como uma contradição. De um lado, ele é visto como o tempo do desempenho de Manuelzão, com a abtenção do objeto visado pelo programa narrativo, decorrente de seu contrato com Federico Freyre. De outro, ele inaugura a aparição de um *leitmotiv* que assim se mantém durante todo o tempo paratópico, para constituir a medula do tempo utópico: *a carência.* De um lado, portanto, está a realização do programa narrativo da fundação de Samarra e o desbravamento da região; de outro, eis um outro programa que começa a ganhar forma no nível da imanência, mas que só aflora no nível da manifestação como um sentimento de carência.

Enquanto o primeiro programa é construído sobre a isotopia da presença e da plenitude – desenvolvendo-se em direção à obtenção de um objeto-bem determinado –, em sentido contrário um novo programa se insinua, tendo como objeto o reconhecimento dessa carência. No primeiro programa, o sujeito se reconhece e é reconhecido como dotado da competência necessária; no segundo, o sujeito não se apresenta dotado da competência indispensável à organização de um programa discursivo, graças ao desconhecimento da natureza e identidade da carência. Ou melhor, o programa narrativo passa a ter como objeto a identificação dessa carência: "Mas desde o começo Manuelzão conheceu que para fundar lugar, lhe faltava o necessário de alguma espécie. Sentiu-o vagarosamente" (EA, p.117).

Manuelzão passa a agir, então, aos tateios:

1 reconhecimento: "só, solteirão, que ele era".
reparação: "Só louvou de ter conseguido reunir para si aquela família de tardezinha".
2 reconhecimento: o amor por Leonísia.
reparação: –
3 reconhecimento: a ingratidão de Adelço.
reparação: oferecimento de Adelço para substituí-lo na condução da boiada após a festa.

O primeiro reconhecimento e sua reparação ocorrem no tempo paratópico, enquanto os dois últimos atravessam o tempo utópico. Mas o caráter deceptivo desses reconhecimentos se observa pela ocorrência concomitante de expressões que indiciam a permanência da não identificação fundamental: "Agora, ei, esperava alguma coisa" (EA, p.114).

O sentimento de carência aumenta com a idade de Manuelzão. No presente do relato, ele está com sessenta anos. Esse dado cria uma situação de tensão entre duas realidades: o mundo noológico do sujeito que quer ver na fundação de Samarra e na festa o aspecto inceptivo de um novo tempo, e a realidade cosmológica e o caráter terminativo de sua existência, localizada em um ponto próximo do fim. Essa tensão se manifesta principalmente por meio de dois motivos. O primeiro decorre da necessidade de reconhecer a conseqüente debilidade física:

> De todo não queria parar, não quereria suspeitar em sua natureza própria um anúncio de desando, o desmancho no ferro do corpo. (EA, p.120)

E "desmancho no ferro do corpo" significa aqui duas coisas: de uma parte, o término da duração anterior, da vida de desbravador de sertão, só possível graças ao seu corpo de ferro; de outra, a proximidade inevitável da morte.

O segundo motivo é o do desajuste entre o tempo coletivo e o tempo individual. A comparação com o Senhor de Vilamão manifesta uma forma dessa defasagem. Vilamão, que se aproxima de Manuelzão pela idade, dele se aparta pela abastança econômica. Da perspectiva socioeconômica, representa a plenitude, em que se harmonizam o que parece e o que realmente é. No momento da festa, ele é o ser completo, cuja unidade já cristalizada é agora uma perduração. Um ser quase atemporal que traz os sinais de uma existência que, no cômputo geral, se desenvolveu harmonicamente nas duas isotopias acima dissociadas. Índice dessa harmonia, atingida e alcançada uma vez por todas, é o *cavour*. Essa vestimenta, marca positiva de outros tempos de definição do fazendeiro, faz parte dele como de uma totalidade: "Só o Senhor de Vilamão era quem ainda alcançava competência de usar um, seu dele, resguarda em tão rica velhice o derradeiro cavour que nesse mundo sobrava" (EA, p.127).

Essa unidade não se realiza em Manuelzão. Não se realiza, antes de mais nada, pela defasagem econômica, como indica oposição entre o *cavour* e a Samarra, esta vestimenta rústica:

> Desde menino, Manuelzão sempre curtira a vontade de ter um cavu daqueles, mas que não era vestimenta para gente pobrezinha, nem o pai dele Manuelzão nunca tinha conseguido possuir um. (EA, p.126-7)

Vencido o impedimento anterior, se apresenta decisiva a segunda defasagem, a histórica:

> Agora, que ele para isso conseguira dinheiro arranjável, não adiantava nada, porque o cavu não existia mais, de nenhum jeito, para se comprar, nem costureira não fazia, nem alfaiate, em cidade. (EA, p.127)

Essa capacidade aquisitiva, neutralizada, porém, pelo momento histórico, é, ainda, complementada pela negação do *querer* e *do poder* do sujeito, que agora não só não pode adquirir a vestimenta como não se atrave a vesti-la, pois o seu comportamento social é comandado pela ideologia da camada dominante, cuja força assim se expressa:

> Que nem ele tomasse empenho, rogasse ao Senhor do Vilamão – "Meu senhor, eu careço desse seu cavu, o senhor me ceda, faça preço!" E depois? Ia ter coragem cidadã de revestir o cavu, que não se usa mais, mas que tanto se usou no tempo em que teve aquele desejo? (EA, p.188)

Esse mesmo desajuste se verifica ainda com relação a um outro desejo de Manuelzão: o amor de Leonísia. Objeto duplamente interditado, ela é filha duas vezes, pelo parentesco e pelo tempo.

Por esse sentimento de carência, dessa carência que não se sana, movido por ela, Manuelzão vai-se constituindo como sujeito segundo o saber. Ou seja, ainda quase no início da narrativa, o narratário assiste a uma lenta mas decisiva transformação que ele, Manuelzão, mal consegue formular:

> A aflição do pensamento. Parece que eu vivo, vivo e estou inocente. Faço e faço, mas não tem outro jeito: não vivo encalcado, parece que estou num erro... Ou que tudo que eu faço é copiado ou fingimento, eu tenho vergonha depois. (EA, p.187)

Nota-se aí o papel temático do pensamento transformador, por meio do qual o ator se biparte em sujeito que faz e sujeito que sabe. Em *aflição* tem-se a lexicalização da própria estrutura do discurso narrativo. O foco em primeira pessoa talvez já corresponda a um estágio de pensamento, mas ainda caótico, ainda um misto de sentimento e pensamento em agitação. Daí por que o seu discurso aparece modalizado: *parece*. E a conseqüência também se manifesta no nível noológico: "tenho vergonha".

Talvez se pudesse segmentar o trecho supratranscrito da seguinte forma:

	vivo *versus* estar inocente
parece...	faço *versus* estar em erro/ (não encalçado)
	faço *versus* copiar / fingir
	depois: tenho vergonha

No esquema, as duas colunas abarcadas pela chave colocam a contradição noológica do sujeito, cuja articulação se faz pelas oposições:

reiteração (vivo, vivo/faço, faço)	*versus*	continuidade
fazer	*versus*	ser
pragmático	*versus*	mítico
PARECER		SER

E tem como conseqüência a divisão interior: "tenho vergonha".

Ao opor-se categoricamente a *antes* e *durante,* o anafórico *depois* se apresenta, juntamente com o resultado, como a expressão do termo *passivo* da estrutura mínima *dominante/dominado,* podendo o outro termo – *ativo* – ser traduzido por:

não continuar inocente	=	ser dono de si
estar encalçado	=	vertical e
não estar em erro	=	horizontalmente

Tal igualdade constitui o objeto da busca de Manuelzão, pois quando se inicia a festa, ele é acima de tudo aparência social. É essa passagem que anuncia a modalização: "Parece".

O exame crítico do herói toma como referência um ponto espacial e um ponto temporal: "Agora, com perto de sessenta anos, alcançara aquele patamar meio confortado, espécie de começo de metade de terminar" (EA, p.115). O dêitico *agora* está determinado espacialmente (Samarra, "patamar meio confortado") e temporalmente ("perto dos sessenta anos"). Esses dois componentes se explicitam metalingüisticamente logo a seguir no aposto: "espécie de começo de metade de terminar", em que a aspectualidade é bastante forte: a oposição entre os aspectos inceptivo e terminativo é sobredeterminada pelo aspecto tensivo, orientado para o terminativo.

A visão ainda eufórica do marco temporal, neste primeiro momento, favorece a projeção de um programa virtual: Manuelzão é esperança de futuro. Mas, na verdade, essa virtualidade é duplamente enganosa. Graças ao desejo do sujeito, atribui-se ao futuro um conteúdo eufórico, em que predomina o aspecto inceptivo: "um dia, havia de". No entanto, essa virtualidade é ameaçada, é denunciada em sua fragilidade, quando se leva em conta a dimensão em que esse futuro projetado é situado: "Às horas, quando na boa mira dum sonho consentido, ele chegava mesmo a sobre-ser, imaginando quase assim já fosse homem em poder e rico, com suas apanhadas posses" (EA, p.115). Sintomaticamente, no quadro que Manuelzão se traça nesse sonho é decisivo e fundamental o peso do componente espacial. Por isso, é a visão material de Samarra que transfigura tudo em promessa: "espécie de começo de metade de terminar. Dali, ia mais em riba. Tinha certeza" (EA, p.115). O aspecto tensivo orientado para o terminativo ("quase assim já fosse...") evidencia a força do sonho no qual o sujeito já se qualifica como *poder*: "Tinha certeza".

Esse prevalecimento do componente espacial sobre o temporal se confirma páginas depois, em que ele aparece em destaque no discurso, seja pela exata identificação referencial (ali, Samarra), seja pela posição do sintagma circunstancial na seqüência frasal: "Mas ali na Samarra, ele feito se fazia" (EA, p.145). Tem-se, aí, um enunciado cujo predicado é um processo reflexivo, o qual se explicita logo em seguida na expressão figurativa: "Separava suas cinqüenta vacas, e uns oito entre burros e cavalos, só dele".

Graças à natureza hipotática da relação do sujeito com o objeto, verifica-se, nesse exemplo, a subordinação daquilo que se é àquilo que se tem. O comentário – "De bom alarde" –, que segue a enunciação acima dos bens, coloca um outro componente fundamental desse tipo de atividade reflexiva: o que se tem, os bens devem alcançar a condição de merecer uma homologação verbal. Com isto, ou seja, com a subordinação do ser ao ter apregoado verbalmente, caracteriza-se uma situação social em que prevalece a aparência.

Por outro lado, é preciso atentar para um dado neste texto que escolhemos para exemplificar a preponderância do parecer. O parágrafo em que se encontram as duas citações acima se inicia com uma frase que é, na realidade, a expressão condensada do que vem depois: "Tantamente, agora, já estava melhorado de vida". É curioso que entre a notação explícita do nexo do passado com o presente e a referência direta – há pouco transcrita – dos bens que constituem essa melhora de vida se intercale a notação: "Surgia com uns fiozinhos brancos entremeando no baixo do cabelo, que muito aumentando".

Nota-se aí que, à combinação do aspecto inceptivo com o durativo que se identifica em *surgia, entremeando, uns, fiozinhos,* se acrescenta o aspecto tensivo de *muito, aumentavam.* Considerando, portanto, que os cabelos encanecidos são a manifestação hiponímica da progressão do envelhecimento, o texto evidencia a relação de contrariedade entre o caráter disfórico de tais sinais e a euforia há pouco descrita.

É preciso assinalar que essa relação de contrariedade permanece ainda no nível da imanência do sujeito cognitivo, ainda que uma imanência já no limiar de sua manifestação: Manuelzão mal se dá conta dos sinais disfóricos com que lhe acenam os cabelos brancos, principalmente nesse momento em que se sente permitido sonhar. O nomear simplesmente os *termos* da contrariedade sem qualquer referência à *relação* entre eles, a simples justaposição, como faz o texto em questão, indicia esse momento ambíguo em que o dito fica quase não-dito. Essa mesma sutileza encontramos no início deste item, no qual o ser desmascarado e a aparência se alternam:

> Sua casa. Sempre pudesse ser. Mas, lá, a Samarra não era dele. Manuelzão trabalhava para Federico Freyre – administrador, quase sócio, meio capataz de vaqueiros *certo um empregado.* (EA, p.115)
>
> Porém, Federico Freyre nem bem uma vez por ano se lembrava de aparecer, e Manuelzão *valia* como único dono *visível*, ali o respeitavam. Às horas, quando na boa mira dum sonho consentido. (EA, p.115) (grifos nossos)
>
> E ela (a mãe) pensara até que ele fosse o dono todo. (EA, p.115)

A falácia da visão eufórica, no entanto, começa a se denunciar logo quando principia a preponderar nela o componente temporal desalojando o espacial:

> se louvou de ter conseguido reunir para si aquela família de tardezinha. Estivesse, naquela hora, denunciando cabeceira de velhice? (EA, p.115)

E a definição de Samarra, encontrada pela narração, deixa ver aqui o seu outro sentido: o aspecto inceptivo é não de um novo tempo, mas de um fim. Com isso, à imagem de solidez e concreção inicial se opõe a imagem de desintegração: "desando, desmando no ferro do corpo".

A FAMÍLIA. CAMILO E JOANA XAVIEL

O círculo familiar de Manuelzão é constituído pelos pais, pelo filho Adelço, pela nora Leonísia e pelos netos. Além dos papéis temáticos por eles desempenhados de acordo com as relações de parentesco, esses atores podem ser distribuídos e equiparados com base em outros eixos semânticos.

O pai e a mãe, ambos já mortos, se opõem, em sua representação figurativa, pela articulação da categoria espacial da verticalidade. Enquanto o pai é todo verticalidade inferativa que se aplaina até confundir-se com a horizontalidade, a mãe é marcada pela verticalidade superativa de seu espírito sempre aberto. Enquanto do pai diz o narrador: "tinha medo até do céu" ou "ele trabalhava e se divertia olhando só para o chão", a mãe é apresentada como "senhora, enterrada lá no alto, pegado à capelinha – mas a alma dela, seu entender de tudo, parava no céu". O medo não determina as atitudes da mãe. Pelo contrário, há nela serenidade sempre. Assim, sua aproximação à nora Leonísia não se faz só pela feminilidade; antes, parece que se substituem uma à outra junto de Manuelzão. Primeiro, ele acolhe a mãe, atendendo à necessidade de quietação, de fixar-se em algum lugar. Morta a mãe, traz para junto de si a família do filho natural que mal conhece. E a comutação se realiza logo: "Leonísia era boa, uma sinhá de exata, só senhora" (EA, p.118). E a nora assume o papel temático não só de dona de casa, mas também o da mulher da Casa: "seu aconchego firme sertanejo".

A positividade da mãe se transforma em abertura de seu espaço afetivo:

> A mãe de Manuelzão gostava delas, das fogo-apagou. Gostava de todas as criaturas inofensivas e vulneráveis – os meninos, a rolinha pedrês, o velho Camilo. (EA, p.121)

Essa mesma piedade se encontra em Leonísia. É a própria mãe quem a faz notar: "Esta procede produzido de si, certa no esquecível e no lembrável" (EA, p.137), define. Tal correlação da mãe e de Leonísia se opõe à correlação entre o pai e Adelço, também este caracterizado por uma inferatividade que se manifesta da mesma forma que no pai, indicando a aproximação paradigmática de ambos: o olhar. "Criatura de guardadas palavras e olhares baixos", é assim que o vê o narrador. É também por intermédio da mãe que se reconhece um outro traço seu que lembra o pai de Manuelzão – a aplicação ao trabalho, que, como se verá mais tarde, é avaliado nesta novela como forma de reificação:

> As entre-vezes, semelhava ela tivesse pena do Adelço, quem sabe por ser trabalhador na tristeza. Todo modo, o Adelço condizia qualquer obrigação, na coragem acostu-

> mada. Mas ela *obscurecia na gente toda novidade* de animação, as influências, toda graça de entusiasmos. (EA, p.165) (grifos nossos).

No sintagma destacado acima, observa-se que, em contraste com as mulheres, não é o movimento de expansão que caracteriza o rapaz, mas o de retração com um sentido totalmente disfórico.

Já fora do círculo da família, o pai pode agrupar-se com o velho Camilo. Agora não mais a mãe, mas o próprio Manuelzão é quem aponta a semelhança:

> Até onde um podia se lembrar, o velho Camilo parava não bem uma parecença, mas o avultado de maneira, que tirava com o de seu pai, dele Manuelzão, recordado de longe muito, porque era ainda menino quando aquele tinha morrido. (EA, p.165)

A Camilo, assim assimilado ao conjunto familiar, corresponde no paradigma feminino Joana Xaviel, pária como ele e, como ele, dotada do dom de contar estórias.

Em resumo, pode-se dizer que se encontram, na novela, três atores heterossexuais que se agrupam simetricamente. Enquanto o elemento feminino se apresenta caracterizado pela expansão eufórica, o masculino se caracteriza pela retração disfórica. A partir dessa base conjuntiva, cada um deles passa a articular-se, com base em outros eixos semânticos, em novos conjuntos. O velho Camilo e a mãe são vistos pelo narrador como almas cordatas e que, juntamente com Leonísia, se aproximam afetivamente de espíritos a eles opostos, como o de Joana Xaviel. Esta se assemelha às demais mulheres pelos seus gestos e comportamento expansivo, mas delas se distancia por ser simulada. O velho Camilo e Joana se equiparam pela situação econômica e pelo dom da narração, mas se distanciam pelo comportamento e caráter. O sentido de tais aproximações e distanciamentos é o que passaremos a estudar.

Sem dúvida, uma abordagem da estória de Manuelzão não pode prescindir de um estudo mais detalhado sobre o velho Camilo. Embora não faça parte do círculo famíliar propriamente, a sua condição de agregado da fazenda o qualifica como apêndice desse círculo, além de constituir a figura mais importante dentre os demais habitantes de Samarra. Curiosamente, a primeira referência no texto ao Velho Camilo ocorre juntamente com a primeira referência ao riachinho que corre junto à porta da cozinha, a qual introduz a estória deste e sua posição de único ponto negativo na construção de Samarra. Já de início, ao acidente geográfico aparece associada a idéia de carência cuja significação extravasa o âmbito do riozinho:

> Todavia, num senão, o situado escolhido não dera ponto. Por tanto, podia merecer nome outro, o de "Seco Riacho" que o velho Camilo falou. (EA, p.119)

A proposta de substituição do nome Samarra por "Seco Riacho" indicia a base isotópica fundamental do relato, por meio da extensão do significado de um elemento – o riacho – para o todo, a fazenda, o espaço tópico da narração. Vistas as coisas assim, torna-se relevante que a sugestão da substituição do nome da fazenda tenha sido relacionada a Camilo, ainda que de forma indireta e tortuosa: "O velho Camilo tivesse idéia desse falar, era duvidoso, e algum acusar por ele". (EA, p.119). Apesar da observação acima do narrador, mas coerente dentro da significação *profana* da narrativa, é preciso atentar para o fato de que o riachinho só tem sentido como riacho seco: a acusação, apreciada como maldosa por Manuelzão, na realidade, instala a estrutura mítica básica da novela. Daí a pertinência do outro nome da fazenda, e a atribuição de sua autoria a Camilo, ainda que duvidosa no nível fatual. Por isso, o riachinho volta a ser focalizado logo depois.

Em seguida à citação acima, o texto prossegue tecendo uma rede de articulações entre riacho, Camilo e Manuelzão. Assim, após todo um parágrafo dedicado à descrição da disposição anímica de Manuelzão, Camilo aparece, no seguinte, como acompanhante esporádico de Chico Carreiro que transporta água do Córrego das Pedras para a Casa, e, em seguida, descreve-se a configuração atual do leito seco do riachinho quando alguns motivos recorrentes da narrativa são introduzidos: a grota, o espaço interior vazio, a árvore e o verde, o pássaro e seu canto, o menino, a dicotomia perto/longe.

O narrador termina o relato do esgotamento do riachinho da forma seguinte: "Secara-se a lacrimal, sua *boquinha* serrana. Era como se um menino sozinho tivesse morrido (EA, p.119) (grifos nossos). Essa imagem é retomada no parágrafo seguinte, *dedicado às angústias de Manuelzão,* e que assim se encerra: "Mas aquela manância da grota, de ladeira abaixo, suas águas se acabara" (EA, p.120). A descrição do riacho seco o apresenta com "duas filas de pequenas árvores se traçando por cima da deixa do riacho, formando *escuro tubo fundo*" (EA, p.120) (grifos nossos), mas em cuja parte externa se identificam sinais de fecundidade nas copas do arvoredo, "onde as rolinhas fogo-apagou pregueavam seus ninhos" (EA, p.120). A narração prossegue informando no parágrafo seguinte:

> A rola fogo-apagou cantava continuado, o dia, mesmo na calada do calor ... Seu canto sabe sempre se *fingir de longe, ela está perto.* (EA, p.119) (grifos nossos)

E termina com uma referência à mãe de Manuelzão: A *mãe* de Manuelzão gostava delas, das "fogo-apagou", a qual se explicita logo em: "Gostava de todas as criaturas *inofensivas e vulneráveis* os meninos, a rolinha pedrês, o velho Camilo" (EA, p.119). Pelas palavras que acima alinhavamos, pode-se apreender o contexto altamente conotativo da primeira aparição de Camilo. Todo um percurso semântico pode ser traçado por meio da isotopia simbólica fundamental que os motivos assinalados mobilizam. Só após toda essa caminhada é que a estória de Camilo é contada, dando início a um novo percurso cuja síntese se encontra na observação de Manuelzão: "Por que era que ele, Manuelzão, derradeiramente, reparava tanto no Velho Camilo" (EA, p.131). "Camilo era apenas uma espécie doméstica de mendigo, recolhido, inválido, que ali viera ter e fora adotado por um bem-fazer, surgido do mundo do Norte" (EA, p.121).

Apesar da carência econômica, várias vezes reiterada, o capataz intui na pessoa de Camilo uma ambigüidade em que se dissociam a posse material e um saber não identificado e que se manifesta na cortesia. Isto é, o mesmo motivo, marca de Camilo em dias comuns quanto de Manuelzão em seu desempenho de anfitrião rico, constitui o plano de expressão de conteúdos diferentes. A dicotomia ser/parecer em Camilo se investe de outras significações que não as que Manuelzão pretende atribuir-lhe quando relacionada a ele próprio. Em Camilo, como se verá, o ser verdadeiro encontra equivalência exata no parecer. A subordinação do ser cortês à abastança e posição social aqui não faz sentido. Por isso, na observação: "Assim, todo vivido e desprovido de tudo, bem podia ter alguma coisa para ensinar" (EA, p.187), a dicotomia em sua harmonia se afirma expressivamente no quiasmo que se cria entre os segmentos:

"todo vivido" *versus* "desprovido de tudo",

tendo como resultado a qualificação eufórica do sujeito como dotado de saber.

À apreensão desse conteúdo "vivido" – cujo plano de expressão é a carência econômica extremada – se lança o narrador, ao tentar reconstituir o passado de Camilo, com base nos traços fisionômicos. Assim, baseando-se em:

> Seria talvez de todos os homens dali o mais branco, e o de mais apuradas feições, talvez mesmo mais que o Manuelzão. A vida não lhe desfizera um certo decoro antigo, um siso de respeito de sua figuração. (EA, p.122)

Manuelzão supõe:

> Quem sabe, nos remotos, o povo dele não tinham sido homens de mandar em homens e de tomar à força coisas demais, para terem? (EA, p.122)

Observa-se na relação estabelecida por Manuelzão entre a aparência atual de Camilo e o seu possível passado uma relação de necessidade, ditada pela ideologia vigente. Tal leitura que associa Camilo ao Senhor de Vilamão torna mais ambígua a disjunção soioeconômica dos dois. Essa ambigüidade é reforçada ainda mais por um outro traço físico comum a ambos e expresso de forma aproximada em cada um deles:

Camilo:

> Tinha seus ares. A gente se alembrando – pau d'álho: que em certas árvores dessas, na idade, a madeira de dentro toda desaparece, resta só a casca com os galhos e folhas, revestindo um oco, mas vivos verdes! (EA, p.158)

Senhor de Vilamão:

> Mas representava os altos gestos, talento de sucintos, o estado de fidalguia. Tão esvaziada de si, de ser homem, não tinha mais os temperos do corpo, o que ainda persistia nele era o molde do muito aprendido. (EA, p.125)

Ambas as representações se apóiam nas articulações em que continente se opõe a conteúdo e cheio a vazio. Apesar de tudo nele denotar um continente cheio, do ponto de vista socioeconômico, o Senhor de Vilamão se revela aí um continente vazio, tornando-se ambíguo pela contradição entre a ausência denotada pelo vazio interior do tronco e a presença exterior das folhas verdes. O ser possível – a madeira de dentro desaparecida –, visto como carência em virtude do tempo, entra em contradição com a aparência exterior, caracterizada por manifestação de vida. Os lexemas *resto, casca* denunciam um *estado* prestes a entrar num processo orientado para o término, enquanto as folhas verdes indiciam um trajeto em direção oposta. É essa dualidade que sustentará a configuração simbólica do ator.

OS CONVIDADOS

Como parte dos "viventes das veredas e chapadas", à configuração do herói colaboram vários convidados principais, cujas funções se resumem em duas basicamente: pela primeira, eles constróem o seu contexto de totalidade que define a individualidade das partes; pela segunda, aparecem como ocorrências de uma invariante do modelo abstrato do homem ideal para a sociedade local.

Pela primeira função, esses atores desenham o conjunto dos "viventes das veredas e chapadas", de cuja ideologia participa o protagonista. Nesse sentido,

Manuelzão integra a configuração de um ator coletivo, cuja manifestação lingüística se reconhece na única vez em que a primeira pessoa do plural é usada pelo narrador:

> Ir por caminhos de caatinga e de Gerais, semideiros, cortar matos, queimar campos, levar gado de cristão, dizer o seu nome. Pra quê? Só *estamos* repisando o que foi do bugre... (EA, p.152) (grifos nossos)

Como se observa na citação acima, a interrogação não é só formal, mas ela coloca o princípio orientador de toda a estória: ela estrutura o texto como uma relação dinâmica entre dois termos. Um deles, a coletividade local, se caracteriza como uma entidade já acabada, completa, uma unidade homogeneizada pela integração das partes. O outro, Manuelzão, se caracteriza pela aparição nele de uma força de desequilíbrio. A interrogação é a expressão formal do surgimento dessa força.

À luz dessa estrutura mínima, a coletividade é encarnada por vários atores que, hiponimicamente, a retratam como uma unidade já perfeita. Cada um atua como uma individualidade já cristalizada em seus componentes. Como parte de uma totalidade, cada indivíduo configura essa mesma totalidade hiponimicamente e à sua imagem. Participam desse paradigma o Senhor de Vilamão e todos os demais fazendeiros nomeados, entre eles o próprio Federico Freyre. Em contraposição ao termo assim realizado no nível actorial, Manuelzão aparece como o investimento do outro termo – o marcado – da relação. Ao mesmo tempo em que integra a totalidade que o define, dela se desprende e se destaca por aportar componentes inexistentes no outro termo da estrutura mínima. Ideologicamente, Manuelzão se enquadra no mesmo paradigma dos fazendeiros: essa totalidade constitui o campo semântico dos termos confrontados.

Como ator individual – e não mais coletivo –, Manuelzão se caracteriza pela presença e ausência de traços pertencentes a esse campo semântico. Isso mesmo acontece com todos os atores que realizam o termo não marcado da relação, como seres contingentes e históricos. Mas, enquanto estes se afirmam pela ausência de qualquer força perturbadora da estabilidade constituída, Manuelzão tem como marca a manifestação desse elemento dinâmico. Em outras palavras: os demais atores são determinados por um conjunto particular em que certos componentes axiológicos estão presentes e outros, ausentes. A ausência, porém, de componentes identificados como pertinentes à ideologia local não implica, neles, a presença de uma força crítica, desestabilizadora. O exemplo mais evidente disso é o Senhor de Vilamão, protótipo do homem completo, aos olhos de Manuelzão.

Não é a ele, no entanto, mas a Mauelzão, que ausência de descendência causa ansiedade e inquietação. Essa mesma caracterização de espírito pacificado se encontra nos demais atores do paradigma dos fazendeiros abastados. Isto porque devem eles desempenhar o papel temático da plenitude dentro da ideologia dominante. É, portanto, sobre o fundo de tal quadro ideológico, isotopicamente homogêneo, que Manuelzão se ergue como o termo marcado.

Indivíduo à procura de sua definição, Manuelzão é um espelho em que a unidade não se concretiza. Nele se refletem partes que não se complementam harmonicamente. Vilamão, Federico Freyre e Joaquim Leal são indivíduos completos, definidos, em oposição a Manuelzão que não se confunde com nenhum deles, ainda que neles encontre parcelas de sua definição.

O paradigma dos fazendeiros se configura, portanto, como uma rede de relações em que cada elemento se define por contraste e oposição aos demais. A conjunção está expressa nestas palavras do narrador: "O preceito dele, Manuelzão, era estar perto dos personagens: homem fidalgueiro, consegue honras e dinheiro" (EA, p.117).

O ser humano é determinado, nessa definição, por três valores: fidalguia, honras e dinheiro, cuja articulação, em suas relações de pressuposição e/ou implicação, constitui uma das forças da intriga. Nesta, é preciso, antes de mais nada, examinar a natureza da relação sujeito/objeto; ou seja, dissociar claramente objetos hiponímicos de objetos hipotáticos e, posteriormente, a articulação deles na configuração do sujeito.

Numa primeira leitura, o enunciado: "homem, fidalgueiro, consegue honras e dinheiro" sugere uma relação hiponímica em *fidalgueiro,* e hipotática em *honras e dinheiro.* Ao mesmo tempo, torna ambígua a relação entre os objetos enumerados. Pode-se ver aí uma relação de implicação, segundo a qual fidalguia traz logicamente dinheiro e honras. Mas pode-se ler a mesma relação como de pressuposição, isto é, para receber dinheiro e honras, ter a fidalguia é condição indispensável. Além disso, cabe ainda interrogar sobre se a fidalguia faz parte do ser ou se ela é só aparência. Basta lembrar que, enquanto com respeito a Camilo a implicação entre fidalguia, dinheiro-honra não tem sentido, e a fidalguia se define claramente como ser, em Manuelzão, pelo contrário, assistimos a um processo de aquisição voluntária de fidalguia, uma fidalguia, como ele próprio denuncia, copiada.

Por outro lado, identificando a fidalguia como aparência, verifica-se que não basta ser fidalgo; torna-se necessário divulgá-la para que as conseqüências enunciadas se concretizem. Por isso, a intriga da novela se articula, numa primeira instância, com base na dicotomia dinheiro/fama, axiologicamente bem determinada. Na fábula denotativa, no desempenho do papel temático de fazendeiro, Manuelzão tem nesses dois componentes as suas vigas mestras: se tem dinheiro, tem fama. Por isso, a relação de complementaridade entre eles estrutura um parâmetro que orienta o comportamento do herói durante o relato todo. Dinheiro é um objeto-bem com o qual o sujeito se une graças a predicações da ordem do ter. A relação entre sujeito e objeto confirma-se como hipotática e não hiponímica, portanto.

É essa mesma relação que fundamenta a *fama*, encarada como produto de uma ação transformadora em que o sujeito se converte em objeto. Ser famoso equivale a ser falado, isto é, ser assumido pelo outro como objeto de sua fala... Desta forma, a fama, como resultado de um processo de enunciação por terceiro, pode basear-se simplesmente na aparência, e não necessariamente no ser do objeto. Daí por que o motivo da fama se prende, nesta novela, à preocupação com o comportamento socialmente correto, com ações e atos socialmente positivos, aprovados, que motivem posteriormente a sua sobrevivência com relação ao instante imediato de produção, graças à sua transformação em ser verbal: "ser falado".

Dos indivíduos presentes à festa de Manuelzão, dois, diametralmente opostos, se destacam pela atenção que recebem do narrador: o Senhor de Vilamão e João Urugem.

Já na forma de ser nomeado, o Senhor de Vilamão evidencia os papéis temáticos de que se encarrega. O mais importante deles se identifica já em sua primeira aparição – "Houve um declarado de respeito, os outros abrindo caminho, quando chegou o Senhor de Vilamão". Ela é interpretada e valorizada como expressão de uma *perfomance* social: "Mas representava os altos gestos, talentos de sucintos, o estado-mor de fidalguia". E, a seguir, como sinal de competência econômica: "Homem de muitas posses, de longas distâncias dentro de suas terras". Essa qualificação econômica deve ser lida como o aspecto terminativo de todo um percurso pragmático, determinado por um saber-fazer específico:

> Trisavô, tataravô dele, tinham desbrenhado os territórios, seus homens de arcabuz sustentando de guerrear o bugre, luta má, nas beiras de campo – frechechéu e tiroteio. Mas, esses, podiam simples cantar:
> "*Montado no meu cavalo*
> *eu abri este sertão*". (EA, p.148)

A diferença entre ele e Manuelzão se declara nesse passado solidamente constituído, caracterizado por uma prática transitiva. O seu resultado é a modalização do sujeito segundo o *poder,* a qual se realiza no nível pragmático-ideológico da seguinte maneira:

respeito: "Agora o Senhor do Vilamão, velhinho, quase cego, nem tinha filhos, nem tinha parentes, mas todo o mundo o prezava".

direito e nome: "Não tomavam dele o que era posse em seu nome, e que estava mais garantido do que a lei" (EA, p.148).

Tudo no Senhor de Vilamão denota um desempenho completo, acabado, que se situa no limite do tempo mítico, cujo testemunho mais claro são a cantiga há pouco citada e o *cavour*:

> Já quase cego, tão velhinho, parecia todo de vidro ... de barba andó, o cabelo total embranquecido, trajado de vestimenta que não se usava mais em parte alguma, o *cavour* – sobretudo preto, com sobre-capinha que batia no cotovelo. (EA, p.125)

Em compensação, tudo na representação de João Urugem, o outro dos presentes que chama a atenção de Manuelzão, se situa no pólo oposto ao do paradigma dos fazendeiros. Logo no início é denominado "homem bicho", cuja explicação metalingüística se encontra na definição do espaço de Urugem, a qual se faz calcada na oposição referida no início deste ensaio: "*não* morava em vereda, *nem* no baixio, *nem* em chapada, mas vivia solitário, no pé-da-serra" (EA, p.124) (grifos nossos).

O estado de Urugem, que o situa fora da escala humana, é um resultado cuja causa é apontada pelo narrador:

> Desde não se sabia mais, desde moço, quando o acusaram de um furto, que depois se veio a expor que ele não executara – tinha ido viver sozinho no pé-da-serra. (EA, p.124)

O distanciamento, portanto, de Urugem da coletividade normal, graças ao poder desta de julgar e decidir, apresenta logo as suas conseqüências:

> João Urugem fedia a mijo de cavalo ... Pegara por lá essa doença de malcheirar, quem sabe também o que ele não comia? (EA, p.120)
>
> João Urugem sentava no chão, punha as palmas das mãos abertas encostadas em terra, que nem para se esquentar ou esfriar. (EA, p.120)

Eis aí uma animalização cosmológica que é, na realidade, manifestação de uma degradação cuja gravidade se observa no desaparecimento da capacidade da linguagem, como também no discernimento das vivências interiores: "Ele não sabia mais falar corretamente com os outros, parece que chorava pensando que estava rindo" (EA, p.124). Urugem se situa, portanto, no lado oposto ocupado pelo Senhor de Vilamão.

Baseando-se fundamentalmente no que aparentam ser, é possível distribuir, agora, os atores representativos da população local em uma ordem hierárquica dentro do eixo da oposição natureza/cultura. Nessa hierarquia, o grau mais alto estaria encarnado pelo padre; logo abaixo, os fazendeiros, considerados principalmente pela conduta pautada pelos princípios de boas maneiras. O grau intermediário estaria ocupado pelo povo anônimo. Entre este e Urugem se localiza o velho Camilo.

Como se verá mais adiante, o ator que encarna nessa hierarquia o grau máximo de cultura não corresponde à expectativa de Manuelzão, na sua busca de um sentido maior da vida. O Padre, diz o narrador, "não apresentava um encoberto de ser". Esta ausência do "outro lado das coisas", do "encoberto", desloca o sujeito cognitivo para o extremo oposto dessa ordem. E aí não é só Camilo que ocupa a atenção de Manuelzão.

Rivalizando com o Senhor de Vilamão, João Urugem duas vezes merece do narrador uma página quase inteira. Depois, volta a ser lembrado seis vezes. Enquanto nas primeiras páginas se desenha a sua estória, o seu passado, nas subseqüentes o contexto o vai revelando como um *contraponto*, cuja relevância é indiciada pela sua volta reiterada ao espírito de Manuelzão.

Indiscutivelmente, a figura de Urugem se aproxima bastante da dos irmãos Malaquias e Catraz de "O recado do morro". Além da inferatividade mental (Catraz) e a inferatividade do isolamento social (Malaquias), a conjunção se faz principalmente pela inferatividade do local de suas moradas. Os dois irmãos vivem em grotas ("uma caverna a cismorro, no ponto mais brenhoso e feio da serra grande"). João Urugem:

> tinha ido viver sozinho no pé-da-serra onde urubu faz casa nas grotas e as corujas escolhem sombra, onde há monte de mato, essas pedras com limo muito molhado, fontes, minadouros de água que sobe da terra aos borbos, jorra tesa, com força, o ano inteiro... morava numa choupana em árvores e moitas, que os degraus de sete lajedos – cada laje mais larga e chata – separavam da beira da lagoa. (EA, p.119)

Malaquias e Catraz penetram, portanto, no interior da terra, enfatizada pelo fato de que na gruta do primeiro, no último "salão", "que era sempre escuro ... tinha no meio do chão um buraco redondo, sem fundo de se escutar o que duma pedra cair". Em compensação, o interior da terra neste outro relato é dado pela água que "sobe aos borbos, jorra tesa, com força".

Ainda um outro paralelo: em "O recado do morro", a inferatividade das grutas se opõe à superatividade do Morro da Garça. Essa mesma relação pode ser apreendida no confronto da inferatividade há pouco apontada e a superatividade de Samarra. O que não parece desprovido de sentido, tendo em vista, primeiro, que a água, com relação à fazenda, é enfatizada como ausência, contrapondo-se à presença constante dela junto à choupana de Urugem; segundo, a água em regiões inferiores e interiores à terra ocorre somente três vezes. Com o riachinho, no romanço e agora. Além do fato de que somente Urugem e Leonísia são comparados à água. Dela diz o narrador: "era uma fonte d'água de bonita". E dele, "Tinha os olhos cor de água". A ligação de Urugem à significação do riachinho parece estar assimilada ainda pela configuração de sua casa como uma interioridade (uma choupana) e coberta de vegetal ("em árvores e moitas"). Uma imagem que, como se vê, o aproxima também de Camilo.

Ademais de tal configuração espacial, Camilo, Urugem e Malaquias apresentam ainda dois pontos de conjunção: a carência econômica e uma certa faculdade de penetrar esse mundo encoberto que Manuelzão não reconhece no padre. Embora de maneira bastante leve, Urugem adivinha o caráter heróico de Manuelzão e o caráter extraordinário daquele momento.

> o Urugem achava que ele ia mudar tudo por outros. Quem castiga nem é Deus, é os avessos. (EA, p.124)

Fato extraordinário dentro do quadro geral da caracterização de Urugem; dele decorre, por isso mesmo, a natureza indicial dessa predição e da locomoção de Urugem, da choupana a Samarra, no dia da festa. A qualificação deste ator como arauto é dada indiretamente, ou seja, ela é negada pelo narrador que adota um ponto de vista profano:

> Mesmo os célebres que o João Urugem aprende a conhecer dos matos, dos bichos, ele sabia era de um modo diferente do que as outras pessoas. Ele, Manuelzão, não pagava tempo para manifestar uma estoriada. João Urugem conversava com os entes do mato do pé-da-serra se dizia. – Não possível, diz uma coisa, no canto que é seu, e ninguém não entende. (EA, p.153)

Para se aquilatar a importância dessa modalidade de qualificação, basta lembrar que o mesmo processo é usado pelo escritor com relação a Camilo, quando se insinua como de sua autoria a sugestão de substituir o nome Samarra por Seco Riacho, e com relação a Malaquias, que, embora surdo, ouve a mensagem do morro, não captada pelos demais.

Com base, portanto, nos elementos comuns acima apontados entre os três atores, podemos afirmar que são eles, na verdade, realizações de um mesmo modelo. Em Malaquias, a realização é sincrética, ao contrário do que ocorre com

Urugem e Camilo. João Urugem conserva no ser e no parecer a proximidade à natureza que caracteriza Malaquias, enquanto Camilo acrescenta a ela aquela civilidade estranha, fonte de ambigüidade do ator de "O recado do morro".

Definido assim o contexto humano, voltemos a Manuelzão.

O CONTRATO: MANUELZÃO/FEDERICO FREYRE

No momento da festa, Manuelzão é, na verdade, o resultado de um trabalho persuasivo em que ele figura como o destinatário e Federico Freyre, como destinador. No retrospecto de sua estória, ainda dentro do tempo paratópico, há uma cena em que se processa um *contrato*. Recorda-se o capataz:

> havia quatro anos, desde quando Federico Freyre gostou do rincão e ali adquiriu seus mil e mil alqueires de terra asselvajada. "Te entrego, Manuelzão, isto te deixo em mão por desbravar". (EA, p.116)

Nesse contexto, evidencia-se, logo de início, a afirmação de um querer, de Federico Freyre, cujo objeto é o desbravamento da região e a sua posse. Isto significa a elaboração de um programa virtual que pressupõe a qualificação específica para se alcançar o poder-fazer. Para a concretização do programa, o destinador efetua uma ação persuasiva junto ao ator em que reconhece a competência necessária ao desempenho previsto. O passado de boiadeiro de Manuelzão o qualifica como *capataz*. Nessa denominação, reconhece-se o papel temático que se desenvolverá em percursos que finalizam na concreção do programa do destinador. A denominação tem, entretanto, que expandir-se em sua definição para que se visualize o processamento do trabalho persuasivo de Federico Freyre.

Na cena acima, chama a atenção a imagem retórica utilizada por Federico Freyre para referir a proposta: "deixo em mão". Ela é retomada, logo depois, por Manuelzão ao falar da aceitação do contrato: "Manuelzão, sua mão grande". A persuasão procura fazer valer o sentido metafórico, em que algo ou alguém fica à mercê de outrem, na dependência de sua vontade. Ela oculta, porém, a outra significação, a sua referência denotativa. Nesse processo de comunicação, o trabalho de persuasão visa à substituição do querer do sujeito pelo saber e poder-fazer do outro. A mão real de Manuelzão, o instrumento denotativo do fazer e não a sua vontade individual é o que conta. Ao camuflar o verdadeiro objeto de sua ação, o sujeito da persuasão provoca no outro uma interpretação falsa, pois o que o destinador intenta incutir no destinatário é a existência de uma relação de conformidade entre ambos, caracterizada pela aceitação de um mesmo sistema de valores.

No contrato inicial, o objeto transmitido, segundo a interpretação do destinatário, é a *confiança*. Um objeto-valor em troca, portanto, de um objeto-bem, isto é, o desbravamento do sertão. O destinador transmite o seu desejo ao outro, o qual, ao fazê-lo seu, se transforma em sujeito de um *dever*. Tem-se, assim, um contrato injuntivo, cujo destinador é, antes de mais nada, um destinador social. Manuelzão é persuadido, por meio de uma *sedução*: Federico Freyre lhe declara ter dele uma imagem socialmente muito valorizada, a da fidelidade, camuflando o valor real em transação, o seu trabalho competente. Em conseqüência, o destinatário parece modalizado pela combinatória de dois termos de uma mesma dêixis positiva – querer + dever- fazer –, cujo resultado é uma *obediência passiva*.

A ação persuasiva do destinador prossegue quando, numa segunda etapa, precisa convencer o capataz do valor por ele oferecido. Faz parte dessa ação a ausência *física,* prolongada, do proprietário. A ausência física confirma o código do contrato inicial, que, na verdade, deveria denominar-se mais apropriadamente pacto: o da fidedignidade do outro, e de tal forma que ela, ausência, permite a substituição de um pelo outro.

Entretanto, essa substituição é uma falsa comutação, em que o ser e o parecer do fato se camuflam. Pelo parecer, o capataz figura como o dono de Samarra e, nesse sentido, os papéis temáticos desempenhados por Manuelzão são abrangidos pela definição de fazendeiro. O verdadeiro ser é, porém, de dono por delegação: "Triste que aquilo tudo não pertencesse, pois o dono era Federico Freyre", que se posiciona por detrás do outro, sustentando-o e ao mesmo tempo ocultando-se. Indício de que o pacto é a expressão dessa situação falsa que é aportada pelo próprio Manuelzão, que assim distribui papéis e funções:

> Aquilo eram proezas para com respeito se dizer: o valor dele, Manuelzão; a Samarra, lugar de bases; Federico Freyre – o poder do dinheiro moderno! (EA, p.116)

O herói sintetiza a sua ação na denominação "Manuelzão, fazedor de Samarra", na qual o caráter incidental se transforma em estado: *fazedor*.

À concreção do programa determinado por Federico Freyre, o destinador aporta, assim, as modalizações exteriores à constituição da competência pragmática do sujeito – sob a forma do dinheiro –, e o sujeito colabora com as modalidades intrínsecas – a do querer e a do saber-fazer. Nesse contrato em que a troca de objetos se caracteriza pela diferença da natureza destes – desbravamento de terra/confiança –, o destinador outorga também um objeto-bem sem que dele, no entanto, seja privado: algumas cabeças de gado e muares. Sendo, porém, considerável a desproporção entre os objetos-bem obtidos tanto por um quanto por outro, faz-se necessário insistir na operação de persuasão. Assim, na inauguração oficial da fazenda – que deveria corresponder a uma prova de glorificação do herói, com o seu reconhecimento público –, a presença do destinador se dá novamente por delegação. Isto porque o destinador não pode fazer-se visível, a sua ação deve prosseguir por trás, como respaldo, sob pena de vir a perder a sua força. Tanto assim que o efeito de sua manifestação aparece na forma da reafirmação do objeto do contrato inicial:

> *Agora,* aquela *confiança* de Federico Freyre, pelo melhor *aumentava* na gente o *dever* de dobrar os esforços e puxar quatral. (EA, p.162) (grifos nossos)

Por outro lado, observa-se que, permanecendo invisível, Federico Freyre perde a concreção material, somática, e se transforma em um *nome.* Com isso atinge o cerne da questão, o ponto mágico da ideologia social. Confirma-se a atuação do destinador social investido, pois o objeto final do sujeito manipulado é "trabalhar, até alcançar a firmeza de uns assim, de quem o nome vale".

De conformidade, portanto, com essa orientação mitificante, Federico Freyre, um nome, marca a sua presença na festa como o destinador que referenda o trabalho do sujeito e o declara herói. E isso tudo se faz hipotaticamente: por meio de uma carta, de um discurso. Ou seja, substituto e substituído mantêm-se solidários em sua natureza: são palavras, que nos situam em pleno domínio do simbólico.

O modo deceptivo da ação do destinador social se revela no caráter *permissivo* que procura imprimir ao contrato ou pacto; negando-lhe, portanto, a sua natureza *prescritiva,* ao tentar caracterizar a sociedade como liberal. A tal ponto que permite o sonho de Manuelzão – este sonha já estar rico –, no qual o projeto é dado como já realizado, quando na verdade é ainda uma pura virtualidade.

Como nos contos populares em que a mocinha raptada é devolvida ao pai pelo herói, Manuelzão devolve a Federico Freyre uma Samarra desbravada. Porém, ao contrário do que ocorre nessas estórias em que se cumpre a função final de Propp – o casamento –, aqui não se dá a posse do objeto-bem pretendido. Assumindo os princípios da ideologia social, Manuelzão tem a ilusão de poder conquistar um nome. Ele é sujeito de um desejo ilusório. Com a ilusão de ter Samarra – uma vez que para ser um nome precisa ter dinheiro –, na função de capataz, Manuelzão quer transformar-se em um nome. A força e a dimensão deste ele quer comunicar pela manipulação de seu significante, por meio de um jogo de implicitação e explicitação. Por ocasião da leitura da carta de Federico Freyre, na exaltação desejada mas não havida, o caráter superlativo da necessidade de firmar-se como nome se declara na duplicação: "Todos, exaltados, falassem: – Este é Manuel Manuelzão J. Jesus Roiz Rodrigues!" (EA, p.169).

Como, entretanto, o ser só se realiza plenamente com a sua nomeação por terceiro, não basta que o reconhecimento pelo destinador do valor do sujeito permaneça no âmbito de uma comunicação a dois. É indispensável a publicação desse reconhecimento. Não se dispensa torná-lo público. Conseqüentemente, a carta de Federico Freyre, dirigida a Manuelzão, requer uma leitura pública e em momento certo: à hora do almoço, na sala da casa, em que os fazendeiros principais da região se encontram reunidos. Ou seja, no tempo e no espaço central, utópico, segundo a isotopia ideológica, que requer toda uma ritualização desse momento para torná-lo um acontecimento, digno, portanto, de ser divulgado pela palavra, de constituir a fama.

A leitura deve ser feita por um dos convidados importantes e não por um qualquer, pois, em se tratando de um texto verbal, a força de sua verdade exige um emissor qualificado. Não sendo o próprio Federico Freyre, este deve ser substituído por um equivalente dentro do mesmo paradigma econômico e social. A leitura da carta realiza o objeto do querer – não concretizado – de Manuelzão de estampar o seu nome na portada da capela.

Em dado momento, porém, o caráter ambíguo da ação do destinador começa a revelar-se à percepção de Manuelzão. A mais clara manifestação dessa ambigüidade, ele a surpreende no fato de que a carta introduz na situação específica da festa uma força de desequilíbrio. Segundo a conceituação do herói, para quem cada coisa deve ocupar um lugar certo, festa se opõe a trabalho e com ele não se mistura. Essa dissociação desejada é impedida pela carta que, se ao modo do parecer pretende fazer parte da festa, ao modo do ser tem a ver com trabalho. Com isso, em lugar de expressar, como deveria, o aspecto terminativo de uma seqüência narrativa, a do desbravamento do sertão, com a glorificação do herói, ela é, ao mesmo tempo, a injunção de um novo contrato, ou a renovação do anterior. Assim, corresponde ela ao aspecto inceptivo de um novo sintagma narrativo: a carta ou a confiança ali apregoada é a reiteração da mesma qualificação do herói. Conseqüentemente, pela aceitação desse novo contrato, o sujeito é modalizado por um dever-fazer reduplicado: "aumentava na gente o dever de dobrar os esforços", declara Manuelzão.

A atuação do destinador se faz, portanto, pelo modo deceptivo da persuasão. A natureza prescritiva do contrato evidencia-se pela sua oposição à vontade individual – "Carecia de estreitar os desejos, continuar seus caminhos" (EA, p.130) – sobredeterminada pelo não-poder, ocasionando uma entropia não prevista, como infere Manuelzão no momento da procissão:

> Assim aquela procissão, ela marcava o princípio da festa? Mas Manuelzão, que tudo definira e determinara, não tinha mandado ser, nem precisa aquilo. Quem então imaginava o verdadeiro recheio das coisas, que impunham para se executar no sobre desenho da ordem? (EA, p.132)

A fuga ou recusa do novo contrato é uma opção que não existe. O que se lhe oferece como alternativa equivale a retornar à permanência que fora o seu passado antes de Samarra: "Ir, por caminhos da caatinga e de Gerais, semideiros ... levar o gado de cristão, dizer o seu nome" (EA, p.120). *Dizer o seu próprio nome e não ter o seu nome dito.* Com a leitura da carta, do modo que se fizera, Manuelzão se dá conta de que se confirma uma observação anterior: "Soendo que, chegava uma hora, tudo se queria mas quase tudo, por metades, da gente se afastava" (EA, p.152).

Lembrando muito bem o julgamento de Joãozinho Bembém e a avaliação de Diadorim da atuação de Riobaldo,[3] a decepção de Manuelzão se deve à constatação da não qualificação do leitor da carta e, conseqüentemente, a não qualificação do herói. A função texto imputada por Manuelzão à carta, no sentido lotmaniano, exige a qualificação do leitor – aquela que Diadorim demonstra ter em contraste aos demais companheiros –, sob pena de reduzi-la a um simples enunciado lingüístico. É essa diferença, entre texto e não-texto, que Manuelzão consegue apreender entre a leitura havida e a desejada:

> Leu. Esse Joaquim Leal era um bom amigo, de pessoa. Leu correto os pontos das palavras, mas menos leu: porque faltou dar voz o rompante fraseado – o ser do sido, a fiuza de Federico Freyre, alta amizade, esclarecendo o acato a ele, Manuelzão, fazedor da Samarra, lugar de gado com todo funcionar, e que tudo se agradecia era a ele mesmo, só a ele, Manuelzão ... faltou o em-tom encarecido... (EA, p.169)

3 "O silêncio todo era de Joca Ramiro. Era de Zé Bebelo e de Joca Ramiro. Ninguém não reparava mais em mim, não apontavam o eu ter falado o forte solene, o terrivelmente; e então, agora, para todos os de lá, eu não existisse mais existido? Só Diadorim, que quase me abraçava: – 'Riobaldo, tu disse bem! Tu é homem de todas valentias...' Mas, os outros, perto de mim, por que não me davam louvro, com as palavras: – Gostei, de ver! Tatarana! Assim é que é assim! – Só que eu tinha pronunciado bem, Diadorim mais me disse: e que tinha pronunciado bem. Diadorim mais me disse: e que tinha sido menos por minhas tantas palavras, do que pelo rompante bravo com que falei, acendido, exportando uma espécie de autoridade, que em mim veio" (*Grande Sertão: veredas*. 3.ed. Rio de Janeiro: J. Olympio, 1963. p.273-4).

O ritual da glorificação exige que haja publicação, a palavra dita, no tom e entonação certa: "Todos, exaltassem, falassem: – Este é o Manuel Manuelzão J. Roiz Rodrigues!... Mais falassem. Um pouco, esse respeito, se falou" (EA, p.169). O diálogo buscado entre iguais fica, assim, truncado. E vai-se fechando mais e mais. Enquanto pondera ainda sobre o sentido da carta do proprietário real de Samarra, ouve o que se comenta: "– Eh, este Manuelzão é muito influente, ele gosta de dança e festa!". O contraste entre o pensamento do capataz e o da coletividade não deixa dúvida. Se se aceita a leitura da carta nos termos há pouco colocados, o que Manuelzão surpreende é justamente a confirmação de que a sua interpretação deceptiva se comprova pragmaticamente: ele não fora sancionado positivamente pela coletividade nos termos devidos. Daí a revelação de que Federico Freyre não é propriamente um destinador mas um antidestinador, que não trabalha a seu favor:

> escutou em dizer. Resposta quase que deu. – "Há-de-o! Eu não sei de festa, não. Eu sei é carecer de trabalhar. "Mas não disse." Pensava. (EA, p.172)

O poder ilusório de Manuelzão continua a desfazer-se páginas depois, quando se focaliza uma pequena concentração dentro da grande concentração da festa, representativa em sua qualidade "do ser", como diria Guimarães Rosa, do acontecimento:

> Manuelzão se sentara na roda dos hóspedes principais ... O Nho, seo Filipinho, Joãozim da Venda do Porto, Compadre Lindorífico, Joaquim Leal, o Nicanor, falavam com louvor e respeito de Federico Freyre. (EA, p.183)

O natureza deceptiva da cena – que pode ser entendida como a triplicação da mesma função – está dada estilisticamente pela denominação *hóspedes* principais, seguida pela nomeação individual de cada um deles. No discurso, aparace primeiro o nível abstrato, seguido pela figurativização concreta. Nesse contexto, em que se observa uma seleção "natural" dos "habitantes das veredas e chapadas", o objeto da fala que construirá a fama não é Manuelzão, o dono visível, mas o dono *invisível.* Os louvores, ao se referirem a Federico Freyre, revelam a festa como uma glorificação do destinador e não do sujeito operador. E denuncia o modo deceptivo da atuação do primeiro. Quem se louva não é, portanto, o sujeito que sabe fazer, mas o poder do dinheiro. A carta se transforma, assim, de expressão de um referente – o desempenho efetivo do capataz – em expressão do próprio emissor. Ou seja, a ação de Federico Freyre se apresenta como transitiva *reflexiva.*

Com o desmascaramento do caráter ilusório do projeto proposto inicialmente pelo herói – ser fazendeiro e ser assim reconhecido –, desaparecem os fundamentos de um diálogo verdadeiro entre ele e aqueles que julgara seus pares no paradigma econômico e social. À visualização de tal situação colabora o confronto com dois atores. Primeiro, Camilo: "Possuía? Os cotovelos. Era mesmo quase igual com o velho Camilo..." (EA, p.187). Segundo, Acizilino: "Aquele Acizilino ia junto; e, engraçado de se pensar: ele Manuelzão nunca se casara, mas, agora constituía de patrão. E o Acizilino, mesmo velho companheiro amigo, como sendo, para ele trabalhava de empregado" (EA, p.146).

Ao situar-se dentro do sistema socioeconômico, a lembrança de Acizilino, principalmente, lhe evidencia, por meio de paralelismos, a reiteração, em diferentes níveis sociais da mesma estrutura, na qual não se confundem duas modalidades de valores: o econômico e o da amizade. A evocação do amigo lhe objetiva a sua própria realidade. Daí a denominação correta de seu lugar e de sua função em Samarra:

> Manuelzão trabalhava para Federico Freyre – administrador, quase sócio, meio capataz, de vaqueiros, *certo um empregado.* (EA, p.115) (grifos nossos)

ESPELHOS

Fechado o canal que o levaria ao diálogo com aqueles que considerava ilusoriamente seus pares, Manuelzão persiste na busca do sentido de sua vida por meio de novos caminhos.

A primeira porta que parece abrir-se é a da religião católica, presente na ocasião da inauguração de Samara na figura do padre, no ritual da missa e na prática da procissão. O momento da missa é focalizado iniciando-se pela capela, numa tomada a distância:

> A Capelinha estava só de Deus: fazendo parte da manhã, lambuzada de sol, contra o azul, mel em branca, parecia saída de um gear. (EA, p.115)

O parágrafo acima se divide em três segmentos, que se encontram numa relação metalingüística:

1 A Capelinha estava só de Deus.

2 fazendo parte da manhã
lambuzada de sol
mel em branca,
3 parecia saída de um gear.

A relação entre os segmentos 3 e 2 é a que existe entre denominação e definição, ou seja, o segmento 3 encontra a sua expansão no segmento 2. A mesma estrutura se repete entre o sintagma que encabeça o segmento 2 e os sintagmas subseqüentes: a relação metalingüística entre os dois segmentos comentados (2 e 3) e o primeiro está expressa pelo sinal gráfico dos dois pontos. O importante é verificar que os segmentos que funcionam como definição se apóiam numa isotopia cosmológica: a capela é vista como integrada no mundo natural. As referências a esse mundo criam um espaço amplo, tendendo à superatividade eufórica mítica.

Logo depois, focalizada de perto, a capela se converte em centro de irradiação. Assim, o silêncio no momento da Consagração é captado por sua oposição ao ruído:

> Era um silêncio espalhável. A gente ouvia as sariemas, no espinhaço da serra, retinir um seu canto emendado. Ouvia o barulho das vacas arrancando capim e dando bufo curto. (EA, p.156)

O silêncio vertical, referido pela significação do ritual religioso, em seu momento central, se transforma em condição para o estabelecimento de um processo comunicativo horizontal: a audição é o órgão criador de um espaço graças a uma operação cognitiva atenta, aplicada. Em seguida, os ouvidos são comutados nessa função pelos olhos:

> A gente punha os olhos para mais longe: a Vereda de Calabá – o buritizal provinha das neblinas do fundo, mas as pontas das palmeiras se amarelavam. Um cavalo solto dava um relincho comprido; da banda da Cambaúba. (EA, p.156)

Ao criarem o espaço, os olhos percorrem uma linha horizontal como no trecho anterior, e a seguir descrevem um movimento na dimensão vertical, orientado de baixo para cima, para retomar o horizontal.

Assim construído, o espaço, de dimensões amplas, se torna um continente cujo conteúdo se caracteriza por uma animação sobredeterminada pela aspectualidade inceptiva: "parecia *saída* de um gear", "buritizal *provinha* das neblinas", "as pontas se *amarelavam*", e pelos movimentos há pouco assinalados: "silêncio *espalhável* ", "retinir seu canto *emendado*", "relincho *comprido*". E desse conjunto natural não destoa o elemento humano:

> Saía da gente toda ali uma vontade de respeito, um suor de paz, de roupa nova e dia diferente, uma aragem de virtude ... Era um serenado sozinho, uma limpa de idéia, um conselho sem palavras que se recebia, tudo abençoava. (EA, p.156)

A naturalidade dos componentes não humanos que cumprem as suas funções se transforma, na esfera do humano, numa ausência de buliço, numa harmonia que se expressa mais claramente na ação comum do sol, subjacente a tudo, como indica a posição sintática em:

1 "A Capelinha ... *lambuzada de sol* ";
"mas as pontas se *amarelavam*";
2 "O povo – estavam como as árvores do cerrado *respingado de sol* ".

Essa comunhão cósmica tem, entretanto, como conseqüência uma ruptura interior: "Cada um longe de si". Nessa expressão metafórica se manifesta um estado noológico oposto ao que caracteriza o herói como sujeito cognitivo. Dentro da mesma isotopia, Manuelzão é um estar perto de si constante.

Esse mesmo contraste se reitera no contato do herói com o padre, encarnando o grau máximo de cultura letrada, na hierarquia presente na festa. Por isso, torna-se mais significativo, nas citações abaixo, o quiasmo entre os segmentos que referem o "encoberto" e o "não-encoberto" das coisas da natureza:

> Manuelzão *se esquecia do pé doente,* desejava conversar os *sublimes* com o padre ... Mas o padre não apresentava um encoberto de ser, nenhum ar de prestígios e penitências, que a gente estremecesse. Era um padre com *sangüínea saúde, diabo de moço, muito prático* em todos os atos... (EA, p.124) (grifos nossos)

Estampa-se aí um processo de desmitificação do padre. A sua figura, horizontal pela praticidade, se desqualifica para o papel de sujeito transformador que promova em Manuelzão a passagem do estado de ignorância para o de iniciado. O pragmatismo do padre se converte em textualização do próprio processo de redução de um texto em não-texto, segundo Lotman, pela carência de um "encoberto", de uma outra significação além do visível. Fecha-se, desta forma, mais uma porta ao diálogo procurado por Manuelzão.

Em compensação, uma dupla de mensageiros vai aos poucos se revelando aos olhos do leitor. Esse "encoberto de ser", objeto da procura do boiadeiro, já prenunciado nos mimos trazidos pelo povo à santa e que tanta estranheza e desconfiança despertam em Manuelzão, porque são objetos sem serventia prática, vai ser transmitido por Camilo, que é complementado, como vimos, por João Urugem.

O sinal mais claro desse papel de Urugem é, como assinalamos, a sua presença inesperada na festa, cujo caráter extraordinário, apontado pelo próprio anfitrião, é indiciado pela forma com que é anunciada:

> E pois, aquele João Urugem, por um assombroso, conseguira ter informação da festa, e agora estava ali, na Samarra, se aposentando no matinho para lá dos currais. *Mesmo assim, os cachorros estranhavam o indício dele, iam para lá, latir.* (EA, p.125) (grifos nossos)

Em Camilo, tais sinais podem ser buscados já em seu próprio nome: de um lado, a referência bíblica, ao santo enfermeiro, cuja pertinência está comprovada no nível denotativo por um objeto próprio à ação do santo: o pé machucado de Manuelzão; por outro, a sua função de mensageiro. Nos dias comuns, quase um pária como Urugem, no tempo utópico da festa Camilo sofre todo um processo de transformação e transfiguração que lhe denuncia uma natureza ambígua. Essa transformação se reveste de características específicas que passamos a analisar.

Já no plano da expressão, todo um percurso semântico veiculado pelas formas de tratamento pode ser mapeado. Em quase toda a extensão do relato, ao ser focalizado em terceira pessoa, Camilo é nomeado pelo sintagma *o velho Camilo.* Como interlocutor no nível da estória é chamado de *Seo Camilo, Velho Camilo.* Grafado em maiúscula e precedido pelo artigo definido ou equivalente (*o Velho Camilo)*, o primeiro sintagma se encontra substituído algumas vezes por *Velho Camilo,* em que fica abolido o determinante. Empregado em início de parágrafo, o uso da maiúscula se neutraliza:

"Velho Camilo respondia, com seo sério..."

"Velho Camilo estava ralhado..."

"Velho Camilo indicara desgosto grande."

Essa ambigüidade, porém, inexiste no trecho seguinte: "De sombra, se vislumbrava que a Joana sua parte, dele velho Camilo não fazia caso" (EA, p.165). Nem quando o sintagma vem precedido pelo artigo e grafado em maiúscula: "A estória do Velho Camilo" (EA, p.188). Curiosamente, no entanto, as duas variantes comparecem no mesmo parágrafo, na exortação de Manuelzão:

> De daí, ô gente, agora me venham, para perto, e queiram, todo o mundo escutar. Ao velho Camilo de gandavo, mas saído um outro Velho Camilo, sobremente, com avoada cabeça, com senso forte. (EA, p.188)

Entremeando a narração do romanço por Camilo, uma nova exortação aí se encontra:

> O violão tem os mil dedos, fez-se o violão para se gemer. Seo Velho Camilo em fim de festa, carece de recomeçar. (EA, p.189)

em que o locutor assimila duas formas: Seo Camilo + Velho Camilo = Seo Velho Camilo. É interessante observar que, no final da novela, entremeando a narração de Camilo, a forma Velho Camilo é mantida com exceção de uma única vez:

> Joana Xaviel de certo chorava. Essa estória ela não sabia, e nunca tinha escutado. Essa estória ela não contava. O velho Camilo que amava. (EA, p.200)

Ou seja, parece importante que justamente ao tratar-se de Joana Xaviel e ao focalizar-se o relacionamento amoroso, volte o adjetivo e grafado em minúscula.

Finalmente, uma observação: Manuelzão, ao dirigir-se a Camilo, sempre o faz chamando-o *Seo Camilo,* variante com que se encerra a novela. Mas, curiosamente, exatamente nesse final, Camilo substitui o sintagma *seu/seo Manuelzão,* com que sempre se dirige ao herói em contraste aos demais, por *Manuelzão.* Forma, como se sabe, como este se autonomeia ao longo do monólogo. Seriam esses pormenores indícios do retorno do mundo mítico de que o Velho Camilo é o mensageiro para o mundo profano a que pertencem o velho Camilo e Manuelzão? Mas a partir desse momento, desse contato com o domínio mítico, revelado pelo Velho Camilo, o nome Manuelzão (e não seo Manuelzão ou Manuel) está prenhe de significação.

No plano do conteúdo, esse percurso semântico do nome encontra equivalente em um outro que se pode sintetizar na denominação *reparar.* Em determinado momento, manifestando a natureza mítica de sua operação cognitiva, o herói se volta sobre a sua própria atividade e se pergunta: "Por que era que ele, Manuelzão, *derradeiramente, reparava tanto* no velho Camilo?" (EA, p.131) (grifos nossos). Nos termos em que a questão é formulada, destacam-se aspectos fundamentais de tal percurso. Em primeiro lugar, a interrogação expressa a bipartição do sujeito, ou a instalação de níveis de conhecimento: o do sujeito que repara e o sujeito que sabe que repara. É neste nível que ocorre a verbalização do acontecido, ou seja, a sua transformação em discurso. Em segundo, os dados que demarcam temporal ("derradeiramente") e aspectualmente ("reparava", "tanto") o fato. Em seguida, no verbo *reparar* identifica-se uma parada como ato somático e uma parada como ato cognitivo. E, finalmente, a recepção por

Manuelzão da marca que o identifica como eleito: "Por que, ele, Manuelzão...?". A resposta vem formulada em dois planos. Num plano prático, a resposta –

> Quem dirá, afora ele mesmo, somente o velho Camilo estaria advertido em sua mãe senhora, enterrada lá no alto... (EA, p.130)

– assinala a aproximação de Manuelzão e Camilo por meio da figura da mãe; conseqüentemente, assinala-se o reconhecimento nesse dado do distanciamento de ambos com relação às demais pessoas. Mas a resposta se localiza, também, num plano simbólico que requer um exame mais demorado:

> Embora o sentimento *por dentro,* que Manuelzão pensava, era o de um sendo-sucedido estúrdio: que esse velho Camilo, no diário dos dias ali na Samarra, se pertencia justo, criatura trivial: mas, agora, descabido no romper da festa, ele perdia o significado de ser – semelhava um errante quase um morto. Porque, assim, clareada uma festa, o velho Camilo se demonstrava a pessoa separada no desconforme pior: botada sozinha no alto da velhice e da miséria. (EA, p.131) (grifos nossos)

O enunciado acima pode ser segmentado em três partes, todas as três introduzidas por um conectivo: Embora...; mas, agora...; Porque, assim... A primeira parte coloca a oposição: *sentimento por fora versus sentimento por dentro,* em que a primeira resposta, acima transcrita, parece corresponder ao segundo termo da relação: sentimento "por fora". A tautologia contida no sintagma "sentimento por dentro" põe em destaque a fonte de toda a transformação de Manuelzão. Esta, como resultado do reconhecimento no velho Camilo de um mensageiro de um saber, se desenvolve como movimento que se origina nas *profundidades do homem e aflora à consciência.* Torna-se importante destacar tal aspecto ao ter-se em conta, de um lado, a função e a conformação do *riachinho* seco, e, de outro, a função das quadras e máximas recitadas na novela, como veremos mais adiante.

Pelo segundo conectivo – "mas, agora" –, enfatiza-se a relação de contrariedade entre os dois tempos: dias úteis/dias festivos. E, finalmente, a síntese, na terceira parte.

No trecho acima tem-se, assim, a representação de uma incidência, em que Camilo é visto de duas formas. Pela primeira, cujo sinal seria /dias comuns, não-marcados/, ele é plano de expressão de um conteúdo: "criatura trivial". Pela segunda, cuja marca seria /dia de festa/, ele é a realização de um conteúdo que o narrador denomina "um errante quase um morto", e define logo abaixo: "o velho Camilo se demonstrava a pessoa separada no desconforme pior: botada sozinha no alto da velhice e da miséria".

Um levantamento sêmico de *errante* exibe como resultado o que se poderia resumir no seguinte: /ausência de um ponto de fixação, movimento em espaço não determinado e sem limites/. O que nos remete ao motivo da viagem, recorrente em Guimarães Rosa. A expressão "quase um morto" coloca uma contradição de /morte/ *versus* /não-morte/, aspectualizada em sua mediação discursiva como /durativo/+/tensivo/+/terminativo/, permitindo a passagem de um termo contraditório a outro. Em /não-morte/, por pressuposição tem-se /vida/: com isso obtém-se um estado complexo de /vida/ e /morte/ mas com dominância de /morte/.

Essa caracterização disfórica de Camilo contrasta com a circunstância em que ocorre: "clareada uma festa". À circunstância social marcada, em que se dá o reconhecimento de Camilo, corresponde, como se vê, pela expressão estilística, o valor axiológico de luz; é, portanto, com a festa-luz-irrompendo que se revela a ambivalência do velho agregado.

Por outro lado, a expressão utilizada põe em relevo a relação de contrariedade entre a circunstância assim caracterizada e o conteúdo manifesto por Camilo: um conteúdo disfórico superlativo. Além do distanciamento entre os demais convidados e ele ("pessoa separada"), observa-se a oposição entre velhice e miséria, de um lado, ambos conotando carência de vida, e, de outro, a representação figurativa espacial *alto*. A ambigüidade resultante indicia a importância do papel desempenhado pelo ator.

Essa mesma ambigüidade volta a verificar-se mais tarde na imagem, já aqui citada, em que Camilo é comparado a uma árvore de tronco oco, coberto de folhas verdes. "A marca", diz Greimas (1976, p.18), "constitui, justamente, no discurso narrativo, essa falha, esse buraco a partir dos quais a isotopia do secreto se torna visível". Em Camilo, ela se torna mais visível pela oposição da carência acima apontada, apresentada de forma superlativa – "desconforme pior" – ao comportamento social do ator e o domínio sobre si mesmo: "Tão natural de humilde, o velho Camilo era ali, entre todos, o que sembrava ter mais fineza e cortesia, de homem constituído, bem governado" (EA, p.16).

Nas citações acima, a revelação de Camilo se caracteriza não como uma emissão de signos; pelo contrário, tem-se a impressão de que o sujeito cognitivo se transforma em identificador de sinais. Em conseqüência disso, a abertura do canal de comunicação entre destinatário e destinador se realiza a partir do primeiro: "A ver, o que é, seo Camilo? Desejava dizer nada" (EA, p.181). Apesar disso, a tentativa persiste:

> Dava aquela idéia que o velho Camilo não carecesse de falar alguma coisa. O que pressentia. Assunto podendo ser nos máximos, importante real. Não falava, quem sabe coragem não tinha?

> – Seo Camilo, o senhor estará por dizer alguma coisa?
> – Particular nenhum, seo Manuelzão, é dúvida? Fio que não terei. Assim o outro mesmo se admirava, sem maldar. (EA, p.182)

Camilo é nomeado *outro* pela segunda vez na novela. A primeira ocorre uma página antes, cujo contexto esclarece o seu sentido:

> – Seo Camilo, o senhor está gostando da festa?
> O outro descobriu o ser de seu rosto, mesmo no meio-escuro. O que respondia:
> – Eu não diverto, não. Eu só enteiro e semelho... (EA, p.181)

O diálogo é o monólogo de Manuelzão no nível de consciência. Daí a repercussão nela da resposta de Camilo: "Isto disse o demo do velho. Parecia repetido em eco, quantas vezes". Eco de si mesmo, de sua interioridade, como se nota logo depois quando Camilo volta a ser denominado "outro".

> Assim o outro mesmo se admirava sem maldar. Mas que, de todo quisesse dizer uma coisa no coração de Manuelzão parecia. (EA, p.181)

O *reparar* que dera início, portanto, à constituição do processo de comunicação é substituído pela *indagação,* ao mesmo tempo em que o outro vai sendo reconhecido como depositário de um saber desconhecido. Entre as citações acima, interpõe-se um crescendo em que já se questiona o conteúdo da mensagem e se assinala uma característica importante no mensageiro: a não-consciência de seu papel actancial. A busca tateante e o desconhecimento do objeto procurado colocam-se claramente logo abaixo:

> Daí pois, perguntava. Perguntava?
> – Seo Camilo... *Que era que ia indagar!* (EA, p.188) (grifos nossos)

A comunicação se efetiva quando o próprio sujeito-destinatário identifica o objeto e transforma a indagação em *ordem*:

> Só mandando. Mandava.
> – Seo Camilo!...
> – Seo Camilo, o senhor conte uma estória! (EA, p.188)

Concomitante à criação mesma do mensageiro, comprovando o papel de destinador de uma mensagem verbal, processa-se um desmascaramento[4] de

4 Segundo Greimas, não é só o vilão que é desmascarado no final da narrativa canônica como também o herói, pois este normalmente não se apresenta no início com as marcas que o identificam como tal. A sua máscara consiste na sua aparente não qualificação.

Camilo no plano cênico. Preparando a aparição verdadeiramente cênica de Camilo, a sua natureza ambígua é apreendida, como já se colocou, como "sentimento por dentro". Por isso, o motivo da luz comparece, não no nível figurativo concreto mas no verbal, em que a correlação paradigmática de valores axiológicos e de sua forma de manifestação começa a afirmar-se:

> descabido no *romper da festa* ... *clareada uma festa,* o velho Camilo se demonstrava a pessoa separada no desconforme pior. (EA, p.131) (grifos nossos)

Duas páginas adiante, o processo da revelação ganha concretude. Na véspera da festa, à noite, realiza-se a procissão até a capela. Lá chegando, não pode entrar na igrejinha por estar "afrontado na boca dos peitos", e "para respirar mais a solto, e descansar o pé, Manuelzão se afastava um pouco do resto do povo". E daí observa:

> Enternecia um pouco assistir às chamas saltantes, que agüentavam a aragem nos paus da cerca do cemiteriozinho. Manuelzão não o procurava ver: mas à luz redondã, de uma daquelas velas, a cara do velho Camilo se descobria, dobrada sua palidez, diferido. Sem ser forte, mas com voz reconhecível, ele também cantava. (EA, p.134)

Em primeiro lugar, observa-se a separação espacial entre o herói e os demais acompanhantes da procissão. Elemento importante na criação do sujeito cognitivo, pois, na realidade, a distância espacial é a realização figurativa da distância cognitiva necessária à apreensão do objeto pelo sujeito. É graças a ela que o sujeito consegue distinguir o seu objeto da massa não significativa: Camilo se destaca da multidão. É interessante atentar ainda, com relação ao espaço, como a contigüidade entre a capela e o cemiteriozinho é aproveitada na dimensão simbólica da narrativa: Manuelzão se desloca da proximidade da capela para junto do cemitério. Esse mesmo deslocamento é realizado pela luz das velas. Com isso, o termo que recebe destaque é /morte/. É, portanto, nesse contexto de morte – e não propriamente de festa – que a figura de Camilo começa a ganhar consistência como mensageiro. A sua revelação se faz quase à revelia do sujeito cognitivo, fato muito bem expresso pelo uso ambíguo do pronome pessoal no segmento: "... da cena do cemiteriozinho. Manuelzão não o procurava ver: mas à luz redondã ... a cara do velho Camilo se descobria". À primeira leitura, confere-se ao pronome *o* uma referência catafórica – reportando a *cemiteriozinho.* Logo em seguida, porém, dá-se conta de sua referência anafórica processando-se tortuosamente, ao nos remeter ao determinante – *do velho Camilo*, e não ao núcleo do sintagma *a cara do velho Camilo,* como que afirmando a presença subliminar do ator na consciência do sujeito. A narração não diz: "Manuelzão não o procurava", mas "não o procurara".

A realização discursiva da oposição entre sombra e luz põe em relevo uma relação em que *sombra engloba luz,* ou seja, a luz sai, emerge da sombra, e não o contrário. Tal predominância da sombra como morte é confirmada na reiteração hiperbólica do índice de palidez, que traz implícito o percurso da interioridade para a exterioridade do ser.

Um outro componente da estruturação de Camilo como mensageiro é igualmente encaixado aí, dentro dos princípios da motivação realista: a voz. "Sem ser forte, com voz reconhecível", ele canta. Ela é, no entanto, submetida a um estranhamento pelo próprio Manuelzão, do qual se vale o narrador para introduzir, na forma de máximas e quadras, um outro elemento fundamental: a palavra e sua função criadora:

> Nem era de não saber que ele podia cantar e competia, por si, os assuntos – que era só alguém pedir, e ele desplantava de recitar, em qualquer dia de serviço, ali no eirado, à beira de um cocho – "*O bicho que tem no campo, o melhor é a sariema: que parece com as meninas, roxeando as cor morena...* (EA, p.133)

Observe-se a sutileza com que, dentro do mesmo princípio de construção, o narrador coloca a oposição dia de festa/dia de trabalho, com respeito à pertinência da distribuição de atos, ações e comportamentos, dentro dessa divisão temporal. No decorrer da festa, o caráter não buscado do encontro com Camilo se comprova:

> Manuelzão retornava dali, no antepé, acautelando que aqueles dois não o pressentissem estado lá de escuta. Andou. Esbarrou. Quem barulhava era um macho de galinha-d'angola. *Acolá, surpreendendo em sombra, o velho Camilo* – feito um bugre, assim sutilmente. (EA, p.134) (grifos nossos)

O motivo da sombra volta aí reiterando-se logo abaixo duas vezes. Primeiro, na caracterização fisionômica do ator – "O velho Camilo, soturno" –; em seguida, na referência ao ambiente em que a correlação sombra = englobante/ luz = englobado se confirma: "O outro descobriu o ser de seu rosto, mesmo no meio-escuro" (EA, p.134). Atente-se ainda nesse enunciado para, primeiro, a posição de sujeito frasal ativo ocupada pelo dêitico que se refere a Camilo; segundo, para a ação reflexiva do predicado cujo verbo denota, em sua etimologia, o ato mesmo de remoção de cobertura, de máscara; e, finalmente, dentro dessa isotopia, o emprego da expressão rosiana *o ser*, significando essência, realidade, verdade.

Ao lado de tais componentes da configuração do mensageiro, um novo se surpreende no trecho acima: o *bugre*. A comparação ao bugre ocorre nesta novela três vezes, salvo engano. A primeira vez, o bugre aparece como o anti-herói no trabalho de desbravamento do sertão pelos antepassados do Senhor de Vilamão. Algumas páginas depois, reaparece no momento em que o trabalho de boiadeiro, de conquistador do sertão, é questionado por Manuelzão. "Pra quê? Só estamos repisando o que foi do bugre. Quem picou as primeiras terras?" (EA, p.158). Tais alusões aos primórdios da colonização e implantação da civilização, aliadas à imagem de Camilo emergindo "sutilmente" das sombras, talvez autorizem ver aí uma isotopia mítica. Bastaria, a estas alturas, evocar a posição de João Urugem na relação natureza/cultura já aqui examinada. Não por acaso, ao tentar justificar a sua reiterada interpelação a Camilo (não compreendida por este), Manuelzão, "por simples encobrir", pergunta: "– Seo Camilo, se sabe desse Urugem? Se disse passou o dia dormindo, debaixo do arvoredo?" (EA, p.182).

Esses dois movimentos, de abertura da comunicação por um lado, em que cabe ao herói a sua busca e instalação e, de outro, da revelação do mensageiro, se unem no final da festa, constituindo o clímax da narrativa. Encontrada a chave pelo herói, estabelece-se a comunicação:

> – Seo Camilo, o senhor conte uma estória!
> O que era para se dizer e não se crer. Pois, então era? assim de só ser, sem razão. Uma estória. Mas o *velho Camilo entendeu, obedeceu.* (EA, p.188) (grifos nossos)

A partir desse entendimento (de quê?), inicia-se um processo de transfiguração. Primeiro, a negação que confirma a qualificação do agregado:

> Alguns ainda riram dele...
> O velho estava em pé, no meio da roda. Ele tinha uma voz. Singular que não se esperava, por isso, muitos já acudiam, por ouvir. (EA, p.188)

Segundo, a imagem em círculo, já presente no primeiro instante de desmascaramento de Camilo: "à luz redondã, de uma daquelas velas". Ao ocupar o centro, ele comparece inteiro e vertical, em substituição às representações anteriores, sinedóquicas do rosto. Depois, agora na forma concreta e hiperbólica das fogueiras e fachos, confirma-se a imagem da luz emergindo das sombras: "Com facho, tocha, rolo de cera aceso, e espertem essas fogueiras – seo Camilo é contador" (EA, p.189).

ESTÓRIAS

Ao focalizar Manuelzão em sua afirmação social, assinalamos já um primeiro modo de utilização da palavra como energia criadora, como a força que dá a ser e o cristaliza: a fama, entendida como verbalização de uma realidade que só existe efetivamente quando referendada pelo espelho da palavra. Mas a palavra como criadora de ser aparece abordada de maneira genuinamente rosiana quando o narrador expõe a relação entre o fado e a sua narração:

> Manuelzão, com dois campeiros escutava, não conseguia mais forte aquelas novidades: – "Estória!" – ele disse, então. Pois, minhamente: o mundo era grande. Mas tudo ainda era maior quando a gente ouvia contado, a narração dos outros, de volta de Manuelzão, com os dois campeiros escutava, não conseguia mais forte do que aquelas viagens. Muito maior do que quando a gente mesmo viaja, serra-abaixo-serra-acima... (EA, p.129)

Eis aí o gérmen de "Cara-de-Bronze", que se comprova na página seguinte:

> Mundo grande! Mas ainda muito maior, quando a gente podia estar em casa, e os outros vinham, empoeirados de sete maneiras, por estradas sertanias – e pedia de um café, um gole d'água. Cada um tinha visto muita coisa, e só contasse o que valesse ... Para bem narrar uma viagem, quase se tinha necessidade de inventar a devoção de uma mentira. (EA, p.131)

Mas a palavra poética propriamente aparece nesta novela de duas maneiras distintas, além das cantigas dos convidados. Uma, nos ditos, máximas e quadras populares, recitados por Camilo e, outra, nas estórias contadas por Camilo e Joana Xaviel. Com respeito aos primeiros, o narrador distingue muito claramente a sua dupla face. No plano do parecer, a sua não significação: "Aquilo era como se beber café frio, *longe da chapa da fornalha.* O velho Camilo instruía as letras, mas não comportava por dentro, *não instruía a cara dos outros no espelho* (EA, p.134) (grifos nossos). E no plano do ser: "então mais tarde era que se achava o querer solerte das palavras, vindo de longe, de dentro da gente mesmo" (EA, p.134). E, nessa oposição, estão bem evidentes a função dessas composições, depositárias de um saber específico, e a sua forma de manifestação. Como já assinalamos em vários momentos, a expressão metafórica desse saber e de sua função encontra correlato na imagem espacial de um continente oco a ser preenchido de dentro para fora: isto é, de um conteúdo que emerge preenchendo o espaço vazio. *É essa imagem que se identifica na visão do riachinho, de Camilo, na conceituação de festa e estória, e na função das máximas e ditos populares.*

Em conformidade com a qualificação dos contadores de estória, as duas estórias contadas integralmente se colocam numa relação opositiva. De um lado, a estória de Joana Xaviel, a estória da Destemida, a mulher má que vence na vida sem punição; de outro, a estória narrada por Camilo, o *Romanço do Boi Bonito*.

A primeira estória, além de uma abordagem quase terra a terra de um tema também corriqueiro, finaliza com a obtenção, pelo vilão, dos bens requeridos. Segundo a morfologia proppiana, ela termina na função *Dano* – triplicada. A segunda, de tema fantástico-maravilhoso, cumpre todas as funções proppianas fundamentais e termina pela prova de glorificação em que a função *casamento* é substituída por uma conjunção equivalente: a recepção definitiva pelo herói do objeto mágico.

Essa oposição estrutural dos relatos é homologada pelas qualificações dos contadores. À semelhança do que ocorre em "São Marcos", em que o poder mágico da palavra é manipulado benéfica e maleficamente, Camilo e Joana, na condição de dotados de uma competência peculiar – a de contar estória –, apresentam sua dupla face: transfiguração semelhante à já analisada com relação a Camilo, sofre Joana no momento em que conta estória. Nos dias normais, Camilo se caracteriza pela dissimulação, ou seja, evita trazer ao plano do parecer o seu verdadeiro ser. Joana, pelo contrário, em dias normais se caracteriza pela simulação, pela manifestação no nível do parecer de um ser falso. "Essa", diz o narrador, "se fingia em todo passo, muito mentia, tramava, adulava" (EA, p.139). Essa simulação que, na verdade, é uma forma de manipulação do próximo se acentua no momento da narração, em que a bruxa se traveste de fada:

> Joana Xaviel sabia mil estórias. Seduzia – a mãe de Manuelzão achava que ela tivesse a boca abençoada. Mel, mas mel de marimbondo. (EA, p.139)

A *sedução* é esclarecida na página seguinte, na qual se reitera a qualificação disfórica do contador, e a luz, de signo de revelação em Camilo, passa a fazer parte do processo de mascaramento:

> Joana Xaviel demonstrava uma dureza por dentro, uma inclinação brava, quando garrava a falar as estórias, desde o *alumeio da lamparina, a gente recebia um desavisado de ilusão,* ela se remoçando beleza, aos repentes, um endemônio de jeito por formosura. ... Pegava a contar estórias – gerava torto encanto. (EA, p.138) (grifos nossos)

As suas estórias também exibem características do mesmo teor, pela atração e a repulsa dos objetos ambíguos, cujo efeito se evidencia como oposto ao obtido por Camilo: as estórias se constituem em processo de alienação cosmo-noológica: "As estórias tinham *amarugem e dodice.* A gente escutava, *se esquecia de coisas que não sabia*" (EA, p.138) (grifos nossos).

O sentido da audição ganha, portanto, nesta novela, dupla função. Da mesma forma que em Maria Mutema, em que o *ouvir* equivale *à morte*, aqui, com Joana, a "dureza por dentro" é espelida pela boca e introduzida pelos ouvidos, causando a morte. A expressão metonímica utilizada pela mãe de Manuelzão para qualificar Joana Xaviel expõe a natureza ambígua da *boca.* A figura quer significar, numa primeira instância, a substituição do sujeito pelo instrumento, mas o contexto disfórico denuncia o caráter real, instrumental do órgão. Este, também, objeto de manipulação do sujeito que o faz parecer "uma boca abençoada".

Mas o processo contrário também se verifica nesta narrativa: graças ao ouvido, com Camilo, o saber existente em cada um é atraído de dentro para fora; as suas estórias "constróem a cara dos outros no espelho". É importante lembrar que a presença do riachinho seco no espírito de Manuelzão se faz como audição: "perdido o sono, parecia estar escutando outra vez o riachinho cantar em grota abaixo, de checheio" (EA, p.151).

A reação do auditório à narração de Joana Xaviel traz, por outro lado, um componente importante para a compreensão da função das estórias populares:

> (A estória se acabava aí, de-repentinamente, com o mal não tendo castigo, a Destemida graduada de rica, subida por si, na vantagem, às triunfâncias.) Todos que ouviam, estranhavam muito: estória desigual das outras, danada de diversa. Mas essa estória estava errada, não era toda! Ah, ela tinha que ter outra parte – faltava a segunda parte? A Joana Xaviel dizia que não, que assim era que sabia, não havia doutra maneira. Mas – uma segunda parte, o final – tinha que ter! Um dia, se apertasse com a Joana Xaviel, à brava, agatanhal, e ela teria que discorrer o faltante. Ou, então, se vero ela não soubesse, competia se mandar anviados com paga, por aí fundo, todo longe, pelos ocos e veredas do mundo Gerais, caçando – por se indagar – cada uma das velhas pessoas que conservavam as estórias. Quem inventou o formado, quem por primeiro descobriu o vulto de idéia das estórias? Mas, ainda que nem não se achasse mais a outra parte, a gente podia, carecia de nela acreditar, mesmo assim sem ouvir, sem ver, nem saber. Só essa parte é que era importante. (EA, p.151)

No trecho acima se demonstra claramente, de um lado, que a estória da Destemida não atende ao conceito ideal de estória, conforme se lê na definição abaixo, em que volta o *ouvir* em sua função eufórica:

> Chegava na hora, a estória alumiava e se acabava. Saía *por fim fundo, deixava um buraco.* Ah, então, a estória ficava pronta, rastro com o de se ouvir uma missa cantada. (EA, p.115) (grifos nossos)

Por outro, está claro o papel crítico, em que a definição poética acima é traduzida por meio do arrolamento das características que não devem existir nas estórias ideiais: fica evidente, assim, a idéia de estrutura fechada de estória, dividida em duas seqüências. Evidencia-se também a importância da segunda parte, a da reintegração dos bens alienados na primeira. Pergunta-se pela origem das estórias. Lembrando muito de perto a estória de Grivo e a sua viagem, revelam-se a sua função e a sua forma de preservação no espaço e no tempo. Dentro desse contexto, a estória de Joana Xaviel prepara criticamente a de Camilo, de que é o espelho em negativo.

ROMANÇO DO BOI BONITO

Encaixado na narrativa, o *Romanço do Boi Bonito* mantém com ela uma relação paralelística. Dentro dessa estrutura, e por situar-se no final da novela, ele se encarrega da mesma função clássica do *reconhecimento.* O encaixe e o reconhecimento podem ser entendidos à luz das colocações de Greimas sobre a intercalação:

> A intercalação aparece como um processo formal de organização discursiva que permite, sob a forma simulada de uma expulsão de conteúdo para fora do texto, integrá-los mais intimamente num discurso único e coerente.
>
> Esse procedimento simula a disjunção temporal, fazendo a seqüência intercalada parecer uma evasão fora do tempo do relato. Com efeito, ele introduz, no programa discursivo único, uma nova dimensão, um "tempo interior" segundo ...
>
> O mesmo acontece com as transformações espaciais que ela afixa: longe de criar um espaço englobante dissociado do espaço englobado (isto é, o lugar atualizado do discurso), ela constrói um espaço interior utópico.
>
> Se a debreagem espácio-temporal da seqüência intercalada (sua projeção fora do texto) está suficientemente precisada, o processo de embreagem (sua reintegração no texto) requer uma exame suplementar ... Com efeito, a embreagem toma aqui a forma de "reconhecimento" que interpretamos, num primeiro momento, com a ajuda do *Petit Robert,* como uma operação cujo resultado consiste na aquisição de um saber sobre a relação de identidade que existe entre dois termos quaisquer ...: a identificação comporta, portanto, uma neutralização da categoria temporal ... A operação cognitiva estabelece assim o predomínio da relação de identidade sobre a categoria temporal. Ora, essa relação de identidade é uma relação anafórica formal, aproximando dois termos quaisquer: diríamos que se trata de uma anáfora cognitiva.
>
> Bem entendido, os termos assim aproximados são suscetíveis de serem investidos de certos conteúdos ... Trata-se aí de uma anáfora semântica. (1976, p.44)

Com base nesta longa explanação teórica, pode-se entender que a embreagem espácio-temporal e actorial logo no início transforma Manuelzão no sujeito que vai proceder à identificação formal e semântica de sua existência (convertida em um texto memorizado) com o romanço. Do ponto de vista formal, a relação dos termos confrontados pode ser esquematizada da seguinte maneira:

$$\frac{\text{vida de Manuelzão}}{\text{romanço}} = \frac{\text{reconhecimento}}{\text{o conhecimento}}$$

No ato, portanto, do reconhecimento, já investido de conteúdo, processa-se uma embreagem que realiza a função da festa na concepção de Manuelzão: de comunhão do homem aos homens e dele consigo mesmo.

Examinemos, agora, o *Romanço do Boi Bonito.*

Antes de mais nada, a configuração da situação em que se enuncia o romanço. Em primeiro lugar, a luz, em que se reconhece o valor axiológico *saber,* tem nesse final uma realização figurativa hiperbólica – com relação à luz da vela – na forma de fogueira e fachos. Essa realização homologa a passagem, na narrativa, do reconhecimento do plano individual para o coletivo. Em seguida, a transformação do emissor: esta, em sua caracterização cênica, é um sinal de um saber e de um saber específico que se declara mais tarde: "Cantiga que devia de ser simples mas para os pássaros, as árvores, as terras, as águas. Se não fosse a voz do velho Camilo, poucos podem perceber o contado". Camilo, ou mais propriamente a sua voz, é o sujeito transformador que promove a possibilidade de conjunção do sujeito-receptor com o sentido das palavras, de outra maneira só acessível a pássaros, árvores, terra e água. Camilo é o cantador qualificado que garante ao relato a sua função de texto.

Submetendo-se o romanço a uma análise morfológica, segundo o modelo proposto por Propp, obtém-se a seguinte leitura:

Situação inicial: O espaço se apresenta como o centro mítico do mundo ("centro deste sertão e de todos") e como espaço alegórico ("A fazenda Lei do Mundo, no campo de Seu Pensar"), e se especifica como uma "grande e ilustre fazenda, largos campos, fim das terras, essas províncias de serra, pastagens de vacaria, o urro dos marruás". A posse econômica e a posse do cavalo encantado delineiam um estado de plenitude dos atores:

Afastamento: Morre o velho fazendeiro, deixando herdeiro seu filho.

Carência: Ao lado da plenitude econômica do mandatário, aparece a carência de um saber especial não herdado – não saber montar o cavalo encantado –, ao lado de uma outra carência de um bem também especial – não possuir o

Boi Bonito. ("Nos pastos mais longe da fazenda, vivia um boi que era o Boi Bonito.").

Pedido de ajuda: convocação de todos os bons vaqueiros para ir em busca do Boi.

Aparição do herói: "Deu vez, veio um vaqueiro de fora."

Prova de qualificação: O vaqueiro escolhe acertadamente o cavalo encantado.

Recepção do objeto mágico: Monta o cavalo mágico.

Partida: "Quando os cavaleiros saíam, parecia pra uma guerra. Saíram com o sol saindo, no rastro da madrugada".

Prova principal: Vencido o medo, Boi Bonito subjugado.

Retorno: "Viajou diretamente. Chegou lá, no estado da noite, véspera do galo cantar".

Prova de glorificação: Aparição do falso herói, não reconhecimento do sucesso. O vaqueiro traz o Boi para a fazenda: reconhecimento.

No desfecho, a situação inicial encontra-se invertida: o fazendeiro obtém o Boi Bonito mas fica sem o cavalo, enquanto o Vaqueiro-menino, que chegara sozinho, parte montado no cavalo encantado. Pela esquematização acima, pode-se afirmar que o romanço cumpre integralmente as duas seqüências da estrutura narrativa canônica. E, como acontece com o auditório de Joana Xaviel, reconhece-se a relevância do segundo segmento, o da reintegração dos bens alienados.

A caracterização do herói como *vaqueiro* assinala de antemão um papel temático que pressupõe toda uma competência específica: saber lidar com bois e cavalos. A sua atuação como herói é, em uma primeira instância, a confirmação dessa competência. A determinação do cognome *vaqueiro* pelo sintagma *de-fora* traz à baila uma articulação da categoria espacial aqui/acolá, responsável por dois deslocamentos: a chegada do herói desconhecido e a sua partida final. Tal indicação enfática da dissociação entre herói e os demais companheiros envolvidos na estória, quanto à coletividade a que estes pertencem, ao ser confirmada no final pela partida do mocinho, uma vez cumprida a sua missão singular, coloca a questão do destinador. A indagação se desloca para identificação dessa vontade superior que oferece à coletividade, encarnada pelo fazendeiro, o sujeito competente para sanar a carência decorrente da morte do fazendeiro-pai. Por outro lado, tem-se aí o herói itinerante, cujo prêmio não é um objeto-bem mas um objeto-valor: reconhece-se aí o paralelismo com a vida de Manuelzão.

O cognome – Menino – o inclui no paradigma dos atores da obra de Guimarães Rosa que, como demonstrou Benedito Nunes, encarnam a figura mítica da Criança Primordial. A estas alturas, é interessante lembrar que o motivo da criança aparece em alguns momentos da narrativa, sendo o principal deles o da comparação da morte do riachinho.

O saber que modaliza o Menino-Vaqueiro é específico: um saber sobre o seu destino e a sua missão: "Esse Boi já me sonhou, este cavalo sabe tudo" – e, conseqüentemente, um saber-fazer que o distingue dos companheiros. Faz parte desse saber-fazer a dualidade medo/coragem. São curiosas as diferentes realizações dessa dicotomia pelo herói. Em dado momento, se apresenta ele como o termo neutro – "não tenho coragem nem medo" – denunciando a sua natureza sobre-humana como ele próprio explica: "tenho o Cavalo baseado". Deixando, porém, esse plano não humano, o Vaqueiro-Menino se localiza ora como *afirmação de coragem* ("Aqui, todo mundo carece de ser valente), ora como a *negação do medo* ("O Vaqueiro mandou o medo embora"). Ou seja, ele se situa na dêixis coragem/não-medo. Parece-nos que a primeira variante se refere ao *ser* do Vaqueiro, enquanto as duas últimas se situam numa dimensão pragmática ao saber-fazer. É nesta dimensão que o Vaqueiro se configura como modelo. Tendo em vista isso, podemos afirmar que a prova principal de seu desempenho não consiste propriamente na vitória sobre o Boi (isto estava preestabelecido pelo destinador mítico), mas a vitória sobre o medo. É com base nessa vitória que se inicia a perseguição do Boi: pode-se reconhecer aí o interpretante do longo monólogo de Manuelzão. Afinal, Samarra "era umas araraquaras. A Terra do Boi Solto" (EA, p.116).

O investimento não-coragem/não-medo se fundamenta, como ficou assinalado há pouco, numa relação participativa entre o cavalo e o vaqueiro. O Cavalo, a partir de então grafado em maiúscula, em equiparação ao Boi e ao próprio Vaqueiro, não participa da prova fundamental, mas serve ao herói. Por isso, não é propriamente o Vaqueiro quem comanda o Cavalo:

> Deu o adeus pra si mesmo, não deu de esporas no Cavalo ... O Vaqueiro partiu a ele: fechou as barrigas-das-pernas, contra a sela, contra as abas. (EA, p.197)

O Cavalo rivaliza com o Vaqueiro na posição de sujeito. A luta passa a ser entre o Cavalo e o Boi:

> Assunga o casco do Boi, assenta o casco do Cavalo ... o Boi desentrou de rompe, de rempe veio o Cavalo. A uma profunda grota: o Boi resumiu e voou; o Cavalo juntou as quatro, voado; assim pularam o valo. (EA, p.198)

Isto porque o saber está distribuído pelos três atores de acordo com a sua função e papel. O Cavalo é definido logo de início como *encantado* e, como tal, só montável por um cavaleiro eleito. A relação de reconhecimento entre Cavalo e Cavaleiro não parece ser do domínio do Cavaleiro. É no saber escolher o melhor cavalo para aquela missão que se revela a sua competência como herói. Mas a independência de ambos é reconhecida por ele:

> O Cavalo branco que eu monto, não é meu nem foi dado ... Mas quem souber amontar nele, melhor, eu cedo, por regra de lealdade... (EA, p.193)

Tanto que, uma vez reconhecidos como cavaleiros e montaria, a autonomia de ambos é declarada segundo uma vontade individual: "Ele é urco, ufão, mas faceiro – alfaraz e voluntário ... Meu escravo e o mestre meu – é" (EA, p.193). Eles desenvolvem, assim, um trabalho solidário.

O saber implícito no papel temático de mestre se confirma no desempenho do Cavalo, na perseguição do Boi. Essa mesma competência se revela quando, na volta, o desconhecimento do caminho pelo Vaqueiro é resolvido pelo Cavalo. É ele o conhecedor dos caminhos: "– Este Cavalo é conhecedor deste mundo todo. Eu afrouxo a rédea dele..." (p.200).

Apesar de o Vaqueiro dizer que o Cavalo sabe tudo, é interessante observar que, em oposição ao Boi, não lhe é atribuída a fala pela negação de sua manifestação. A observação "O Cavalo não falava", por estar intercalada no diálogo entre o Boi e o Vaqueiro, não se refere à posse da faculdade da linguagem mas à manifestação oral. Desta forma, todo o saber-fazer do Cavalo se restringe a conduzir eficazmente o herói na busca do objeto. Desempenha, portanto, a função de auxiliar; uma função tão bem assimilada que no final a conjunção definitiva de Cavalo e Cavaleiro significa a relação de complementaridade necessária a ambos.

Em contraste ao Cavalo, a primeira determinação do Boi se faz em termos espaciais. Primeiro, espaço englobante alegoricamente denominado Fazenda Lei do Mundo. Depois, o espaço englobado que se subdivide em: campo de Seu Pensar, o cá, do fazendeiro, e o lá, "dos pastos mais longe". Estas duas áreas englobadas se especificam mais ainda: cá = curral, e lá = Vargem da Água Escondida, os quais se separam graças à mediação do Campo do Amargoso, caracterizado pela ausência do humano. Na Vargem da Água Escondida se localiza a Lagoa Abaixada. Aí se encontra:

> Só um capim de vereda, que doidava de ser verde – verde, verde, verdeal. Sob oculto, esses verdes, um riachinho se explicava: como a água ciririca – "sou riacho que nunca seca..." (EA, p.198)

Identifica-se aí, de imediato, o correlato do riachinho seco: homologando a relação entre riacho seco/riacho que nunca seca, a apresentação deste último segue uma ordem inversa à do primeiro e, dentro do mesmo paradigma, a uma das representações metafóricas de Camilo. Como vimos, o riachinho é dado como um "escuro tubo fundo", recoberto de vegetal verde, e o velho Camilo é comparado a um tronco oco do qual saem folhas verdes. É nessa região coberta de água, em evidente oposição à ausência de água em Samarra, que se localiza o hábitat do Boi.

O Boi Bonito não é um boi solitário. Pelo contrário, compõe um conjunto de sete. Pela distribuição espacial deles no encontro com o homem, dividem-se em seis e um, cabendo aos primeiros a ante-sala do espaço global por eles ocupado. A relevância de tal divisão numérica é reiterada pela reação dos vaqueiros:

> Seo Ruduíno Marçal, capataz desta ribeira – viu seis bois numa malhada: ... Seis eles eram! Todos seis virando feras – flor-do-gado. Menos o sete que faltava ... Os vaqueiros se rezaram; vieram em cima! Mas falavam o outro boi, o boi-sete, que faltava. Assim mesmo em esmo vieram. Tencionaram nele. (EA, p.196)

A presença dos seis significa ausência do sétimo. Isto é, seis equivale a não-sete. Nessa busca do sétimo elemento do conjunto perfeito se surpreende a mesma reação do auditório à narração de Joana Xaviel, da estória da Destemida.

Em contraste ao Cavalo, o Boi fala e canta. Da mesma forma que a condição extraordinária do Vaqueiro-Menino, a voz do Boi é dada como neutra. O verdadeiro sentido desse investimento neutro se manifesta lexematicamente em um termo cujo conteúdo não tem referente extensional concreto. A relação está clara no texto: "O boi cantava claro e lindo, que, *por voz nem alegre nem triste,* mais podia ser de fada" (EA, p.200) (grifos nossos).

O diálogo do Vaqueiro e do Boi, na verdade, simula os primórdios da humanidade, em que, do caos de seres viventes, surge o cosmos graças à obtenção pelo homem de sua posição privilegiada no mundo; ou seja, deixa ele de ser também bicho:

> No princípio do mundo, acendia um tempo em que o homem teve de brigar com todos os outros bichos, para merecer de receber, primeiro, o que era – o espírito primeiro. (EA, p.200)

Os dois atores cumprem, nesse espetáculo, papéis determinados por um destinador que não se identifica. O Boi transmite um objeto-mensagem, a mensagem do destino do homem. Ele, porém, só se transforma em objeto-bem –

legitimando a sua transferência do espaço utópico da Lagoa Abaixada para o curral da fazenda e, por implicação, legitimando a própria missão do Vaqueiro – pela ingestão da água do riachinho que nunca seca. Ou seja, "o ser verdadeiro do riacho". Ao se tornarem portadores dessa água, o Vaqueiro e o Boi neutralizam a imobilidade geográfica da fonte graças à mobilidade deles nos campos de Seu Pensar, na Fazenda Lei do Mundo. Ao mesmo tempo, a ingestão confirma a água como alimento e a sua forma de estar no mundo: de conteúdo de uma interioridade, de água escondida.

Pela apresentação do riacho há pouco apontada, nota-se ainda que, pela ingestão, a água – que não é água estagnada nem existente na superfície, mas corrente e proveniente das profundezas – se associa em seu significado à terra, ao vegetal e, indiretamente, à mulher. Em outras palavras, a mesma significação de matriz, fonte, se reconhece na água do riachinho, na terra, no vegetal e em Leonísia.

A ingestão da água do riacho não é só oral, líquida; é também ingestão auditiva. No trecho abaixo, o ouvir o riachinho como vida tem o seu contrário representado por *ter medo,* confirmando mais uma vez que a luta principal do herói é contra esse sentimento:

> O campo resplandecia. Para melhor não se ter medo, só essas belezas a gente olhava. Não se ouvia o bem-te-vi: se via o que ele não via. Se escutava o riachinho ... Mas o Boi se transformoseava: aos brancos de aço de lua. (EA, p.199)

A correlação da situação acima e a forma de estar do riachinho seco no espírito de Manuelzão se faz quase termo a termo:

> Não se ouvia o bem-te-vi: se via o que não ele não via. (EA, p.199)
>
> Aí todos se levantaram caçaram o quintal, saíram com luz para espiar o que não havia. (EA, p.119)

O riacho seco, como presença sonora, contínua, pode ser visto no próprio sucesso de sua transformação de objeto real a objeto virtual: "estalo de silenciozinho que ele fez, a pontuada falta de toada, do barulhinho" (EA, p.119). A sua apreensão não é como puro silêncio, mas silêncio como termo contrário de ruído. Em oposição a Camilo, que se descobre saindo das sombras para a luz, o riacho seco denuncia-se mergulhando nas sombras. Por isso, a manifestação do riacho que nunca seca no romanço se faz como *ruído em meio à luz.*

Em conclusão, pode-se dizer que na sua relação de interpretante da estória de Manuelzão, o romanço nega importância à carência econômica deste, ao apresentar o ator que desempenha, na narrativa popular, o papel de mandatário de posse com esse mesmo objeto-bem: o fazendeiro é um proprietário rico. Com a morte deste, o Boi encarna esse "necessário de alguma coisa" não identificado por Manuelzão. Na busca desse objeto, o Cavalo do romanço é substituído em sua função por Camilo, como saber e meio de acesso a ele. Com a diferença de que Camilo – como manifestação em negativo – não tem conhecimento de sua própria função. É preciso atentar para o fato de que, ao ser substituído por um ser humano, o animal não desaparece. Não é por acaso que o narrador faz a observação: "Por tudo, mesmo sem precisão, ele não (Manuelzão) saía de cima do Cavalo". Esse mesmo cavalo que, na distribuição espacial dos atores na narrativa, se localiza entre o ponto superior e a capelinha: "Alto, no alto animal, ele sobreleva a capelinha" (EA, p.111).

Ao mesmo tempo, por ser ele quem aproxima o homem ao saber, Camilo corresponde ao Vaqueiro-menino, cuja equivalência se reafirma na oposição: carência de bens de Camilo/não-posse do Boi pelo Vaqueiro.

Além disso, Camilo partilha também do saber transmitido pelo Boi, por isso, a aparição cênica deste como significante mítico referenda a *reiteração* de alguns elementos situacionais como componentes do processo de construção de um significante descontínuo do valor mítico de Camilo:

> O campo *resplandecia* ... Mas o Boi se transformoseava: aos *brancos* de *aço de lua*. Foi nas *fornalhas* de um instante – o meio-tempo daquilo durado. (EA, p.194) (grifos nossos)

A conjunção fundamental entre Camilo e o Boi se faz na mensagem que traz a fala do Boi: além de ser ele mesmo o objeto-bem, é destinador de uma mensagem, o que não constitui uma diferença mas uma reiteração. Explica Benedito Nunes:

> O Boi é para os Upanishads uma forma do eterno Brahma. Outra dessas formas é a Palavra, ouvido do ouvido, mental do mental, discurso do discurso.
>
> E segundo a doutrina de Chandoya-Upanishad, citado por Guimarães Rosa em "Cara-de-Bronze", deve o discípulo encontrar no Verbo a unidade do Brahma. (1969, p.194)

FESTA

Dentro da estrutura mínima de significação, a fundação oficial de Samarra e, mais estritamente, a festa de inauguração se caracterizam como incidência. A incidência, aqui, toma a forma de uma parada espacial e de um tempo de quietação física. Essa parada, antes de mais nada somática, reverte-se em verticalidade noológica que dá origem a toda uma atividade cognitiva. O sujeito se investe, então, do papel temático do inquiridor.

A parada, vista como o investimento do aspecto inceptivo do processo cognitivo, adquire a forma de estabelecimento da relação entre o destinatário e o destinador do objeto da inquirição. Como marca do sujeito cognitivo, o processo de comunicação se inicia, como vimos, não pela emissão de sinais pelo destinador ao destinatário, como em "O recado do morro". Estilisticamente o verbo *reparar* veicula esse sentido de parada, que resulta na apreensão de um saber. Igualmente, uma das isotopias em que se encaixa o motivo do pé enfermo de Manuelzão é a de impedimento de movimento.

O pé curado e a perspectiva de uma retomada das atividades anteriores à festa, indicada pela obrigação de transportar boiada pelo sertão, assinalam o limite do acontecimento-incidência e, ao mesmo tempo, o limite do espaço e do tempo utópicos. Ao reatar-se, entretanto, o fio da meada, a incidência não será mais incidência. Já estará transformada em permanência dentro da permanência, encarnada, por um lado, por Promotivo e Maçarico, que deverão acompanhar Manuelzão nas viagens, e, por outro, pelo próprio conceito de festa a que chega Manuelzão.

A festa – objeto do desejo de Manuelzão – é também origem do programa núcleo da narrativa. A focalização desse programa em seu pleno desenvolvimento apresenta o sujeito cognitivo confrontando, durante o tempo todo, as ocorrências que compõem o acontecimento com a sua conceituação de festa.

Denunciando já o papel dramático de que se encarrega, o conceito com que trabalha Manuelzão é, à semelhança de Riobaldo, aquele em que se dicotomizam radicalmente os dois termos da estrutura mínima: *festa versus trabalho*. Compara Manuelzão:

> Os outros aceitavam o misturado disso, entravam nus na festa, feito fossem meninos. Mas, ele, Manuelzão, não. Não conseguia, para ele, o apreciável das coisas tinha de ser honesto limpo, estreito apartado: ou uma festa totalmente ou mas então a lida dura, esticada, sem distração, sem descuido nenhum, sem mixórdia. (EA, p.151)

A caracterização do trabalho como termo polar na estrutura mínima – *sem mixórdia* – se faz aí de maneira estilisticamente enfática, graças aos determinantes de *lida,* os quais se alinhavam um após outro: a denominação *dura*, que se explica na imagem concreta de *esticada,* se expande analiticamente sobre a isotopia do contínuo, que é afirmada pela negação reiterada da descontinuidade (*sem-dis-tração, sem-des-cuido*). A essa visão, uma nova definição acrescenta uma disforicidade, expressa pela imagem espacial de algo horizontal e inferativo:

> Uma festa é que devia durar sempre sem-fim, mas o que há, de *rente,* de todo o dia, é o trabalho. Trabalhar é se juntar com as coisas, se separar das pessoas. (EA, p.144) (grifos nossos)

Pela vontade do sujeito, processar-se-ia uma permuta entre as determinações: festa estaria para continuidade assim como descontinuidade estaria para trabalho. Essa troca se fundamenta em uma distribuição axiológica em que ambos os termos se apresentam como processo e conjunção: festa equivale à conjunção com pessoas, e trabalho, com coisas. Entretanto, mesmo a segunda conjunção, em que se reconheceria a reificação do homem, é posta em discussão em outro momento: "A gente mesmo, na estrada, não acostuma com as coisas, não dá tempo" (EA, p.129). Aqui denominado *tempo*, o contínuo visto como fonte de dissociação do humano com o não-humano se transforma em fator de dissociação interceptiva:

> Até para sofrer, a gente carece de quietação. Para sofrer com capricho, acondicionado, no campo de se rever. Viageiro vai adiando. (EA, p.129)

Nesse sentido, a festa seria uma incidência que, pela parada no tempo e no espaço, resulta numa ampla conjunção: intero e exteroceptiva. Conseqüentemente, na manifestação histórica, trabalho e festa, dois termos contrários na estrutura lógica, por isso possíveis de coexistirem, contraem entre si uma relação de contradição em que a afirmação de um equivale, necessariamente, à negação do outro: ou festa ou trabalho.

Tendo como objeto de seu programa a festa, como termo polar caracterizado como humano e eufórico, Manuelzão se envolve ao longo da novela em um processo deceptivo. Assim, a chegada da carta de Federico Freyre, nos termos anteriormente expostos, confirma a presença, no seio da festa, do seu contraditório: "Agora, agora, porém, a festa era bobagem: festa era impossível" (EA, p.171). Daí a presença constante da modalização nos enunciados em que o herói expressa a sua conceituação de festa: "Uma festa é que *devia* durar", "Festa *devia* de ser assim". Nessa conceituação, expressa-se o desejo ilusório do sujeito de negar a natureza incidental da festa. A contradição, porém, surpreende na impossibilidade de negar-se a relação entre ambos como termos de uma mesma estrutura mínima: isso equivaleria a negar a própria significação. Essa negação só é possível na definição *poética* de estória, e de sua repercussão no homem:

> Festa devia de ser assim: o risonho termo e começo de tudo, a gente desmanchando tudo, até o feito com seu suor do trabalho de sempre; e sem precisar, depois, de tornar a refazer. Que nem com as estórias contadas. Chegava a hora, a estória alumiava e se acabava. Saía por fim fundo, deixava um buraco. Ah, então, a estória ficava pronta, rastro como o de se ouvir uma missa cantada. (EA, p.129)

A definição de festa como *fim* e *começo* e ainda de *totalidade* é uma definição paradigmática que se expressa, sintagmaticamente, na negação do tempo como suporte da manifestação dos dois termos. A comparação com estória demonstra que a vivência da festa se faria verticalmente, de maneira que a horizontalidade temporal não perturbasse.

É preciso observar que o querer ilusório não se furta à oposição permanência/incidência. Assim, a expressão da vivência do riachinho seco, outro elemento a que a festa é comparada, se faz num primeiro momento como incidência:

> Ou era: assim, às vezes, a gente acordava, no meio da noite, perdido o sono, parecia estar escutando outra vez o riachinho cantar em grota abaixo, de checheio. Não era. Mas era mais do que quando a gente se lembrava da mãe; porque, para se lembrar do riachinho, não era preciso ocasião, nem motivos nem conversa. E porque a gente não se esquecia – d'ele sendo como sempre. Na hora era. Mesmo essas estórias... (EA, p.121)

A contradição aparente entre as comparações festa/estória e festa/riachinho – ocorrendo, na primeira, a negação desejada da incidência e, na segunda, a aceitação dessa incidência – significa, na verdade, o trampolim que levará o sujeito cognitivo à definição final de festa. Se no início da definição acima, a presença do riachinho é dada como incidência – "no meio da noite, perdido o sono ... outra vez" – no final, o riachinho é uma permanência – "porque a gente não se esquecia – d'ele sendo como sempre".

A aparente contradição nos remete à própria forma de ser das quadras:

> As quadras viviam em redor da gente, suas pessoas, sem se poder pegar, mas que nunca morriam, como as das estórias. (EA, p.172)

O querer delas, esse "querer solerte", vem "de longe, de dentro da gente mesmo" e aflui à nossa consciência e sentimento ao calor da "fornalha". Daí a visão de festa como termo complexo em oposição à primeira definição aqui transcrita: "Tudo era diferente do que devia ser. Mas enquanto se festava, a gente carecia de sofrer também o ramerro dos usos, o mau sempre da vida" (EA, p.151). Como no *Romanço do Boi Bonito,* contado pelo velho Camilo, encontra-se uma definição de festa em que a dicotomia permanência/incidência se concilia e a natureza complexa do acontecimento se explica: "A festa não é para se consumir mas para depois se lembrar" (EA, p.151).

Uma vez alcançada tal definição, em que ela figura como uma permanência, sustentada pela *memória,* a festa se descobre como o *outro* que se insere no âmago do *mesmo* – o trabalho –, conferindo-lhe sentido. A festa não é, pois, conjunção do homem com as coisas, mas conjunção do homem consigo mesmo e com os homens, a conjunção do homem com o Homem que neutraliza a disjunção resultante da reificação pelo trabalho contínuo.

No momento ambivalente da festa, ao reconhecer-se na extrema penúria de Camilo que o liberta, moralmente, de sua determinação pelo contexto socioeconômico, Manuelzão encarna a busca da identidade, ele é a realização sertaneja da parábola do Chandoya, lembrada pelo escritor em nota de rodapé, em outra de suas novelas, *Cara-de-Bronze.*

CONCERTO DE VOZES: VEREDAS

Desde os primeiros escritos sobre Guimarães Rosa, e fundamentalmente sobre a sua obra maior, tem-se apontado a relevância da enunciação e dos papéis assumidos pelos seus sujeitos. A consciência sobre o lugar dessa instância na construção do texto ficcional, recolocada fortemente pelo escritor mineiro, coincidiu com o grande impulso teórico que o seu estudo recebeu. Sensível a essas questões, o estudioso de Guimarães Rosa se deu conta imeditamente da necessidade de distinguir, em sua obra, vários níveis diegéticos, alguns deles constituindo-se no interior mesmo da enunciação. Em *Grande sertão: veredas*, por exemplo, Riobaldo e seu interlocutor participam de uma outra estória, a estória da narração – não só da narração da estória – ou a estória da palavra como lugar de configuração e verdade. Não se trata, portanto, de encarar a narração de Riobaldo como expressão de um referente autônomo, o mundo dos jagunços; trata-se, pelo contrário, de vê-la pelo avesso, transformando esse mesmo referente, na medida em que é contado, na substância capaz de suportar materialmente, na posição de plano da expressão, a forma narrativa de um novo conteúdo: o papel fundante da palavra.

Curiosamente, para que esse segundo nível se realizasse, fez-se necessário que o jagunço nômade cedesse lugar ao proprietário, aquinhoado pela quietude de sedentário. Por outra parte, a segunda estória só pode florescer numa zona específica, a do intervalo da comunicação entre narrador e narratário, como espaço de exercício contínuo de uma outra competência: a da instrução letrada. Como se sabe, o interlocutor de Riobaldo é um letrado. Talvez a ilustração mais efetiva de como se processa tal desempenho pode ser encontrada numa figura secundária, que sequer assume em qualquer momento o papel de narrador: o cientista alemão, seo Alquiste, de "O recado do morro". "O alkaest alquímico" – explica Consuelo Albergaria – "é um agente magnético que entra na preparação do Dissolvente Universal, isto é, na matéria capaz de dissolver o ouro no processo de transmutação" (1977, p.90).

Para compreender melhor o papel alquímico da instância enunciativa, distinguida por Guimarães Rosa como domínio da instrução, é preciso proceder a um rastreamento, ainda que sumário, das transformações – formais e temáticas – a que tanto os sujeitos enunciativos quanto a própria enunciação foram submetidos, ao longo de um caminho composto por algumas obras do escritor.

Em "Com o vaqueiro Mariano", o narrador conta as suas conversas com o vaqueiro Mariano, nas quais ele, interlocutor letrado, não permanece mudo e passivo. Embora seja o narrador o aprendiz "sobre a alma dos bois", a fala do outro parece necessitar de seu aguilhão para que se inicie a reação alquímica num processo que culmina com a narração letrada que é, afinal, o próprio conto. Em "São Marcos", o narrador começa a sua fala declarando: "Naquele tempo não acreditava em feiticeiros". No entanto, ao finalizar a narração de seu confronto com o feiticeiro Mangalô, deixa, astutamente, em aberto, ao narratário, a pergunta sobre se, no momento presente da enunciação, ele, homem letrado, alienígena, que um dia chegou a Calango-Frito, continua, após a experiência insólita, não acreditando em despachos e rezas bravas. Uma figurativização mais completa desse narratário, obliquamente presente em "São Marcos", se reconhece em "O espelho". Aqui, o narrador, homem culto, expõe, argumentando e contra-argumentando, a experiência a que o induziu a uma série de raciocínios e intuições, a alguém de mesma estatura cultural, a quem dispensa o chamamento cerimonioso de *senhor*.

Nas três narrativas ocorre, portanto, no nível da narração, a transmissão de um saber, oriundo do universo popular em duas delas, e em parte na terceira. Quando tomam forma de discussão, têm elas sempre como enunciador um letrado. Por outro lado, as experiências focalizadas, objeto da diegese, incluem também um outro processo de comunicação. Em "Com o vaqueiro Mariano", o interlocutor letrado do sertanejo iletrado tem consciência do valor de suas conversas com o vaqueiro. Igualmente, em "O espelho", o texto, codificado pelo espelho em sucessivas imagens, é competentemente lido pelo homem curioso, enquanto, em "São Marcos", o recém-chegado a Calango-Frito, homem *estinctado*, recebe contínuas mensagens de um poeta desconhecido.

A mesma matéria é retomada em “O recado do morro”, em que o poeta desconhecido de “São Marcos” é substituído pela figura geológica do Morro da Garça. A sua mensagem, transcodificada mas não decodificada por Malaquias, esse morador do útero da terra, é retransmitida por seis outros mensageiros, numa cadeia que só cessa com a sua recepção pelo seu verdadeiro destinatário: Pedro Orósio. Privilegiado pela natureza em tamanho e beleza, esse agricultor dos Gerais, cujo nome evoca pedra duas vezes, é incapaz de segmentar o “emendado das coisas”, pois a sua cabeça “não sustenta demora”. Daí a necessidade da mediação dos mensageiros que promovem uma verdadeira metamorfose do recado, até cristalizar-se na canção de um poeta popular, Laudelim. Graças ao paralelismo que, no último instante, consegue traçar entre a estória do rei traído da canção popular e a sua situação concreta, imediata, logra o enxadeiro Pedro Orósio, finalmente, passar de receptor a destinatário do recado. É a ele que o destinador não identificado (o morro?) manda avisar da traição à morte. Salvo desta, “esquipou mesmo de noite, abriu pernas. Mediu mundo. Por tantas serras, pulando de estrelas em estrelas, até os seus Gerais”. À semelhança do final de “São Marcos”, o narrador se cala quanto ao sentido que o próprio sujeito atribui à experiência que acaba de viver.

Basicamente com a mesma função da canção de Laudelim, como vimos, encontra-se encaixada em “Festa de Manuelzão” uma narrativa popular: o *Romanço do Boi Bonito,* contado pelo velho Camilo a uma ampla platéia, na festa de inauguração de Samarra. E o ouvido mais atento é o do anfitrião, Manuel Jesus Rodrigues, capataz sertanejo do capitalista Federico Freyre. Ouvido atento mas boca quase calada. Em contraste com Pedro Orósio que, desde o início, se apresenta empenhado em intensa atividade pragmática, reafirmando a sua característica incapacidade de uma prática cognitiva continuada, Manuelzão converte o seu silêncio em expressão de forte aplicação reflexiva, que se intensifica no âmbito da festa, culminando com a experiência de ouvir o romanço pela boca do agregado.

Até aqui estivemos analisando as experiências vividas por sujeitos narrativos, a estória de cada um envolvendo, como um momento decisivo na vida deles, a recepção de uma mensagem. Fica, porém, a pergunta: quem, nas novelas, as conta, as estórias deles?

> Sem que se saiba, conseguiu-se rastrear pelo avesso um caso de vida e morte, extraordinariamente comum, que se armou com o enxadeiro Pedro Orósio (também acudindo por Pedro Chãbergo ou Pê-Boi de alcunha)... (1969, p.16) [5]

---

5 João Guimarães Rosa. O recado do morro. In: ________. *No Urubuquaquá No Pinhem*. Rio de Janeiro: J. Olympio, 1969.

Assim começa a narração de "O recado do morro". Repetimos aqui o início de "Festa de Manuelzão":

> Ia haver a festa. Naquele lugar – nem fazenda, só um reposto, um currais-de-gado... (EA, p.17)

A dissociação entre enunciação e enunciado está evidente em ambos os casos. Estamos diante de narrações em terceira pessoa. Entretanto, estabelecidas as regras do pacto enunciativo entre enunciador e enunciatário, tanto em uma novela quanto na outra, processa-se um engate de vozes, graças à adoção do discurso indireto livre. Esse é o ponto comum aos dois textos. No primeiro, a embreagem entre a voz da enunciação e a voz do enunciado fica à meia distância: não se confundindo uma com a outra, a voz da enunciação preserva sempre a sua condição de instância maior do dizer. No outro texto, a embreagem também não se completa, mas a distância é mínima, quase que reduzindo a primeira voz à surdina. Avoluma-se, em compensação, a voz do sujeito do enunciado, a voz interior de Manuelzão, que mal devolve à outra o seu lugar. E de tal maneira que, comparando-se os fechos das duas novelas, percebe-se que, na primeira, prevalece o distanciamento da terceira pessoa, com a focalização do espetáculo de Pê-Boi, cósmico, fugindo em passadas gigantescas para os Gerais. Na segunda, pelo contrário, a perspectiva se mantém na subjetividade de Manuelzão, cujo saber, em contraste com o de Orósio, se manifesta no final mais amplo que o do próprio narrador.

Recapitulando, pode-se dizer que, nas obras aqui referidas, encaixado na narrativa maior, encontra-se sempre um texto que se transmite de um sujeito a outro: em "São Marcos", os poemas de "Quem-será" ao ádvena; em "O recado do morro", o recado de traição e morte do Morro da Garça a Orósio; finalmente em "Uma estória de amor", o romanço contado por Camilo a Manuelzão. O que a circulação de tais mensagens tem em comum é que o doador delas faz parte, quando humano, de um gênero próximo, de alguma forma, da terra, do arcaico. Por outro lado, para que a comunicação se complete com a recepção e decodificação pelo destinatário, este deve estar modalizado por uma competência específica, cujos diferentes graus estão exemplificados pela capacidade mental e discursiva de Pedro Orósio, Manuelzão e o visitante de Calango-Frito. Na medida em que as mensagens são depositárias de saberes que vão "construir a cara do outro", daquele que as decodifique com acerto, o processo como um todo significa também a competencialização do sujeito-destinatário como sujeito de *saber-dizer um discurso próprio*.

Pedro Orósio representa o estágio anterior ao de Manuelzão. Incapaz de proferir o seu discurso, ele necessita ainda do discurso alheio que o diga. Já em Manuelzão, assiste-se à própria emergência dessa capacitação. Se é um texto popular que lhe desenha a cara, por outro lado não é por acaso que é dotado já de instrução formal. Mais ainda, é a sua competência de crítica à própria linguagem – à recitação de quadras, à leitura da carta de Federico Freyre – que verdadeiramente fundamenta a sua qualificação. Na novela, ele se encontra no limiar entre o discurso alheio – do enunciador – que o diz, e a elaboração de seu próprio. Esse parece ser o sentido, aqui, da adoção do discurso indireto livre pela narração da novela. Nessa ordem, Riobaldo e o narrador de "São Marcos" representam a voz assim conquistada manifestando-se: a terceira pessoa é decididamente substituída pela primeira.

BANGÜÊ: PASSADO A LIMPO

BALANÇO GERAL

A distribuição da matéria de *Bangüê*[1] em três partes, numa primeira leitura, pode levar ao entendimento de que elas balizam três momentos fundamentais de uma narrativa mínima. Leva ao entendimento de que se encontra, na primeira delas, conforme os ensinamentos dos formalistas russos, uma situação inicial que se dinamiza, na segunda, pela introdução de uma força exterior, estranha, para, no final, colocar-se a pergunta: a problemática central se resolve ou não satisfatoriamente? A denominação de tais partes, preponderantemente dêitica, sem qualquer outra indicação, aponta, no entanto, para um outro sentido quando entendida com base na função actancial desempenhada pelas personagens nomeadas: O velho José Paulino, Maria Alice, Bangüê. Pela primeira perspectiva, a volta do neto do coronel ao engenho poderia constituir a força que desencadearia e modificaria a situação inicial – de quase total ruína – do Santa Rosa. Não ocorrendo isso, a entrada em cena de um ator alienígena corresponderia a um novo componente, cujo processo transformador se confirmaria ou não como tal na última parte do romance.

No entanto, dentro da orientação impressa pelos estudos proppianos e, posteriormente, pelo projeto semiótico da narrativa greimasiana, é possível

1 José Lins do Rego. *Bangüê*, 2.ed. Rio de Janeiro: J. Olympio, 1969. No texto será indicado por B.

propor-se uma nova segmentação da obra, segundo uma estruturação mais complexa que, apesar disso, não nega a primeira.

Por este segundo enfoque, identifica-se, no início do romance, uma superposição parcial de dois programas narrativos. O romance começa com o fim da permanência de Carlos no Recife, para obter o diploma de bacharel em Direito, e a sua volta ao Santa Rosa. Começa, ao mesmo tempo, com a abertura ou a virtualidade de um novo percurso: o da transformação de Carlos em um novo tipo de senhor de engenho, diferente daquele encarnado pelo avô, pois, justificando a sua vida no Recife, deve unir dois universos diferentes – o de herdeiro de engenho e o de bacharel.

Nessa superposição, o início de *Bangüê,* no entanto, pelo tom completamente disfórico, corresponde a uma sanção negativa de todo o percurso de competencialização. Se se entende que tanto a condição de herdeiro de senhor de engenho quanto a de bacharel são qualificações julgadas como realmente fundamentais ao perfil do novo senhor de engenho, o que ocorre, neste primeiro momento, é, na realidade, o desmascaramento do herói e, conseqüentemente, do modo deceptivo como se teria realizado o percurso, anterior, de aquisição de competência. Em outras palavras, Carlos se apresenta duplamente desqualificado: não é nem um autêntico sucessor de senhor de engenho nem um bacharel verdadeiro.

Esse desmascaramento, feito aos olhos do anti-sujeito – encarnado por Juca e Sinhazinha – seria suficiente para negar qualquer desenvolvimento à narrativa, aquela que seria protagonizada por Carlos. No entanto, na cola de uma modalidade de contos populares, dá-se aqui o que, em termos proppianos, se denomina uma triplicação de função. Primeiro, ocorre a proposta, tácita e pressuposta na relação de parentesco, do avô ao neto, de comprometimento em reerguer o Santa Rosa; frustrada a primeira tentativa de estabelecer-se um contrato e a doação do objeto mágico não se efetuando, exige-se o reforço de duas outras mais, para que a narrativa se desenvolva.

Desta maneira, desloca-se o tema central do engenho, como meio de produção, em sua luta na civilização açucareira nordestina, no contexto político brasileiro, para o da história do homem no contexto histórico dos engenhos de açúcar. Nesta, ao engenho não cabe a função de sujeito mas sempre de objeto em que se investem valores para sujeitos humanos. O trabalho humano vem para o primeiro plano para a construção da narrativa, não permitindo que o engenho se transforme, no nível discursivo, em personagem antropomorfizada que aglutine os fazeres humanos tornando-os anônimos.

Assim se inicia o romance:

> Afastara-me uns dez anos do Santa Rosa. O engenho vinha sendo para mim um campo de recreio nas férias de colégio e de academia. Tornara-me homem feito entre gente estranha, nos estudos, em casas de pensão. O mundo cresceu tanto para mim que o Santa Rosa se reduzira a um quase nada. Vinte e quatro anos, homem feito, senhor do meu destino, formado em Direito, sem saber fazer nada. Nada de grande tinha aprendido, nenhum entusiasmo trazia de meus anos de aprendizagem. Agora estava terminado. Um simples ato de fim de ano, e a vida devia tomar outro rumo. (B, p.5)

Eis aí um parágrafo em que se concentra uma unidade narrativa completa: introdução, desenvolvimento e fecho. A primeira oração marca o ponto de referência permanente, o Santa Rosa. Estabelecem-se, com base nele, as coordenadas espacial, temporal e actancial, que configuram o grau zero da narrativa. Por isso, o segundo parágrafo, uma fala do avô: "Vamos ver para que dá o senhor, me disse o meu avô no dia de minha chegada" (B, p.6), instala o lugar que o sujei to observador coloca a todos – aos sujeitos do enunciado e da enunciação –, de expectativa quanto ao reconhecimento ou não das qualificações pressupostas, adquiridas no percurso anterior. E o parágrafo seguinte se abre com a apresentação do objeto que se oferece como aquele capaz de investir os valores em jogo, valores diferentes que deverão ser assumidos por sujeitos distintos: o engenho pode vir a ser objeto de disputa dos herdeiros de José Paulino, os quais o avaliam cada qual à sua maneira. Por enquanto, ele é só um estar aí, uma virtualidade, principalmente para Carlos: "E o Santa Rosa estava ali".

O primeiro enunciado do romance fala de afastamento desse ponto de referência, medido temporalmente e não espacialmente. Mas na proporção em que o outro espaço para o qual se dirige o neto de José Paulino se identifica como colégio e academia, esse afastamento, no contexto da história oficial, se investe do valor eufórico de conhecimentos novos à disposição. O Recife, a academia significam outras experiências, outros mundos. No entanto, o que se segue a esse primeiro enunciado é uma alternância de informações que confirmam, mas negam a seguir, a expectativa levantada:

homem feito	–	sem saber nada de novo
o mundo cresceu tanto	–	nada de grande tinha aprendido
24 anos		
senhor de meu destino		
formado em direito	–	nenhum entusiasmo trazia.

De tal forma isso ocorre que a oposição "o mundo cresceu tanto para mim" *versus* "O Santa Rosa se reduzira a quase nada" não traduz o resultado positivo do afastamento, em razão do qual o universo noológico deveria ser equivalente às novas dimensões que os dois espaços adquirem: ao esvaziamento do conteúdo do espaço de origem não corresponde o seu preenchimento pelo conteúdo do novo espaço. Duplamente deceptivo resulta, na verdade, o afastamento do Santa Rosa: pela redução do sentido deste para Carlos e pela criação de um espaço mais amplo, porém vazio, graças à frustração do programa implícito: Carlos é um falso bacharel. O conflito forte, apreensível no contraste entre os dois segmentos "vinte e quatro anos, homem feito, senhor de meu destino" e "sem saber nada", nega ao sujeito uma ancoragem histórica, provocando uma carência que se aprofunda pela negação de uma ancoragem existencial: "Tornara-me homem feito entre gente estranha, nos exames, nos estudos, em casas de pensão". Essa situação do jovem Carlos no Santa Rosa pode ser esquematizada da seguinte forma:

sintagmas disjuntivos:
e) espacial – "afastara-me do Santa Rosa"
t) temporal – "uns dez anos"
a) actorial – "o Santa Rosa se reduzira a um quase nada",

que levam aos sintagmas conjuntivos:
e) espacial – "o mundo cresceu tanto para mim"
t) temporal – "vinte e quatro anos"
a) actorial – "senhor do meu destino",

mas que são negados em sintagmas disjuntivos:
e) espacial /"sem saber fazer nada"
t) temporal / "nada de grande tinha aprendido"
a) actorial / "Nenhum entusiasmo trazia de meus anos de aprendizagem".

O resultado é uma sanção negativa do percurso de competência realizado e, conseqüentemente, negação das virtualidades implicadas.

No parágrafo introdutório analisado, a perspectiva temporal sobredetermina a espacial: o tempo é a medida a partir da qual se aquilata positiva ou negativamente o percurso já realizado. Esse dado torna mais significativo, *por oposição*, o fato de que o retorno de Carlos ao engenho é mediatizado por categorias espaciais. O contato do sujeito com o engenho se faz como reconhecimento do espaço. Reconhecimento do espaço como continente antigo, cujo conteúdo, porém, ainda que também antigo, é avaliado disforicamente em decorrência de seu desaparecimento: "onde estavam os moleques e os meninos gritando?". É essa subtração que caracteriza o espaço atual: "a casa era mais vazia", "havia mais silêncio na casa grande" (B, p.6). O presente do Santa Rosa se configura, portanto, aos olhos de Carlos, como termo contraditório em relação à sua infância, que a nega, portanto. Contraditório porque não está constituído de outros valores, que o tempo tivesse se encarregado de aportar, em substituição aos da meninice. O presente se delineia como um continente à espera, de alguma maneira, de um novo conteúdo que o transforme. O presente é uma pura virtualidade.

Assim, no desenvolvimento da narrativa, o percurso que vai do conteúdo afirmado (casa cheia ontem) ao conteúdo negado (casa vazia hoje), para chegar a um novo conteúdo, explica por que no início do romance se coloca um estado geral de expectativa, para todos os atores que desempenham funções actanciais básicas: o destinador (o avô), o destinatário-sujeito (o neto), os antidestinadores ou anti-sujeitos (os tios). Instala-se uma situação de espera que, no entanto, se distingue, indicialmente, em espera simples para o destinatário-sujeito e em espera fiduciária para os demais.

> Na espera simples o sujeito deseja estar em conjunção ou em disjunção com o objeto valor, sem, no entanto, nada fazer para isso ... Na espera fiduciária, o sujeito do estado mantém com o sujeito do fazer uma relação fundamentada na confiança. O sujeito de estado pensa poder contar com o sujeito do fazer para realizar suas esperanças ou direitos, ou seja, atribui ao sujeito do fazer um dever-fazer. (Barros, 1988, p.63-4)

Baseando-se nesse aspecto diferencial, a primeira parte da narrativa focaliza a ação transformadora que deve mover o sujeito desse estado de espera simples. Assim, o processo de qualificação do sujeito, para a ação desejada, se estrutura também como essa passagem: qualquer que seja o objeto da vontade de Carlos, este não deve esperar que a carência, motivo de sua espera, seja resolvida por outrem, mas por ele mesmo. Na busca da qualificação necessária à eliminação das carências, o confronto passa, agora, a desenvolver-se entre o destinador, José Paulino – que quer que o neto se constitua como senhor de engenho –, e o antidestinador, encarnado pelos tios, que querem evitá-la porque disputam a herança. A dificuldade da ação do primeiro e, conseqüentemente, o favorecimento à do segundo podem ser lidos na evocação às avessas que o narrador faz da fábula do filho pródigo, na qual à emoção deste – "Deserta a casa, entrei chorando" – responde a indiferença daquele – "eu voltava; era enfadado, cheio de melancolia". Desta forma, o projeto implícito na primeira fala do coronel – fixar-se o neto no Santa Rosa para reerguê-lo – é ameaçado, não só em sua realização mas ainda em sua própria existência virtual. Carlos se encontra desprovido de qualquer vontade: a função sujeito está modalizada por um não-querer, ou um querer-não-querer, fundamentando um estado de abulia. A esperança depositada pelo avô não tem razão de ser, pois o neto está desprovido de toda disposição para qualquer ação.

O estado abúlico pode ser visto como efeito de um distanciamento espacial. É o que ocorre no caso presente, pois, para a tematização do homem alienado que caracteriza o passado de Carlos no Recife, o romance se vale da separação espacial para dar entrada a um tipo de discurso orientado para a abstração. A visão forânea do estudante de Direito em Recife é construída com base no desbastamento do concreto que a significação simbólica impõe:

> Sim, eu queria continuar a minha gente, ser também um senhor rural. Era bonito, era grande a sucessão do meu avô. Fazia cálculos, sentia orgulho em empunhar o cacete de patriarca do velho José Paulino. Seria um continuador. (B, p.6)

Eis aí um exemplo de empobrecimento com que a narrativa tematiza uma ideologia baseada na aparência social, cujo objeto-valor perseguido são o reconhecimento, o poder político, decorrentes da posse de bens em que estão incluídos os próprios homens. Carlos se vê como dono do engenho, das terras, dos canaviais, e também dos trabalhadores. Dentro dessa configuração ideológica, o romance antecipa um tema que será retomado fulcralmente em *Fogo morto*: o tema da visão estamental do senhor de engenho branco. O que Carlos quer, para ele naturalmente, "era um principado", de homens brancos, que, construído segundo modelos alienígenas, europeus, distanciados no espaço (*Os Maias*, de Eça de Queirós), se erga sem o alicerce da experiência que caracteriza aquele que se apresentará, mais tarde, como o vilão, o anti-sujeito, o mulato Marreira.

A essa desqualificação do sujeito, em conseqüência, repita-se, da disjunção espacial – distanciamento que é mitigado nas visitas ao engenho nas férias escolares quando, conforme declara o próprio narrador, se abrandavam "as minhas prerrogativas senhoriais" – se alia uma outra. Carlos não assume os valores próprios ao perfil do bacharel, perfil traçado pela amante Maria Alice e pelo amigo Mário, e cujo paradigma seria Joaquim Nabuco. A conjugação dessa não-qualificação dupla emerge amalgamada no romance, na forma de um discurso ambíguo, de que é amostra eloqüente o discurso de Carlos narrador, principalmente nas duas primeiras partes da narrativa. De um lado, o discurso de um bacharel não verdadeiro que reproduz o discurso do senhor de engenho, e, de outro, um discurso de neto de senhor de engenho, desfibrado pela ausência do substrato da experiência concreta dos valores defendidos.

A disjunção espacial Carlos-Santa Rosa permite, desta maneira, que se instale nesse interstício uma nova força – a literatura. Com ela, tematiza-se toda a problemática da produção literária da época e seus modelos. Isso por um lado, porque, por outro, com a literatura vem também à baila o questionamento da função e funcionamento da fantasia humana. Uma das características da personagem Carlos que explicaria a sua incapacidade de tomar pé na realidade. A conjunção espacial com a volta ao engenho vai, por isso mesmo, redimensionar a atuação dessa força no imaginário de Carlos. A literatura sai perdendo pois a que se praticava então é denunciada como radicalmente negativa, como falsa ou falseadora por ser uma literatura desvinculada da realidade.

O contato direto com o engenho, ao mesmo tempo em que desmascara a inconsistência das fantasias intelectuais de Carlos, provoca nele uma retração espacial, que merece análise, pois são as gradações desse movimento que narram a sua história.

Basicamente, a geografia do engenho se distribui, dentro dos limites da propriedade, em plantações e sede. A sede, por sua vez, se subdivide em bangüê e casa-grande, esta constituída de sala, cozinha, alpendre (espaços coletivos) e quarto (espaço privativo). No tratamento desse universo, a atuação do sujeito observador que determina as perspectivas de focalização está clara no trecho introdutório que segue:

> Do meu quarto, entre os livros que trouxera de fora, no meio daqueles despojos de estudante que se fora, começava a pensar, a tomar o pulso dos fatos. Precisava olhar o Santa Rosa, entrar na intimidade de meu velho mundo. (B, p.5)

As marcas discursivas neste trecho (o aspecto terminativo na referência ao passado recente, o aspecto incoativo da atividade cognitiva do sujeito, a modalização deste por um querer e dever-conhecer, a modalização do engenho como objeto virtual cognitivo, a oposição focal entre de dentro/de fora, a conjunção passional entre sujeito e objeto) aparecem, no entanto, algumas páginas adiante, negadas num contraste vertical:

> Encolhido na minha rede, deixava que o tempo corresse. Tomavam-me como um doente. Só podia ser mesmo doença aquele recolhimento de dias inteiros... (B, p.22)
>
> Há quase um ano que estava ali e as noites não mudavam. (B, p.13)

Do ponto de vista do espaço, como espaço da privacidade onde se localiza e se desnuda o sujeito como aquilo que ele é, o quarto representa o grau zero das virtualidades de Carlos, como promete a primeira citação acima, ainda que, transformado disforicamente em um substituto metonímico do Recife – "livros que trouxera de fora, no meio daqueles despojos de estudante que se fora" –, ele não signifique um enriquecimento de dentro pelo aportado de fora: o quarto não é um ovo que abriga as possibilidades de um novo ser. No entanto, apesar disso, nesse primeiro momento esse estar no quarto indica também uma parada temporal: de ambas as paradas nasce um reparar, propício à emergência do sujeito cognitivo. Um momento que se promete fecundo, de certa ebulição mental, ainda que caótica.

O que surge dali é o sentimento de uma dissociação frontal entre o passado próximo de estudante e o presente imediato do engenho, mas em que o sujeito crê estar ainda enraizado no segundo. O encontro espacial, somaticamente realizado, se desmascara, porém, como não verdadeiro, pois fica evidente o desencontro entre o Santa Rosa do passado, da aristocracia rural sonhada na distância do Recife, e o Santa Rosa atual, o das telhas vãs e das camas de couro. Carlos descobre-se, assim, duplamente desenraizado, do Recife e do engenho. Desta maneira, visualizando-se como um grau zero sem retaguarda, as duas virtualidades, encarnadas pelo desejo do destinador (fazer do neto senhor de engenho) e pelo desejo do antidestinador (alijar Carlos do engenho) se negam aos olhos do sujeito. Situando-se no centro do confronto dessas duas forças, como Carlos reage?

Toda uma linguagem metonímica é, então, acionada. Como sujeito de não-querer, cujo objeto se identifica como o engenho, ou seja, o Santa Rosa lhe é quase indiferente, Carlos transforma o quarto num reduto desse repúdio ao engenho, parecendo, mas simplesmente parecendo, desejar o Recife representado pelos livros e principalmente pelo jornal. Já no primeiro capítulo a correlação paradigmática dos elementos que participam dessa luta aparece enfaticamente dada pela sua co-presença como termos opostos:

> Chegara dos estudos há mais de mês e parecia que fora ontem que desarrumara as minhas malas. Nem uma vez saíra para ver os meus campos. Só fazia esperar os jornais; e a rede ringia nas correntes ... Só fazia balançar na rede e ler os telegramas dos jornais. (B, p.8)

O estar no engenho de Carlos, na verdade, não se traduz, pois, num encontro somático verdadeiro. Por isso, o seu território de locomoção se restringe à sala de jantar, área de contato social, e ao quarto. Este sofre ainda uma retração maior, quando passa a coincidir com a dimensão física da rede, que, nesse momento, figurativiza o grau zero de virtualidade, reduzindo o sujeito a um não-querer querer: Carlos é um espírito totalmente abúlico.

O distanciamento espacial tem como corolário uma disjunção social, dolorosamente confirmada pelo outro, aqui encarnado pelo coronel: "o meu avô passava pelo quarto sem olhar". José Paulino velho sincretiza aí as funções de doador e de sancionador. Por isso, na sua desesperança, ironicamente parece aprovar a significação adquirida por certos componentes metonímicos – ("Recebia os jornais do correio e mandava para o meu quarto" (B, p.8) – e as disjunções decorrentes, mesmo quando estas se situam no outro espaço da casa-grande, o da convivência social: "E na mesa grande nem me dava uma palavra, não me olhava, não me perguntava nada". Ainda que, para Carlos, o que aí se falasse era "de tudo que não me interessava de perto" (B, p.8), a negação de todo canal de comunicação intersubjetiva – a fala, o olhar – culmina numa retração total: "encolhido na rede, deixava que o tempo corresse", "fugia como um caramujo para dentro de mim" (B, p.32).

Essa retração espacial, que acaba coincidindo com os limites do próprio corpo, é o investimento figurativo de um dos termos de uma estrutura mínima em que o outro termo é dado por um segundo movimento: ao movimento da periferia ao centro se contrapõe um outro, em direção oposta. Este segundo movimento é realizado de duas maneiras: pelo deslocamento do sujeito para fora do quarto e da casa-grande e pela invasão do interior do quarto pelo mundo exterior, convidando-o a sair. "Precisava olhar e entrar na intimidade" do engenho, havia percebido Carlos. Numa primeira instância, *olhar* e *entrar* são expressões que se equivalem pela isotopia metafórica. No entanto, apesar disso, o que prevalece ironicamente é o sentido denotativo do entrar somaticamente no mundo, abandonando fisicamente o quarto. O olhar pressupõe, necessariamente, o sair do quarto e querer entrar no mundo. Estas são as condições primeiras, pois entre Carlos e o engenho se interpõe a concretude das paredes. Por isso, antes do ver, o olhar e, antes deste, o sair e o entrar. E antes ainda do ver, o ouvir: a invasão do quarto se faz, antes de mais nada, como audição sob a forma da vassoura da negra varrendo, da casa chiando, do barulho do gado saindo para o pastoreador. Desse primeiro estágio – o do ouvir – é preciso chegar-se ao do olhar/ver. "Ouvia mais do que olhava." Mas nessa primeira etapa, o sujeito é todo um querer – não ver ou um não-querer ver. Por isso, inclusive quando o sair do quarto se realiza, o entrar na intimidade do mundo é negado pela negação da visão, conforme indica também ironicamente o momento do dia escolhido, a tarde, a boca da noite: "E era bom que não tivesse saído porque o Santa Rosa era cada vez mais triste".

A desqualificação para a união desejável de sujeito e objeto não está, portanto, no objeto, mas no sujeito: "Os bichos de lá fora não me amedrontavam mais. Havia, porém, uma coisa me fazendo falta, estava vazio ali o lugar de alguma coisa" (B, p.20). A carência humana, aliada à circunstância temporal, não é sanada nem mesmo pela comutação da noite pela manhã, porque o olhar alheado se nega ao movimento necessário. Por isso, a reclusão ao quarto é o efeito esperado, cujo clímax está representado pela degradação da caça às moscas provenientes da estrebaria: num quadro de gosto naturalista, eis Carlos botando papéis com breu para aprisioná-las: "Ficava atento às manobras que faziam para morrer. Era a única coisa que me seduzia ali, aquele espetáculo miserável, com o suicídio das moscas" (B, p.2).

A SEDUÇÃO[2]

Manifestando-se o nível ideológico do texto, surge todo um novo movimento que, contrapondo-se ao anterior, recobre temática e figurativamente a função doador que, antecipamos, não é encarnado, significativamente, só pelo avô. Para que tal função se realize, é preciso que canais de comunicação se abram e uma linguagem comum se estabeleça entre destinador e destinatário. Para isso, estratégias de persuasão do último são montadas num jogo de abertura e fechamento desses mesmos canais ou de afirmação e negação de algumas linguagens como tais.

Colocando a prioridade da fisicidade do ver, há pouco apontada, verifica-se que, às vezes, e principalmente na primeira parte do romance, essa faculdade é comutada pela audição, cuja força de persuasão – Carlos não pode deixar de ouvir – se agudiza ao combinar-se com o tema da escrava seviciada pela senhora e o da degeneração físico-fisiológica do patriarca. Carlos é obrigado a ouvir os gritos da escrava espancada, a tosse reumática e os passos do avô decrépito, percorrendo solitário os corredores da casa-grande. Com isso, o mundo externo invade o espaço-refúgio do quarto, num processo de sedução, mobilizando a auto-imagem de Carlos quanto à sua generosidade com relação à escrava e quanto à verdade de seu amor pelo avô. Assim, a estória de Josefa, a negrinha de dez anos em que a velha Sinhazinha descarrega as suas frustrações, expressão síntese do

2 Há quatro grandes tipos de figuras de manipulação, a *provocação*, a *sedução*, a *tentação* e a *intimidação*, segundo dois critérios de classificação: o da competência do manipulador para o fazer persuasivo e o da alteração modal operada na competência do sujeito manipulado. No primeiro caso, o destinador-manipulador persuade pelo *saber*, provocando e seduzindo, ou pelo *poder*, tentando e intimidando. Na provocação e na sedução, o destinador diz ao destinatário, de forma clara ou implícita, o que sabe de sua competência, colocando-o em posição de escolha forçada. Na provocação, deve escolher entre aceitar a imagem desfavorável que dele for apresentada ou fazer o que o manipulador pretende; na sedução, precisa recusar a representação lisonjeira que dele foi feita ou deixar-se manipular. O julgamento da competência é, portanto, positivo, na sedução, e, negativo, na provocação (Barros, 1988, p.38).

poder na sociedade escravocrata, é também, e ao mesmo tempo, a figurativização do processo de sedução do destinador que, enviesadamente, quer levar Carlos a uma decisão.

Curiosamente, tais funções assim sincretizadas se realizam inicialmente por meio da palavra – "Agora eram pilherias, as importunas perguntas ao jantar" (B, p.8) –, e do olhar – vivo "como de uma criança" –, cuja eficiência se deve à sua fisicidade – "Procurava desviar-me dos golpes de seu olhar com uma paciência de escravo" (B, p.17). O esforço do sujeito em anular a linguagem do olhar, porque praticada quase que unilateralmente pelo outro, é baldado, pois ela volta sub-repticiamente a exercitar-se, deslocando-se mascaradamente da sala para o quarto. Quando Josefa se refugia junto a Carlos, em seu quarto, na verdade a vítima escrava recebe a delegação de seduzir o bacharel alienado – "Dava-lhe pedaços de biscoito e Josefa olhava para mim com os olhos compridos de quem estivesse tendo um príncipe perto dela" (B, p.17) – e o faz promovendo-se a objeto do olhar de Carlos. É também por meio da imposição de seu corpo aos olhos do outro – "Tinha o corpo com manchas da peia da dona" – que ela se faz objeto de fraternidade e consegue, inclusive, numa primeira instância, vencer o anti-sujeito – "Deixava o meu jornal para olhar para ela nos minutos de felicidade" (B, p.18). O olhar se desloca do jornal para a escrava.

Numa correlação paradigmática, a ausência física da menina no quarto é substituída pelo apelo vindo de fora, dos gritos na peia, que solicitam a saída de Carlos de seu reduto. Tal solicitação se faz gradativamente, pedindo uma resposta decisiva. Os "ímpetos de correr em auxílio" levam-no a "levantar-se da rede", gesto que culmina com o "correr para o quarto de Sinhazinha" (B, p.18). No entanto, tal gradação sofre uma solução de continuidade, cortando-se radicalmente qualquer processo de comunicação, pela vitória de um querer não ver nem ouvir, cuja intensidade se expressa na figura da síncope que acomete Carlos. A prostração física, que se segue à crise, é o clímax de uma luta que "se deitava com ele na rede nas suas noites de milhares de hora", levando-o ao desejo de fuga ou à inépcia, pois ele se vê, a essas alturas, não como um componente passível de um apagamento desse universo, de ser esquecido, mas como um indivíduo que, apesar de tudo, promove acontecimentos no engenho (é o culpado pela surra em Josefa) ou é objeto de considerações (notícia de estupro, a ele imputado, correndo engenho).

Concomitante a esse confronto em que o vilão é encarnado por Sinhazinha, um outro se desenvolve, no qual essa função actancial é reforçada por Juca com seu oferecimento de um posto de promotoria em comarca no sul. Um exame mais atento leva a ver que, com Juca, não se realiza simplesmente um programa, em que se investe o tema do herdeiro astuto desencadeando uma disputa acirrada no seio da família. Aliando-se a outros anti-sujeitos – Marreira e a usina –, ele põe à prova a qualificação de Carlos como bacharel, e ao mesmo tempo – isso é o que importa agora – erige o Santa Rosa em objeto-valor, na medida em que o revela digno de uma disputa. A relação paradigmática entre ele e Sinhazinha está clara na consciência do próprio narrador e dos atores narrativos pela comutação possível entre ambos no mesmo papel: ao ir-se embora, Juca sabe ter em Sinhazinha uma aliada na casa-grande. Mas, acima de tudo isso, em sua atitude de fazer antever a morte do pai, Juca oferece a Carlos essa nova imagem do avô: a de sua decrepitude. Pode-se, então, dizer que o desempenho de Juca introduz um programa cujo objeto é a doação de um saber, o saber verdadeiro sobre a condição atual do coronel Paulino, a que Mário dará continuidade.

A relevância da entrada em cena dessa nova personagem, por meio de sua carta, é indiciada – em contraste com a carta da antiga amante Laura, que se perde quase dentro do romance – pelo destaque gráfico, em itálico, e por constituir sozinha o capítulo VI, logo após a conclusão do capítulo anterior.

A carta traça uma boa visão do ambiente intelectual de Carlos-estudante e, aí, ressalta a imagem do engenho por ele criada e divulgada. Sintomaticamente, não só Carlos como outros também têm n'*Os Maias* o modelo da dignidade humana. A carta revela, assim, em Mário um intelectual urbano que desconhece o interior do estado; é justamente esse desconhecimento por parte do outro que possibilita a Carlos criar imaginariamente o quadro de uma aristocracia similar à nobreza queirosiana. Mário, porém, é capaz de discernir, por outro lado, as condições que privilegiam Carlos como a pessoa indicada para escrever um livro sobre o mundo do açúcar, graças à sua experiência concreta, que ele, Mário, acredita ter o amigo. O impacto da carta em Carlos e, mais especificamente, a possibilidade de uma visita do amigo ao engenho, interpretada como uma ameaça, refletem a ambivalência de Carlos, a encruzilhada em que está: "Parecia um inimigo que me houvesse surpreendido na miséria e me quisesse machucar impiedosamente" (B, p.28). No entanto, é essa mesma ambivalência que permite a Carlos ver em Mário os atributos necessários a um juiz imparcial, capaz de julgar com acerto a sua atuação no mundo açucareiro. Se, de um lado, a sua visita é temida pelo provável desmascaramento da visão da aristocracia canavieira, criada a partir do Recife, por outro, Carlos reconhece no amigo aquele que sabe ver. Ou seja, Mário representa a maturidade que desfaz a cisão que caracteriza Carlos. A pergunta, por este reiteradamente formulada – "O que diria ele?" –, tem uma única resposta, que ele mesmo encontra. Se o neto se envergonha do avô, pelo contrário "Mário Santos saberia vê-lo em seu tamanho natural" (B, p.31).

A doação do saber-ver não é promovida, no entanto, somente por esses atores secundários mas também pelo próprio coronel. Com este, o eixo geográfico de sala-corredor-quarto se converte no espaço de encenação de uma peça, estruturada basicamente pela dinamização de oferecimentos e negoceios, afirmações e negações. O seu início se identifica no fecho do capítulo III, com a observação fulminante do avô quanto ao não-saber-ver (o engenho) de Carlos e a aparente sanção positiva de sua opção pela cidade, representada pelos jornais enviados ao quarto do rapaz.

A partir de então, toda a narrativa é entremeada de referências a duas atitudes do avô: o seu silêncio, a sua não-participação em uma comunicação verbal: "O meu avô pouco ouvia de tudo isso", "O velho José Paulino não dizia nada", "não ouvia a voz de meu avô" (B, p.85); e a negação da comunicação visual – o coronel passando pela porta do quarto sem olhar. Tal comportamento parece desqualificar o avô quanto à sua sanidade e alheamento senil. No entanto, as suas atitudes repercutem no neto em sua ambigüidade como desqualificação não do destinatário, mas do neto-destinatário. A não-manifestação do destinador se instala, portanto, como negação do neto como objeto de um querer (bem) e como destinatário de qualquer objeto-valor modal. Carlos percebe que o silêncio do avô, pela mudez e pelo olhar, o nega como objeto de sua afeição e, concomitantemente, como sujeito competente para desempenhar a função de destinatário de qualquer doação por parte do coronel.

No entanto, há duas passagens que parecem contrariar tais leituras. A primeira delas é a da surra de Josefa. Em seguida à crise que acomete Carlos, o avô entra no quarto deste, restabelecendo todos os canais de uma relação intersubjetiva: a fala do avô desmente a sua senilidade e seu alheamento com relação ao que se passa ao redor, e confirma o seu afeto pelo neto. A segunda passagem é a da opressão da escrava pela senhora: a esta seguem-se a reação positiva de Carlos e o convite do avô ao neto a que venha à sala tomar chá à mesa-grande. Entre ambas as passagens há uma gradação: no primeiro caso, o avô concede ao neto o deslocamento somático de sair de seu espaço para o do outro e é ele quem toma a iniciativa de reatar a comunicação verbal. Já no segundo, ele simplesmente se limita à iniciativa verbal, ainda que mediada – é um recado enviado pela empregada –, e ao convite a que se desloque, ele, o neto, do espaço privado para o social. É, portanto, na sala de jantar que se dá o encontro do neto com o avô, lugar, por excelência, de convivência nas casas-grandes. No entanto, identifica-se um novo componente: vindo ao encontro do avô, Carlos o surpreende sozinho à mesa. O caráter não usual desta cena se confirma quando a comunicação verbal fica marcada por sua não-realização – "não disse nada e levantou-se" –, substituída significativamente pela linguagem dos olhos – "E me olhou com uma penetração estranha, como nunca lhe tinha visto até hoje" (B, p.37) – que se instala, declarando-se linguagem e realizando-se superlativamente nos dois pólos da comunicação: "E pela primeira vez na minha vida *vi* os *olhos* de meu avô umedecidos" (B, p.45) (grifos nossos).

Lembrando de perto o princípio de triplicação das narrativas míticas que insiste na efetivação de contratos que resultam na doação do objeto mágico, a comunicação, assim atualizada, é retomada sinedoquicamente pela figura dos olhos úmidos do avô que, ao reiterar-se insistentemente em contextos variados, no tempo e no espaço, marca a necessidade da função que realiza. É dentro desse entendimento que, lembrando os sentidos atribuídos à rede neste romance, pode-se alcançar a significação dos contrastes criados pelos termos que grifamos a seguir: "Quando saí do meu quarto, encontrei-o *deitado na rede*, com as pernas cruzadas, *olhando para o chão*" (B, p.37). A comutação entre os atores no jogo proscênico e na gestualidade aponta para alguma transformação. Por isso, prosseguindo em seu deslocamento espacial, agora fora da casa, o olho com que o neto vê o engenho tem como contraponto a olho ausente do avô. O deslocamento continua marcado, a seguir, pela notação temporal – sair à tarde, de manhã – e por uma extensão mais ampla: Carlos sai andando pela estrada onde entra em contato com uma natureza eufórica e um mundo humano no trabalho.

Restabelecida dessa forma a comunicação, o destinador se retira e se refugia em seu espaço: "dentro de casa, José Paulino, no canto da mesa, jogando lasquiné sozinho, espera a ceia" (B, p.42), alheio a tudo o mais. Mas, ao retornar do espaço exterior para o interior da casa-grande, o que o neto encontra é um "crepúsculo de todas as horas". O Santa Rosa, diz o narrador, "perdera a fala, os ouvidos, com aquele silêncio de mosteiro abandonado" (B, p.42).

Pela paulatina rarefação do humano, o engenho ganha a forma de um sujeito privado das faculdades de comunicação. Dentro dessa circunstância, numa situação livre de qualquer ruído, mas tendo, como num ritual, estendida a mesa entre os sujeitos, como símbolo do que os liga e daquilo que está em pauta, o antidestinador joga sua cartada decisiva: o telegrama de Juca com a oferta de uma promotoria no sul. Por sua vez, é também nessa situação que o destinador atualiza sincreticamente todas as estratégias até então empregadas, desde a enunciação dos valores em disputa, até a transcodificação verbal da mensagem do olhar.

> Quando cheguei na mesa para o café o meu avô já estava. Nós dois somente, naquela mesa imensa que vira cheia, de ponta a ponta, nos grandes dias do Santa Rosa ... Hoje era aquilo. Ele e eu, e aquele silêncio e aquela tristeza de casa infeliz.
>
> Naquela vez o meu avô tinha alguma coisa para me dizer:

> – Recebi uma carta de Juca mandando este telegrama.
>
> ... Olhei o velho e o velho não me disse nada.
>
> – O senhor responda que eu aceito.
>
> Vi então que meu avô chorava. Os seus olhos azuis marejados. E num ímpeto, como se já tivesse feito aquilo muitas vezes, tomei-lhe as mãos e chorei sobre elas como menino.
>
> – Vá, se quiser. Vá, se quiser. Estou para morrer. Queria ao menos que ficasse um aqui até o fim.
>
> E levantou-se da mesa com o cacete batendo no chão. Chegou na janela, gritando para um sujeito que passava. (B, p.46)

Em síntese, pode-se dizer que nesta primeira parte do romance, intitulada José Paulino, cumpre-se um extenso e complexo percurso de competencialização que não se efetua.

Dissociados sujeito e objeto, é indispensável que, de um lado, o primeiro se modalize pelo querer e, de outro e ao mesmo tempo, o objeto se erija em objeto-valor, que o sujeito passe a desejar um objeto que se lhe apresenta como de valor. É preciso, portanto, que Carlos realmente passe a interessar-se pelo Santa Rosa. Para tanto, pressupõe-se a reintegração nele das faculdades sensoriais e afetivas, embotadas durante a sua permanência no Recife, pois para uni-lo ao engenho o primeiro passo é o restabelecimento do elo afetivo neto-avô. Este só se efetua pela aceitação por Carlos da realidade atual do coronel, em sua decrepitude. *São esses dois objetos – cognitivo e afetivo – que na verdade as personagens secundárias, de uma forma ou de outra, doam a Carlos*. Pois só se compreende a atuação delas – ao realizarem vários temas próprios do mundo do engenho no nordeste – como pertencente à esfera do anti-sujeito ou do antidestinador em programas de uso. A ação deles não tem uma finalidade em si, está a serviço de outra mais ampla, na qual se encaixa. A forma deceptiva do trabalho delas mascara o fato de que o real anti-sujeito não é de natureza hipotática – o engenho ou o mundo – mas de natureza hiponímica: o sujeito é o seu próprio vilão, portanto. A causa do fracasso de Carlos está nele e não fora dele. Por isso, a seqüência constituída pela entrada em cena da carta de Mário, a retirada de Sinhazinha com sua viagem, o oferecimento da promotoria por Juca se explica pela comutação numa mesma função actancial: esses fatos se equivalem, substituem-se uns aos outros na linearidade temporal.

A opção de Carlos pela promotoria no sul encerra o confronto assim desenvolvido. O contrato inicial não se efetua com a desqualificação do sujeito, e o objeto mágico, aparentemente, não é transmitido. Resulta, assim, uma situação de fato, com a qual se responde à indagação inicial do romance.

Assinala-se o ponto final de todo um programa, sem carregar no bojo qualquer virtualidade que indique direção ao desenvolvimento posterior do relato.

Conseqüentemente, dentro dessa situação de ponto morto, é de forma abrupta que se dá a aparição de uma nova personagem, cuja chegada ao engenho, inesperada, é dada pelo narrador como fato consumado: "Chegara ao engenho para passar uns tempos. O meu avô recebera o pedido de cavalo para a estação, aborrecido" (B, p.48).

Curiosamente, a razão do deslocamento desse ator desconhecido, da cidade para o engenho, é um dano: segundo diagnóstico médico, "doença dos nervos" que requer ares do campo. Já de entrada, ao espaço rural é indicado o papel de doador de um bem, reconhecido como os bons ares do campo, e cujo efeito não é propriamente de ordem somática.

Em contraste, portanto, com a perspectiva de Carlos que culmina, no processo de embrutecimento, com a cena das moscas, Maria Alice se apresenta já de início como beneficiária do engenho. Ademais dessa posição passiva, ela não traz marcas que lhe confiram destaque. Melhor ainda, é justamente essa ausência de traços relevantes que se fará a sua característica maior, que se denominará "naturalidade", a qual lhe permite, sem esforço e planejamento, assimilar-se ao mundo do engenho. Como que retribuindo, numa relação de troca, a doação a ela feita pelo novo mundo, a visitante injeta neste uma nova energia.

Num levantamento rápido, na apreciação do narrador, quanto à atuação desse elemento alienígena, ver-se-á que ele aparece como reagente que suavemente confere legitimidade ao que na comunidade há de legítimo, fazendo, concomitantemente, denunciar-se o que há de espúrio.

Nessa ação transformadora de Maria Alice, a primeira modificação mais decisiva apontada pelo narrador é a que imprime à casa-grande, tanto no edifício, revificado pela abertura de janelas e portas e transformado em espaço cheio com a presença de luz e vento, como pelo preenchimento do vazio humano. Com relação a este, ela promove uma intensa atividade da ordem do fazer-fazer. O primeiro a revitalizar-se é o avô que ela leva a todo um movimento de expansão, em contraste ao de retraimento antes já visto, não só no interior como no exterior da casa-grande. Como se sabe, o grito faz parte de José Paulino, senhor de engenho, como forma não só de mando mas de onipresença enchendo a extensão da propriedade. É exatamente dele que se vale o doador, para levar o outro a modificar a sua atitude: "Gritava para ele, abrindo as janelas, à noite, para entrar ar" (B, p.50), numa imagem em espelho, confirmada pela resposta do coronel: "O velho José Paulino até já gritava para os moleques" (B, p.50).

O indício maior do renascimento de José Paulino se encontra, no entanto, no ressurgimento de seu amor pelos frutos colhidos no pomar. A evocação do passado, em que tinha o mesmo gesto de presentear a filha Maria com laranjas, abre a dimensão simbólica do gesto agora repetido com Maria Alice.

Também Carlos é acordado de sua apatia, para uma atividade que no texto aparece expressa duas vezes pelo mesmo lexema: *reparar*. Curiosamente, o efeito da ação de Maria Alice sobre o moço repercute como instalação de duas carências: a necessidade de sair do quarto e a necessidade de ler. Ou seja, são formas de suprir dois tipos de carência inter-relacionados – a do conhecimento do próximo e de si mesmo. O tema da literatura – e da leitura – é reintroduzido, assim, como necessidade, não como algo imposto mas requerido.

Concomitante a esse trabalho de conjunção reflexiva, uma outra é promovida por Maria Alice, a mesma tentada na prova de qualificação anterior: a reaproximação de Carlos com o engenho, a qual exige, como antes, a aceitação, por parte do neto, do coronel em sua realidade presente. Trata-se, na verdade, de uma mediação dupla: o interesse amoroso de Carlos por Maria Alice precisa mediar, legitimando ao mesmo tempo a sua função, a aproximação avô-neto para chegar-se à conjunção Carlos-engenho. Nessa *performance*, a visitante, numa primeira etapa, desenvolve um programa tendo como tema seja o afeto de pai-filha, em que Maria Alice comuta papéis com a filha Maria, seja a piedade com que a moça cuida da enfermidade do coronel ou ainda a fraternidade com que ela se refere ao passado do senhor de engenho. Numa segunda etapa dessa conjunção, ela promove o contato direto de Carlos com o engenho: primeiro, com a fisicidade deste e, segundo, com o engenho como comunidade produtiva.

Com a chegada de Maria Alice, Carlos não só se desloca de seu quarto para as demais dependências da casa-grande como se movimenta por todo o engenho. Ao contrário do que se passa na primeira parte do romance, os seus passeios (o que significa passeio?) ocorrem pela manhã. O primeiro deles se faz "pela estrada", como um deslocamento sem um ponto de chegada fixo *a priori*. É nesse momento de aparente ócio que Maria Alice se revela como doadora.

Já na descrição do caminho percorrido – "O caminho feito para um casal de namorados, de tanto cheirar o muçambê e tanto enfeite de trepadeiras pelas estacas do cercado" (B, p.58) – se observa o efeito da ação da moça, modalizando o destinatário dela como reintegrado em seus sentidos, que o colocam na posição de sujeito que quer amar. Mas esse papel actancial da mulher fica mais claro pela referência do narrador à sua atitude, isto é, a sua disposição para: "Gostava de chamar a atenção para as coisas bonitas que via" (B, p.63). Não há, pois, somente ver, mas também compartilhar a experiência; ela é o dedo apontando as coisas, numa capacidade de ver que se comunica ao outro: "minha companheira mostrava-me um pé de cardeiros todo sangrando nos seus frutos encarnados" (B, p.68).

Mas a pedagogia subentendida pressupõe um querer-saber que exige do sujeito uma atitude sempre inquiridora, predisposição que o próprio destinador exemplifica: "Maria Alice quis saber ...", "Perguntava-me", "Prestava atenção a tudo". Ela conduz Carlos a um desmascaramento em que ele se declara modalizado por um não-saber (sobre o engenho), cuja causa, também ela lhe revela, está na atitude do sujeito que não quer saber, que não se aplica, portanto, à sua aquisição. Todo esse processo de doação – complexo, portanto, como parte da transformação do sujeito – de modalizações endotáxicas para exotáxicas[3] pode ser detectado no emprego estilístico não só de verbos como de pessoas verbais.

Com efeito, observa-se que, num primeiro momento, a função de sujeito sintático é expresso normalmente por lexemas ou pronomes que se referem a Maria Alice, enquanto Carlos ocupa a posição de objeto indireto, de destinatário, portanto, da ação do sujeito. Mesmo quando o predicado verbal aparece como perguntar, trata-se, na verdade, de uma pergunta que *revela*, pelo processo de estranhamento, a que obriga o interlocutor. Nessa fase, os lexemas indicadores da atividade de Carlos são da esfera do *ouvir*, tendo como objeto a *fala* do outro, e, como conseqüência, da esfera do *aquiescer*. Todo esse processo de doação/recepção, em que predomina a primeira função, encontra-se sintetizado na primeira página do capítulo III: "Nós dois andávamos pelo Santa Rosa vendo tudo com os seus olhos" (p.61).

As considerações acima tornam mais clara uma significação do capítulo seguinte, dedicado ao passeio à Mata do Rolo. Toda uma mudança estilística se observa, quando o mundo natural é descrito sem a mediação anterior de Maria Alice. A comunicação verbal se faz pela perspectiva do homem, em que o mundo exterior comparece apresentando-se ao sujeito agora capaz de vê-lo. Abundam

3 "tomando-se em consideração o percurso tensivo que leva à realização, podem-se agrupar as modalidades até aqui reconhecidas, de acordo com o quadro seguinte:

modalidades	virtualizantes	atualizantes	realizantes
exotáxicas	*dever*	*poder*	*fazer*
endotáxicas	*querer*	*saber*	*ser*

De acordo com a sugestão de M. Rengstorf, designam-se aqui como exotáxicas as modalidades capazes de entrar em relações translativas (de ligar enunciados que têm sujeitos distintos), e como endotáxicas as modalidades simples (que ligam sujeitos idênticos ou em sincretismo)" (Greimas, Courtès, *Dicionário de semiótica*).

os componentes sensoriais que se convertem em sensuais, graças ao cruzamento da intriga amorosa. Essa conotação permanece durante toda a segunda parte do romance, criando um ambiente de fecundidade. É dentro dessa perspectiva que se insere um novo tema: o da integração direta do sujeito com a terra, num processo de naturalização do homem que só assim se humaniza:

> Descemos dos cavalos para ver de mais perto as coisas que nos rodeavam. Era preciso tocar na terra com nossos próprios pés, ficarmos mais humanos, ali onde tudo nos convidava para a vida. (B, p.63)

É nessa fase de integração direta do sujeito com a terra e de primeiro contato amoroso deste com Maria Alice que os sujeitos individuais aparecem amalgamados, estilisticamente inclusive, como sujeito coletivo: "Paramos para ver outra orquídea em botão" (B, p.63), diz o narrador, e mais adiante: "Paramos os dois, instintivamente, para olhar o trabalho penoso ..." (B, p.65). A homologação da qualificação obtida se dá, depois, junto à mesa de jantar pelo destinador – o avô – que outorga o objeto mágico – a alegria. Por isso tem a função de confirmar como verdadeiro o contrato realizado no segmento subseqüente, em que ocorre novo passeio: Carlos, desta vez, o realiza só e a sua narração mostra a inversão havida na distribuição de funções e papéis actanciais. Carlos é, agora, o destinador, Maria Alice – ausente –, o destinatário, e o objeto é todo o engenho. A partir de tal reencontro de Carlos com o engenho em sua fisicidade, começa ele a integrar-se nessa unidade produtiva, sempre pelo crivo crítico de Maria Alice.

Sintetizando: após a primeira tentativa frustrada de qualificação de Carlos como futuro senhor de engenho, em que o destinador do contrato é encarnado pelo próprio avô, seguindo um princípio de triplicação como se verá mais adiante, entra em cena um novo ator, alienígena, que vai provocar em Carlos todo um renascimento de suas potencialidades masculinas e, concomitantemente, revelar-lhe o mundo verdadeiro do engenho: tanto o engenho como propriedade de terra quanto como comunidade produtiva; vai revelar-lhe também a si mesmo e o outro por meio da literatura. Assim, aquela que viera como beneficiária dos bons ares do campo se transforma em destinadora de um saber-ver (a si, aos outros, ao engenho).

A TRILOGIA FEMININA

Para uma melhor compreensão da segunda prova de qualificação há pouco analisada, é preciso examinar as funções e papéis desempenhados por Maria

Alice, em comparação com os demais atores femininos que compartilham com Carlos vários programas narrativos de temática amorosa.

Já na primeira parte do romance, em programas de uso, aparecem duas figuras femininas – Maria Chica e Laura – como parceiras de uma relação heterossexual com Carlos. Estão tais figuras marcadas por determinações que as localizam em pólos opostos, em duas ancoragens narrativas básicas: a temporal e a espacial. Laura opõe-se a Maria Chica não só porque pertence ao passado de Carlos – e ela comparece à cena por meio de cartas (dela e de Mário) para dizer exatamente isso, ou seja, que um segmento da vida de Carlos é um segmento esgotado – mas também porque pertence ao espaço ausente urbano. Maria Chica é, assim, em contrapartida, o rural, autóctone, plenamente presente no aqui-agora do herdeiro do Santa Rosa.

Apesar dos traços disjuntivos apontados, elas se equivalem na relação com Carlos, pois ambas comparecem encarnando personagens a que se nega o papel de sujeito. Na convivência amorosa, em que os sujeitos se buscam mutuamente como um mesmo objeto-valor (prazer, amizade, afeto), as duas mulheres são reduzidas, de sujeito do querer, em permuta posicional com o homem, a objeto-valor: elas só encarnam o objeto do prazer masculino. Isso só é possível na medida em que o relacionamento amoroso é sobredeterminado por uma relação de compra e venda: uma é prostituta e a outra, mulher de empregado. Na relação mercantil básica, tacitamente reconhecida como vigente, cabe à mulher – e não ao homem – a função de objeto-valor. Essa modalidade de relação aparece, no caso da mulher de empregado, como direito adquirido pelo uso desde a escravidão, decorrente, portanto, do poder econômico do senhor de engenho. E aparece como direito adquirido por quem tem poder e dinheiro, no caso da prostituta.

Num caso e no outro, os programas narrativos parecem tematizar o abuso de poder, comum numa coletividade como a dos engenhos e de cidades como Recife. No entanto, na contramão, tematiza-se uma outra questão, a da não legalidade e/ou não legitimidade de tais relações, como fundadas sobre o arbítrio do poder. No caso da prostituta, que procura apagar a natureza mercantil da relação, recobrindo-a por um sentimento não vendável, a afeição, questiona-se a legitimidade dessa transação de compra e venda; já no que toca a Maria Chica, na condição de mulher de outro homem, questiona-se a legalidade da posse do dominado pelo dominador, da empregada pelo senhor, mesmo quando essa posse é assegurada pelo querer do dominado, mesmo quando consentida. Essa dupla questão – da legalidade e da legitimidade dos relacionamentos amorosos, sexuais do senhor de engenho – volta a tematizar-se com Maria Alice, que, além de parenta, é casada e hóspede. Como Maria Chica é mulher de outro, mas não existindo a relação mercantil, como no caso de Laura, ao contrário desta é também sujeito de um desejo cujo objeto é Carlos. Só a ela o romance permite uma relação amorosa em que as personagens assumem e comutam os papéis de sujeito e objeto.

Tomando-se como referência esse quadro paradigmático que associa e distancia as três figuras femininas, é necessário que se observe em que ponto da narrativa entram elas em cena.

A primeira referência, demorada, a Laura ocorre com a carta de Mário. A distância temporal e espacial, produzindo uma distância entre Carlos, como sujeito que agora avalia e julga, e Carlos, como sujeito pragmático (estudante estróina no passado e no Recife), leva-o à elaboração de uma auto-imagem em que ressalta um duplo dano: a sua desqualificação como sujeito capaz de amar fisicamente – "antigamente saía da cama de Laura com nojo dela" (B, p.58) – e como sujeito capaz de bem-querer – "Quisera mesmo ter gostado de Laura, mais do que gostava" (B, p.58). A segunda aparição da prostituta se dá em forma de sua carta. A reação de Carlos faz ver em Laura o ator em que se representa o outro termo de sua opção inicial (Santa Rosa ou Recife), pois é graças à carta de Laura que Carlos torna-se objeto de manipulação do Recife que trabalha pela sedução:

> Tive então saudades de Laura e de toda a minha vida de Recife, dos anos de colegas, mulheres e jornais. Por que não dava o fora do Santa Rosa e não pegava outra vez o fio daquela existência fácil, divertida? (B, p.40)

Trata-se de uma sedução especiosa, uma vez que o simulacro aí criado para a representação do Recife não coincide com o de outras passagens. De qualquer forma, o papel de sujeito de uma *performance* de sedução, desempenhada por Recife que disputa Carlos ao engenho, só ganha sentido pela aproximação dos papéis encarnados por Maria Alice como se verá mais adiante.

Por ora, é preciso pontuar que a relação amorosa com Maria Chica e a lembrança de Laura promovem em Carlos o aparecimento de uma busca cujo objeto é o amor. A partir da carência inicial, recolocada em pauta pelas cartas de Recife, Carlos faz-se sujeito de um percurso em que o objeto se gradua, englobando-se sucessivamente, do amor carnal ao amor fraterno, intermediado pela harmonia de ambos. É no confronto com a referência oferecida pela literatura, promovida a virtualidade desejada, que ele identifica a função do amor nas estórias em análise:

> O amor que eu conhecia nunca me dera força para coisa alguma, nunca me elevou nem me rebaixou, aluindo-me de minhas bases. Que secura era aquela minha? No íntimo me via pequeno demais, menor que todo mundo. (B, p.43)

O resultado é a desqualificação de Carlos como sujeito de querer (bem), em sua relação consigo e com o mundo. Desqualificado o sujeito, toda questão inicial se volta a colocar-se, como a da prioridade, pressuposta a qualquer programa, de sanar tal secura. Carência, portanto, não de um objeto hipotático (a mulher), mas de um objeto hiponímico (da capacidade de querer bem). É com esse sentido que, assim introduzida, Laura permanece como o contraponto necessário ao estabelecimento do sentido tanto da figura de Maria Chica quanto da de Maria Alice. Basta lembrar que, embora seja Maria Alice a personagem central na segunda parte do romance, Laura volta à cena, ainda que no nível de narração, quase no final, no capítulo VIII, quando o sentimento de Carlos por Maria Alice é expresso por meio da evocação dela, Laura. E é praticamente a carta de Laura que introduz na estória de Carlos a figura de Maria Chica: graças ao trampolim das lembranças de seus amores juvenis, já esquecidos, Maria Chica aparece para encarnar o objeto do desejo carnal assim desperto: "Pela primeira vez", confessa o narrador, "no Santa Rosa me chegou uma vontade danada de andar com mulher" (B, p.44). Embora valorizada por seus predicados de fêmea, nesse primeiro momento, Maria Chica permanece como objeto virtual do desejo de Carlos, que só se realiza na segunda parte do romance. Mesmo então, ela se apresenta como objeto realizado de um desejo cujo objeto visado, deceptivo, permanece virtual: o desejo de Maria Alice, *desperto em sonho*, se realiza em Maria Chica.

Nesse jogo de papéis – de destinadora de desejo e de objeto real dele –, desempenhados pelas figuras femininas, desenvolvem-se dois percursos paralelos que tematizam a relação amorosa. Correm paralelas a estória do envolvimento de Carlos e Maria Chica e a de Carlos e Maria Alice.

Desempenhando o papel de leitor crítico delas, coloca-se Carlos, cujo entendimento, tanto no nível de enunciação quanto no de enunciado, é regido por códigos identificáveis com os de uma civilização urbana: o discurso de Carlos é de homem da cidade, embora contrariando o seu comportamento e ações de homem de engenho. Entretanto, prenunciando papéis que Maria Alice virá a desempenhar, Carlos realiza uma sintomática delegação de papéis. Calando-se sobre o seu próprio julgamento, ele enviesa atribuindo supostamente à visitante juízos calcados em códigos civilizados, segundo os quais a satisfação dos instintos, pressupostos no ato amoroso, estaria proscrita quando se tem por parceira pessoa de classe inferior. Ou seja, aos olhos de Carlos, Maria Alice encarna o destinador tanto doador – dos códigos – quanto sancionador de seus atos, na medida em que atua nele a oposição não resolvida de bacharel e neto de senhor de engenho. "Se me visse assim, com aquela cabocla de engenho me emporcalhando" (B, p.54), preocupa-se Carlos, confundindo o prescrito, o proibido e seus contrários, pelo código das relações humanas. A legalidade, questionada no que toca à mulher de empregado, é vencida pela legitimidade, conferida pelo desejo dos sujeitos desde que socialmente equiparados. Também se legitima o objeto do desejo carnal, ainda que proibido: o envolvimento amoroso de Carlos e Maria Alice nunca é colocado em julgamento.

Além da disparidade quanto à sanção – positiva ou negativa –, dependendo das condições sociais das parceiras e resultante da perspectiva urbana de julgamento, o juízo atribuído por Carlos à visitante traz à baila a imoralidade dos costumes considerados próprios do coronel, em oposição à urbanidade requerida ao bacharel. A equiparação, feita por Carlos, de sua atitude à de seus antepassados, por meio da qual Maria Chica, não-escrava legalmente, passa a equivaler a escrava de fato, e a preocupação em negá-la aos olhos de Maria Alice – "que não abrisse o bico senão mandava quebrá-la de pau" (B, p.75) – manifestam a duplicidade do sujeito nesse momento da narrativa.

Com a notícia da gravidez – quando já está em curso o namoro de Carlos e Maria Alice – e a ameaça do senhor de engenho, Maria Chica desaparece para só voltar na terceira parte do romance, desempenhando, agora, novo papel temático: o de mãe do filho de Carlos, impondo, ao mesmo tempo, um novo papel também ao bacharel: o de pai.

Por ora, basta compreender a articulação das personagens femininas que se relacionam amorosamente com Carlos, nesta primeira parte do livro. Verifica-se que, a partir do núcleo comum, de objeto comercializável, Maria Chica e Laura passam a distanciar-se graças a traços que as distinguem socialmente. Destes, para o propósito destas considerações, destaca-se como fundamental o fato de que a prostituta de bordel se situe na área urbana e que a mulher do empregado do engenho se identifique como da área da aristocracia rural. No primeiro caso, ocorre uma relação entre prostituta e estudante; no segundo, entre a empregada e o senhor de engenho. No primeiro caso, a relação é carnal e totalmente disfórica pela esterilidade dupla que a caracteriza, de prazer e de prole. Já no segundo, a falta de uma referência mais relevante ao aspecto erótico acima apontado leva a supor pelo menos uma não disforia equivalente à do primeiro; quanto à procriação, o resultado é o de uma relação fecunda.

Com base em tal quadro, correlacionar Laura com o efeito negativo da permanência de Carlos em Recife produz uma leitura que se poderia sintetizar da seguinte forma: a inutilidade de sua estada na capital, comprovada pela esterilidade de seu resultado em todas as faces da experiência humana. Essa leitura leva a concluir, por contraste, pela não esterilidade do relacionamento de Carlos com o engenho, pelo menos, nos dois aspectos acima apontados, da sexualidade e da procriação. O caso Maria Chica não pode, ao que parece, ser reduzido, como o de Josefa, à exemplificação figurativa do comportamento padrão do senhor de engenho, tematizando a vigência de fato da ideologia escravocrata.

Tal quadro, constituído de termos contrários e contraditórios a se combinarem, compõe uma situação narrativa que prepara a entrada em cena do ator feminino principal. O enunciado de estado que sintetiza tal situação coloca Carlos como um sujeito – senhor de engenho – de posse do objeto maior que o define: o poder, no centro do qual se instala um jogo de forças entre duas linhas ideológicas, em que uma – a rural – é dada pressupostamente como disfórica e outra – a urbana –, como pressupostamente eufórica. O caráter enganoso dessa distinção polarizante, delineada isotopicamente por dois percursos protagonizados por Laura e Maria Chica, supõe resolver-se com a chegada de Maria Alice.

"Moça fina da cidade", casada com parente próximo, empregado na cidade, sem filhos, de uma beleza "que não precisava de tática para vencer os outros", assim é descrita a visitante. Nessa descrição, identificam-se percursos temáticos e figurativos que tornam o ator o fulcro de projetos virtuais que se estruturariam em esquemas harmoniosos. A primeira descrição de Maria Alice levanta, pois, expectativas positivas quanto ao que poderia acontecer com a sua chegada. Ao modo do parecer, compõe-se o tema da mulher estabilizada num tipo de sociedade, graças a predicados conferidos pela natureza ou pela sociedade. No entanto, a própria razão de seu deslocamento espacial – problemas de saúde – assinala o modo deceptivo de tal configuração, catalisadora de uma complexidade que irá justificar os papéis a ela atribuídos mais tarde.

Tal complexidade começa a delimitar-se quando se compara a descrição acima referida e o quadro há pouco composto das duas figuras femininas anteriores. Ao contrário destas, Maria Alice é objeto duplamente interdito ao desejo amoroso de Carlos: estado civil e mulher de parente próximo, condição agravada pela posição de hóspede do Santa Rosa. São termos que ocupam o mesmo lugar numa estrutura ética, manifestando o tema da "moça fina da cidade". No entanto, o apetite, apático com relação a Laura, mas despertado por Maria Chica, a erige, aos olhos de Carlos, em objeto investido, acima de tudo, do valor de fêmea. A valorização dela se processa como uma sedução física involuntária. O peso dessa forma de ser de Maria Alice para Carlos torna-se evidente pela justaposição, aos dotes conferidos pela natureza, do prestígio por ela conquistado junto ao rapaz e junto aos demais elementos da comunidade, numa estruturação harmônica:

> E o prestígio dela crescendo para as negras (menina dada! Era assim que as negras tratavam a sua franqueza, o seu jeito delicado de pedir as coisas). Crescendo para mim

a mulher bonita, com aqueles olhos que se fechavam quando ria, com aquele seu macio encanto de flor. (B, p.54)

A passagem gradual de termo proibido a termo prescrito numa relação amorosa se faz pela mediação do não-proibido. E este se realiza no sonho, só no sonho – "E que sonho despudorado" – que voltará com as mesmas características na terceira parte do livro. É, pois, ainda essa localização de termo não proibido que parece explicar a comutação de Maria Chica real e Maria Alice no sonho. Observe-se que o parágrafo seguinte ao do sonho se inicia com a referência à relação carnal de Carlos e Maria Chica, porque esta representa, na consciência do rapaz, o não-proibido. É por meio desse percurso – proibido/não-proibido/prescrito – que o processo amoroso se desenvolve em Carlos até atingir o ponto terminativo com que se abre o capítulo seguinte: "Quando abri os olhos estava apaixonado por Maria Alice" (B, p.57).

A modalização de Carlos como sujeito que não pode não querer, que o situa como agente passivo de uma relação, se expressa bem nos aspectos pontual de "quando abri os olhos" e perfectivo de "estava apaixonado". Essa modalização antecipa, coerentemente, a posição que lhe caberá na relação com Maria Alice. Da mesma forma, dentro de uma coesão figurativa, ganha sentido o fato de que a conscientização de si próprio se expresse por meio do olhar, do olho. A relação causa-efeito entre olhar/ser-tomado-de se confirma logo em seguida pelo avesso – "aquela inquietude toda que me invadia, se por acaso deixasse de vê-la..." (B, p.57) –, e pelo direito – "agitando-me não sei por que quando a via" (B, p.57). A qualificação de Maria Alice se faz ao modo do ser: ela é atraente, há nela a força da sedução. Ou seja, o ator aparece já investido de valores modais que a função de destinador, no programa de competência, lhe exige.

A estas alturas, pode-se concluir que Maria Alice, como simulacro criado por Carlos, reúne as duas qualificações ausentes tanto em Laura quanto em Maria Chica: na primeira, a falta da atração carnal e, na segunda, a da paixão. Isto equivale a dizer que Maria Alice sana essa dupla carência do sujeito, que passa a modalizar-se como aquele que quer e pode querer.

A linguagem dos olhos volta, então, a efetuar-se não só como meio de percepção do outro, mas também como de comunicação – "ficava com medo que descobrisse a fome de meus olhos" – que abre o canal de todas as demais – "o interesse material que todos os meus sentidos não podiam me conter" (B, p.60).

No desempenho da função de destinador, Maria Alice é aquela que capacita o sujeito a olhar e a ver. Daí que o torpor dos sentidos, resultante do insulamento após a sua chegada ao engenho, é quebrado não só pela competência de ver o outro como ainda de vê-lo enriquecido pelo aspecto cromático. Em cadeia, também o olfato é despertado, criando um contraste significativo entre a primeira e segunda parte do romance.

Com relação ao componente cromático, a sua ausência na primeira parte é substituída na segunda pela recorrência do verde (do umbuzeiro, do flamboyant antes da florada e da caatinga no alto), do vermelho polarizado na semente do mulungu, nas flores do flamboyant, nos frutos de cardeiros e nas flores de orquídea. Já o olfato aparece não só em referências ao açafrão, ao carvão-de-pedra, ao cajá maduro, ao cajueiro, à baunilha e principalmente ao jasmim. E entre o cromático e o olfativo se estabelece uma relação de complementaridade, homologada pela configuração de uma dimensão espacial ampla, pelo próprio modo de percepção desses dois componentes: em perspectiva (o flamboyant visto de longe), em expansão (o cheiro intenso recendendo longe) ou como uma totalidade – "E a mata cheirava". É com esse sentido, de abertura de canais de comunicação, que tanto o olhar quanto o cheirar entram na composição temático-figurativa do percurso amoroso desenvolvido por Carlos e Maria Alice. Mais particularmente, o *olfato* cria uma relação paradigmática entre a circunstância espacial do engenho e a visitante, que chega ao neto do coronel como cheiro: "Junto do seu corpo sempre a cheirar", diz Carlos, "me esquecia de todas as outras fraquezas" (B, p.73). E por ele se prolonga pelo tempo e pelo espaço. Daí a comutação Maria Alice/jasmineiro, que se apreende bem pela sua recorrência ao longo da narrativa. É justamente o trajeto que essa equivalência perfaz que passa a contar o desenvolvimento do enredo amoroso, em suas transformações e desfecho infeliz.

A primeira aparição da planta se dá logo após a insinuação inicial de Carlos junto a Maria Alice, o qual assim descreve a volta do passeio:

> Só ouvíamos o rumor do engenho moendo. A vida dos outros bem junto da gente. O pé de jasmin do portão cheirava, ao meio-dia em ponto. Sentado no alpendre, o velho Zé Paulino batendo com o cacete na calçada. Olhou-nos. (B, p.70)

No texto, bastante conotativo, o estado eufórico do sujeito se explica pela aspectualização inceptiva de um programa que se visualiza em sua virtualidade; a conquista de Maria Alice se apresenta como possível e Carlos se descobre como sujeito que quer e pode querer (a mulher). Tal disposição parece ser sancionada positivamente, de um lado, pelo jasmineiro que, delegado de um destinador não identificado – talvez o próprio desejo do sujeito –, cumpre zelosamente o seu papel no momento e no lugar certo; e, de outro, é sancionada pelo avô, em quem, como se viu, também o olhar é a figura em que se manifestam funções actanciais importantes.

A segunda ocorrência se verifica quando, já certo o retorno de Maria Alice para a casa, de volta de suas andanças enlouquecidas, Carlos observa a porta do quarto onde a moça dorme com o marido, às vésperas de sua partida:

> E uma réstia de lua estava bem em cima do Anjo Gabriel. O diabo do jasmineiro cheirava como uma prostituta. (B, p.90)

E a terceira referência à planta fecha a segunda parte do romance. Após a partida, diz o narrador:

> O anjo Gabriel de espada na mão, o outro com carneiro nos braços. São Severino num caixão de defunto, e o senhor morto de sangue correndo das feridas. Por que não rezava? Sentia o cheiro do jasmineiro. (B, p.94)

Comparando-se as três referências – a primeira, no início da relação amorosa; a segunda, na iminência da volta da visitante; e a última, após a sua partida – a mudança tímica da qualificação da planta, ocorrida entre as duas primeiras referências, retrata a evolução do percurso narrativo; já o silêncio sobre qualquer qualificação na última indicia a passagem da planta de substituta paradigmática a símbolo, fato que se confirma na terceira parte do romance quando, aquilatando a possibilidade de fazer da filha de Pinheiro sua companheira – "Teria eu uma vida feliz, de noites esquentadas com corpo de mulher, como aquelas noites de Maria Alice" (B, p.150) –, Carlos traz a planta da porta da casa-grande para dentro dela: "Com o jasmineiro dentro de casa cheirando" (B, p.150).

Entretanto, é preciso notar o desencontro entre o ser e o parecer do desejado. Explicitamente, Carlos pretende substituir Maria Alice pela filha de Pinheiro, declarando, desta forma, a disforia da relação carnal com Laura e a euforia dessa mesma relação no engenho. Por outro lado, o viés denunciado pela lembrança de Maria Alice indicia o desejo de Carlos de que a filha de Pinheiro seja também a substituta desta, fato poeticamente expresso pelo deslocamento espacial do jasmineiro de fora para dentro de casa e exalando perfume. A natureza especiosa, porém, dessa substituição logo é descoberta e exatamente por meio de uma alusão à planta: "Secara o pé de jasmim... ".

Da mesma maneira que o olfativo, o campo cromático se polariza no vermelho das flores de flamboyant sempre ao longe e no vermelho das sementes de mulungu. Com a partida de Maria Alice, a busca da visão delas indica a sua fragilidade como substituto metonímico.

> Ainda estavam vermelhos os mulungus. Também só via isto, aquele encarnado dando na vista com o sol em cima. Andara com Maria Alice por ali. (B, p.85)
>
> Andei mais. De um alto avistei o flamboyant em chamas, tremendo ao vento. Maria Alice gostava de me mostrar esta árvore com deslumbramento. (B, p.62)

Corroborando essa relação, na mesma passagem há pouco citada da filha de Pinheiro, a insinuação da lembrança de Maria Alice se faz por esse processo de substituição: "A filha do Pinheiro ia longe, bulindo com os quartos. E o pé de mulungu da estrada, pintado de vermelho, resplandecia com o sol da tarde" (B, p.150).

Desta forma, pode-se dizer que jasmim, como olfato, e mulungu-flamboyant, como cor, se equivalem. No entanto, com relação ao par cromático, a equivalência não se completa, na medida em que passam a configurar relações tensas pela diversidade dos contextos em que se realizam, conotando que, a partir do núcleo comum assinalado, indicam o conflito do sujeito manifestando-se subliminarmente. A crença popular, segundo informa o próprio Carlos, atribui ao chá de semente de mulungu o poder de enlouquecer. Essa informação denuncia o modo deceptivo da presença desse vegetal em certos contextos como o acima transcrito: a localização do desejo de Carlos como não verdadeiro, envolvendo a filha de Pinheiro, se capta graças a esse dado sobre o mulungu. Por outro lado, o outro elemento que realiza o termo eufórico da categoria é o flamboyant que acena, ao longe, à interpretação errada que Carlos faz das funções de Maria Alice. A justaposição de entrechos como o abaixo, em que se narram as andanças de Carlos, perturbado com a notícia da partida de Maria Alice:

> O cavalo pisava em cima de sementes vermelhas de mulungu. O povo dizia que um chá daquilo fazia endoidar. Aonde ia assim? Botei-me para a caatinga para ver o roçado, no Riacho. Caroço de mulungu endoidava. (B, p.86)

e este, em que Carlos supõe ter Maria Alice

> olhado da janela do vagão o bueiro do Santa Rosa e o gameleiro alto... E o flamboyant teria se mostrado mais rubro ainda, na despedida. (B, p.93)

deixa clara a imagem do sujeito como o espaço de uma disputa: de um lado, o convite deceptivo de ceder à interpretação disfórica, resultante do despeito, do papel de Maria Alice; de outro, o convite verídico a compreender o papel de doador de competência da visitante: "Da porta da sala de jantar via o flamboyant dançando ao vento como uma bandeira de guerra" (B, p.144).

Em síntese e em conclusão, a história do amor de Carlos e Maria Alice tem fim, de um lado, com a separação do sujeito de seu objeto amoroso mas, por outro, com a sua conjunção com um outro tipo de objeto: a reintegração na vida, por meio da reintegração dos sentidos, levando-o ao desejo de procriação. Nesse ponto, compreende-se por que, dentro do quadro traçado no início destas considerações sobre as mulheres do romance, Maria Alice, alienígena, não pode ser a parceira de procriação, papel reservado a Maria Chica. Não a ela cabe a função de sujeito, juntamente com Carlos, da *performance* deste. O seu papel se restringe ao domínio da competência: ela é a doadora dos valores modais necessários à *performance* do destinatário como sujeito de querer (erguer o engenho).

Restam os demais valores modais para que se perfaça a aquisição da competência, necessária à ação vitoriosa. É o que veremos a seguir.

O OBJETO MÁGICO

Confrontando-se as duas primeiras partes do romance – O velho José Paulino e Maria Alice –, observa-se que ambas terminam em um tom descendente; por outro lado, fica evidente o contraste entre o modo eufórico, ascendente, do início da segunda parte e o movimento descendente dos últimos capítulos da primeira. Isso faz supor, em analogia entre o final da primeira parte, disfórico, e o início, eufórico, da segunda, que o movimento inferativo final desta se faça seguir de um novo movimento superativo no início da terceira parte. No entanto, não é o que se verifica. Ocorre, então, um movimento linear, baixo, contínuo, em que se cumpre a antecipação feita pelas sementes vermelhas de mulungu: a semidemência de Carlos, em conseqüência da partida de Maria Alice. Segue-se, depois, um deslocamento do rapaz que, deixando o Santa Rosa, vai para o Gameleira, a convite do primo Jorge. Significativamente, com esse deslocamento coincide a volta de Sinhazinha ao Santa Rosa que, assim, retoma o seu lugar.

Com a partida de Maria Alice, o tempo de Carlos no Santa Rosa ganha a forma de uma perduração abúlica, dentro de um movimento descendente de degradação. Em analogia com a primeira parte do romance, a continuidade desse estado é quebrada pela aparição de uma personagem não prevista. Ao contrário de Maria Alice, esta vem, não de um lugar distante, oposto ao engenho, mas de um espaço intermediário: vem do Gameleira, do engenho de Tio Joca.

O Gameleira pertence praticamente à mesma família do Santa Rosa, à mesma área geográfica e econômica, mas já incorporou inovações que pertencem ao mundo da usina. Além disso, apesar dos pontos comuns assinalados, há uma distância física entre os dois engenhos, cujo sentido emerge na medida em que não seja lida denotativamente. Essa distância é percorrida duas vezes por Carlos, acompanhado pelo primo. Durante o primeiro percurso, desdobram-se, sucessivamente e determinados pela contigüidade espacial, quadros representados por diferentes engenhos menores e de diferentes proprietários. A heterogeneidade assim dada, acrescida da heterogeneidade de seu aspecto físico atual, dá lugar a uma terceira dimensão, graças à perspectiva histórica que se vai abrindo, pelas informações fornecidas por Jorge sobre a história de cada um deles. Os casos narrados, confrontados com o testemunho do aspecto atual das propriedades – verdadeiras ruínas motivadas por razões diferentes – redimensionam aos olhos de Carlos o significado de termos como *engenho, senhor de engenho.*

As significações a eles atribuídas no início da narrativa, quando se referem ao Santa Rosa, se enriquecem de novas possibilidades, que Carlos identifica na visita ao Santa Fé, e como possíveis no futuro do Santa Rosa após a morte do avô. Expõe-se, assim, um leque de sentidos a esses termos, desenhando-lhes uma complexidade desconhecida de Carlos até então.

A história da região açucareira desenha-se como um feixe de possibilidades, dentro das quais a história do Santa Rosa é a materialização de uma delas. Toda a conotação de nobreza que a leitura inicial dos mesmos termos acusava, com base em modelos oferecidos por *Os Maias*, é ameaçada e mesmo negada.

Destinatário, assim, de um conhecimento oferecido por Jorge, Carlos tem a sua visão ampliada, mas ainda por alternativas que sua interpretação consegue levantar como somente virtuais com relação ao Santa Rosa. Dentro dessa virtualidade, aprofundando essa visão nova, situa-se, na outra ponta da trajetória, a realidade do Gameleira.

O segundo percurso de Carlos desse trajeto corresponde à sua volta do Gameleira ao Santa Rosa. Esta traz a marca de uma certeza: a da morte do avô que se afigura ao neto como um fato não produzido por ele mas a ele imposto como tal. É entre esse dois percursos que se situa a estada do neto de José Paulino no Gameleira.

> Há tempos que não via uma madrugada. Não tinha olhos mais para ver como antigamente. Mas naquele dia a madrugada no Santa Rosa se despedia de mim. Vi nuvens vermelhas para a nascente e o areal branco do Paraíba, sem uma gota d'água para remédio. (B, p.98)

Assim é narrada a partida de Carlos do Santa Rosa para o Gameleira. A remissão a alguns traços, que distinguem a fase de permanência de Maria Alice no engenho, comparece aqui compondo um cenário premonitório. A capacidade de ver é requisito básico, na medida em que o passeio que se inicia só acontece para Carlos a partir de sua modalização pelo querer e saber (ver). Ou seja, a ida ao Gameleira, antecedida pela passagem pelos engenhos vizinhos, pressupõe necessariamente o percurso da competencialização protagonizada por Maria Alice. A recuperação de Carlos não se processa, agora, como a aquisição do querer/saber (ver). A doação desses valores modais faz parte da função de Maria Alice que deve tê-la exercido anteriormente. Por isso, já na partida, Carlos confirma-se como aquele que vê. A Jorge, novo destinador, cabe completar a modalização iniciada pelo saber ver. Daí as diferenças entre Jorge e Maria Alice em sua caracterização. Aquele simplesmente aponta o que há para ver, deixando a Carlos a interpretação do visto e ouvido, a partir dos valores básicos transmitidos por Maria Alice e pelo avô.

A mesma atitude mantém Jorge com relação ao Gameleira: este engenho é simplesmente um exemplo vivo por meio do qual Carlos filtra sua compreensão do momento histórico que lhe toca viver. É ele próprio, como sujeito cognitivo, que acusa as transformações em processo nele:

> Tudo isto ia-me tirando a atenção das minhas cismas. Via terras novas. Em poucas horas parecia outro com interesse pelas coisas. Saíra do Santa Rosa como das quatro paredes de uma cadeia. (B, p.100)

O capítulo termina com a vista da casa-grande de Tio Lourenço, "senhorial, de largos alpendres, ponte entre palmeiras e eucaliptos" (B, p.101). E o seguinte se inicia justamente com uma observação sobre a remoção do obstáculo para a criação das condições necessárias à execução do novo projeto que se instala:

> Ou a minha doença era um nada ou o meio valia muito para a vida humana. Fiquei bom por completo, em poucos dias. (B, p.101)

AS HISTÓRIAS

Uma vez vencida a primeira etapa da terceira parte do romance, com o reconhecimento de seu direito à herança do Santa Rosa, Carlos protagoniza a segunda etapa, cujo tema, pode-se dizer, é o da luta pela sobrevivência do engenho, mergulhado na complexidade de problemas, oriundos tanto do próprio engenho como empresa humana e produção econômica, quanto de suas relações com a sociedade local, urbana e rural.

À semelhança das duas primeiras partes do romance, nesta última uma constelação nova de atores secundários vem para o primeiro plano do espetáculo; tendo como ponto de referência a luta do novo senhor do Santa Rosa, todos eles desempenham papéis temáticos e actanciais decorrentes dessa relação. Do conjunto, basicamente dois atores se distinguem: o capataz Nicolau e o antigo morador, Marreira.

Centrada a narração sempre na perspectiva de Carlos, Marreira, mais que Nicolau, é criação, uma dupla criação. No enunciado, ele é a cristalização da imagem de um novo senhor de engenho, veiculada pelo romance, a qual, pela parcialidade necessariamente pressuposta no ângulo de focalização, se ressente de uma falta básica. Carlos tem sobre Marreira um conhecimento que não abrange o saber deste sobre si mesmo. Desempenhando o papel do outro, no confronto pela posse de terras, Marreira deixa os vazios de seus silêncios que o neto do coronel não pode nem sabe preencher. Como puro efeito da interpretação de Carlos, Marreira denuncia, por isso mesmo, a impossibilidade de aquele alcançar, agora, um conhecimento global do universo do engenho. Isso, aos olhos de Carlos, torna o comportamento de Marreira enviesado, escorregadio, inviabilizando o seu julgamento, seja como falso, seja como verdadeiro. A figura de Marreira, de qualquer forma, é produto do discurso de Carlos sobre ele, embora este lide com ela como se fosse verdadeira. Denuncia-se, ao mesmo tempo, a debilidade de sua visão, irremediavelmente parcial. Resulta daí, na medida em que se trata de um confronto forte entre dois sujeitos na disputa de um mesmo objeto, um estado de desconforto, de fragilidade, que leva Carlos a buscar, ao longo da narrativa, princípios e estratégias que lhe confiram armas em sua luta.

Uma delas é a que lhe daria o conhecimento da origem de Marreira e que ele sintetiza num rápido *flash-back*:

> Ali, junto da propriedade do meu avô, aprendera com ele. Fora cambiteiro, andara montado em cargas de aguardente em viagens longas, até os confins do sertão. Comprou gado, fez planta de cana. E há anos vendia o seu açúcar em Itabaiana. Era um potentado. (B, p.128)

Esse alinhavo das sucessivas ocupações do antigo morador meio que esconde o contraponto que o bacharel terá de levar a sério: a experiência direta e cotidiana do outro e tendo como mestre o grande mestre José Paulino; mais que isso, esse mesmo alinhavo se diz insuficiente, impotente, para desnudar a história real de Marreira. O que de evidente há aí é a valorização positiva, como merecida, da escalada econômica do morador, baseada num progressivo aumento da competência, sucessivamente referendada. Como resultado de um saber específico, nessa escalada, está a restrição de suas metas às do domínio do permitido pelo outro. Enquanto o senhor de engenho é José Paulino, Marreira sabe quais as balizas do que é possível à sua atuação. Com o neto, porém, esse limite é progressivamente ampliado, até negá-lo. Amparado na visão distorcida que tem o herdeiro do Santa Rosa da relação patrão/empregado ou de terra arrendada/lucro por foro – "Se existissem três assim, no engenho, não precisaria o senhor de engenho trabalhar" (B, p.129), sentencia Carlos ingenuamente –, o alargamento da área de sua atuação é permitido num primeiro momento, até chegar à usurpação. Há toda uma manipulação, por meio da palavra, do senhor de engenho pelo morador que conhece onde se baixa a guarda do outro: "No outro dia José Marreira veio me falar. Tinha vontade de fazer um grande partido" (B, p.134), narra Carlos. A resposta deste recebe exatamente a expressão de sua desqualificação como senhor de engenho: "Deixaria que ele plantasse cana onde bem entendesse. Quanto mais, melhor para a fazenda" (B, p.134). Até que mesmo o discurso se altera. Já não é mais o discurso da permissão, mas o do fato consumado: "Nicolau, uma tarde, veio me dizer que chamara um cabra para o eito, ele se recusara porque estava trabalhando para o capitão" (B, p.136). Enquanto Carlos não é mais obedecido nem reconhecido como senhor, o morador já é referendado em seu novo *status* social.

Curiosamente, a não competência de Carlos é evidenciada mesmo quando o seu desempenho parece bem-sucedido. Durante boa parte da narrativa esse sucesso é neutralizado pela lembrança do outro, porque sempre o resultado do desempenho deste é maior, demonstrando que o referencial já não é o mesmo. Isso redunda, no final das contas, em confirmação da ignorância de Carlos sobre como se dá e em que consiste a competência de Marreira.

A usurpação do poder pelo anti-sujeito, ou pelo menos a despossessão do poder do sujeito, vai-se refletir duplamente na significação dos espaços geográficos e sociais. Ela se reflete na restrição da liberdade de movimentação somática dentro de suas propriedades, e se reconhece no sentimento de profanação de um espaço mítico.

O primeiro está aliado à visão político-econômica que qualifica Marreira e desqualifica Carlos. Marreira sabe lidar com a especulação do açúcar no mercado em concorrência com a do algodão, conhece outras alternativas de exploração da terra, tem o conhecimento exato do lugar da produção do lavrador na receita da fazenda, tem atitudes práticas, em questões como o direito de exigir garantias quanto ao funcionamento afetivo do engenho de seu senhor, para a fabricação de seu açúcar e derivados, culminando com a sugestão de fornecer cana para a concorrente, a usina, que proporcionaria, com certeza, maior rendimento sem os riscos da manufatura dos bangüês.

Não é só o lucro econômico dessa sua competência que interessa a Marreira. Ele não desconhece que outras conquistas se seguem, referendando a primeira e carreando marcas sociais a serem aprovados pela comunidade. "Começava, porém, a perceber que José Marreira crescia demais" (B, p.136.), dá-se conta o senhor de engenho. Essa demasia é, a seus olhos, incontrolável porque só lhe aparece como efeito, negando-se a dar a conhecer o saber que a produz. A partir de então, proliferam, no texto todo, signos materiais ou de comportamento que identificam um conjunto de regras sociais que Marreira põe a mobilizar. Ali aparecem as comodidades pessoais, ao estilo da classe economicamente superior e de brancos. Na pessoa de Marreira e de seus familiares, observa-se todo um processo de socialização antecipada: as botas do marido, o chapéu da mulher ao viajar de trem, comer em restaurante, bolacha Maria e manteiga estrangeira, as filhas freqüentarem colégio, terem mucamas como as brancas.

Essas mudanças, adotadas da classe de referência, necessitam, porém, da homologação geral: da classe a que se pretende ascender e da classe que se deixa. Em *Bangüê,* essa homologação se faz de várias formas. Indiciando já um estágio de transformação da sociedade local, a primeira delas ocorre com o reconhecimento pela classe inferior do título de capitão: "Tinha até patente de capitão na boca do povo" (B, p.136). A esse reconhecimento se seguem outros sinais complementares: "E o melhor cavalo de sela do engenho comia na sua estrebaria", esse mesmo que logo depois reaparece com "sela com argolinhas por todos os lados" (B, p.136). A homologação pela própria classe em termos práticos se observa na preferência dos trabalhadores de eito pela oferta de Marreira, deixando o senhor de engenho sem braços para contratar.

Mas a homologação mais efetiva se realiza com a aceitação, pelas personalidades da comunidade urbana, da nova posição econômica do morador de engenho como merecedora de prestígio. Para isso, todo um jogo espacial de relações sociais se desencadeia. Na casa caiada, o novo rico recebe gente da cidade, promove festas de batizado. A família se desloca em carro-de-boi para passar o domingo em engenho vizinho. A nova situação econômica deve ser exibida em doações públicas, aparentemente desinteressadas, como esmola para a Igreja. E a garantia da aceitação pelo outro é selada pelo compadrio, expressão laicizada do significado do batismo religioso.

Todo esse processo de ascensão social, a partir do sucesso econômico, torna-se significativo porque ocorre paralelamente a um processo inverso de perda de prestígio a que o senhor de engenho está preso: fiscais que lhe rondam as fronteiras do engenho, no empenho de surpreender cargas de aguardente sem imposto pago, o corte de crédito em casas fornecedoras, o sorteio para jurado, a sua vida particular discutida pelo padre em sermão domingueiro.

É curioso observar, com relação a essa questão, o deslocamento espacial dos atores, num jogo de afirmação e aceitação do movimento vertical do indivíduo pelas classes sociais: ir à casa de outrem socialmente superior não tem o mesmo peso que esse outrem deslocar-se até a sua casa. Receber gente do Pilar, para Marreira, significa já um outro estágio desse processo, em que sua casa se transforma em centro ao redor do qual podem vir gravitar as pessoas de prestígio. Carlos é sensível a isso: ser convidado quando se pertence à classe inferior é deferência hierárquica, mas ser visitado é neutralização dessa mesma hierarquia.

Essa ocupação por Marreira do espaço externo ao engenho é, na verdade, o primeiro degrau para a ocupação do círculo interno que logo se segue. Pelos exemplos acima, observa-se que o prestígio devido à visão estamental da aristocracia rural cai quando o poder econômico deixa de sustentá-lo. O comportamento de Marreira desnuda o estágio de precariedade desse prestígio em comparação aos tempos de José Paulino. O cinismo do antigo morador do Santa Rosa em guardar as aparências de respeito à posição estamental de Carlos revela, por isso mesmo, a inexistência real dele. Indicia a necessidade de, em seu lugar, afirmar-se o poder dentro da comunidade urbana, dos antigos aliados dos senhores de engenho.

A observação de Carlos: "O cara criava até cara de senhor" indica o grau de interiorização que se manifesta naquele espaço fisionômico que até então fazia parte da retórica da subserviência simulada.

O confronto de autoridade se processa, assim, dentro do próprio engenho. Em *Bangüê*, é importante que ele se faça tendo como objeto a Mata do Rolo que, como já se disse, aparece como o centro do engenho, não em sentido econômico, mas de preservação da origem. A Mata do Rolo era o gosto de José Paulino, fizera a admiração de Maria Alice e fora o lugar de encontro amoroso de Carlos e a visitante. Desta maneira, a restrição espacial somática, causada pelo medo a emboscadas nas estradas, a restrição do espaço interior da casa-grande, invadido pela necessidade de guarda-costa até junto à cama, em contraste aos gestos largos do antigo coronel, acabam alcançando uma instância mais profunda. Por isso, a luta de Carlos passa a expressar-se pela mediação do avô: a luta já não é contra Carlos mas contra o neto de José Paulino, ou mesmo contra o próprio coronel. Primeiro, são tomadas as estradas que cortam e ligam as terras do coronel: "Não permitiria", diz Carlos, "que aquele camumbembe desse grito pelos lugares onde o velho José Paulino erguera a sua voz". Depois, pontos da casa-grande, marcados cada qual especificamente como centro do mundo, são tomados: "Terminaria como o seu Lula. Pior ainda, com aquele camumbembe dormindo no mesmo quarto do velho José Paulino." (B, p.138). Culmina o processo com a substituição do símbolo do patriarcalismo e do poder: "Botava o retrato dele e da mulher na parede da sala de visitas" (B, p.144).

Finalmente, a homologação social, o reconhecimento público que amalgama em unidade nome, título e espaço: "O capitão Zé Marreira do Santa Rosa" (B, p.144).

Vejamos, agora, Nicolau.

Em suas primeiras aparições, Nicolau é simplesmente um nome de um papel temático – o feitor –, típico do universo das grandes propriedades rurais e que, como tal, faz pressupor uma posição hierárquica dentro do corpo de trabalhadores: um tipo de relacionamento com o patrão e, naturalmente, um código de deveres e obrigações.

Sintomaticamente, tanto em *Bangüê* quanto em *Fogo morto*, apesar de seu peso como braço-direito do proprietário, a figura do feitor recebe pouca atenção quando os seus chefes são da envergadura de José Paulino ou do Capitão Tomás. Por isso, explica-se que Nicolau só ganhe relevo diante da debilidade de Carlos, na terceira parte do romance. No início, só é avaliado como coadjuvante inoperante, principalmente porque essa avaliação se faz pelo crivo de um falso conhecimento sobre o engenho. "Não sabia explicar o meu fracasso", diz Carlos. "Botava para cima do feitor, o feitor Nicolau" (B, p.125).

Essa figura começa a crescer na proporção direta das dificuldades da luta do Santa Rosa, quando se dá a conhecer tanto ao patrão quanto ao narratário, ao mesmo tempo em que revela um domínio mais correto sobre a complexidade das relações entre patrão e empregado, em que da observância rígida dos códigos por parte do primeiro depende o reconhecimento de sua autoridade pelo segundo. Pode-se, mesmo, dizer que entre Nicolau e Marreira se estabelece uma correspondência em espelho, pois tanto um como outro pertencem ao paradigma dos que têm a sua competência adquirida pela experiência direta. Tanto um quanto outro colocam a questão da legitimidade dos tipos de senhor de engenho: o que o é por direito e o que o é de fato.

Ao contrário do que ocorre entre Carlos e Marreira, em que fica evidente a emulação de classe, em conseqüência do desejo de ascensão social do lavrador economicamente bem-sucedido, entre Nicolau e o neto do coronel se estabelece uma relação afetiva bilateral, que se estende a ou é extensão da relação afetiva de Nicolau com o engenho. Ou seja, Nicolau não é só uma função no corpo administrativo do engenho, mas o enraizado na terra, que se compreende sendo o que julga ser na medida em que cumpre o seu papel de lavrador da terra. É esse papel que fundamenta a evolução ficcional do feitor, conferindo-lhe o direito ao simbolismo final de, morto, vestirem-no do terno de casimira e dos melhores sapatos, para que, ao agredi-la ao modo do parecer, ele seja visto como aceito pela classe do senhor de engenho. Ou, pelo contrário, é uma descaracterização irônica dessa mesma classe por meio de seus símbolos, pois o discurso de Carlos já não é o mesmo.

A equiparação de Nicolau a Carlos, como promovida por este, quando o outro já está morto, ecoa em sua singularidade como expressão de novos valores. Valores que só Carlos, o senhor dono de terra deposto, pode alcançar, como testemunha a comoção nele provocada pelo assassinato do feitor, comparada por ele mesmo à perda de Maria Alice. Se, com relação a Marreira, Carlos lê como sacrílego qualquer ato que atinja os objetos e espaços míticos ligados ao avô, ele confere, como a outra face da mesma moeda, essa mesma dimensão ao feitor, por meio da relação com o espaço.

Mas há uma gradação nessas equivalências míticas. Num primeiro momento, ao exigir que Nicolau seja velado na sala-de-visita da casa-grande, a comutação é simples: "ali mesmo onde vira o meu avô morto" (B, p.20), diz o narrador. Num segundo momento, Nicolau ultrapassa a significação do avô; ou seja, ele a engloba, transcendendo-a, na medida em que a morte do avô é uma ponte entre doador-destinatário de uma herança, enquanto a de Nicolau está marcada pontualmente como final absoluto. É ele a merecer, desta forma, a última homenagem por parte do neto de engenho: "Mandaria levantar um túmulo bonito para Nicolau. Um túmulo bonito para Nicolau" (B, p.211).

São irônicos os parágrafos finais do romance. Veja-se o simbolismo da passagem do trem como a ponte que se estende do espaço bem localizado, conhecido, restrito, do Santa Rosa, para um espaço indeterminado e naturalmente amplo, como assinala a generalidade expressa pelo lexema *mundo*. O Santa Rosa, na última imagem que deixa na memória de Carlos, se restringe ao cemitério de São Miguel de Itaipu, que se limita a vultos de velhas cruzes: um mundo que começa a se tornar remoto e de tal forma que permite, após todo o drama vivido, fazer prevalecer, euforicamente na lembrança, os olhos azuis e o sorriso bom do velho patriarca. Mas com o túmulo bonito de Nicolau, Carlos antecipa, em seu gesto de assim pagar, como se pagável, a dedicação do outro, o mundo que se abre à frente de todos: de Carlos e também daqueles que permanecem na usina. Paga-se, assim também, na consciência de Carlos, o amor não havido: o amor de Nicolau pelo engenho substitui o amor não havido de Carlos. A desqualificação, portanto, de que Carlos é objeto, não é tanto pelo reconhecimento de sua não competência como senhor de engenho, mas pelo reconhecimento de uma carência anterior fundamental: o do desenraizamento da terra.

Isso leva a uma releitura da obra: a competência de José Paulino como senhor de engenho, na obra de José Lins do Rego, aparece dada como real, verdadeira, pela sanção positiva que o seu desempenho recebe da comunidade. No entanto, ficcionalmente, ao narratário essa qualificação se restringe a um saber vicário, ao aceitar o julgamento do narrador, pois a narrativa não a mostra. Tanto não a mostra que todo o desempenho de Carlos se caracteriza, em seus fracassos, por uma carência que nem ele é capaz de formular concretamente. O mesmo ocorre com o capitão Tomás e o próprio Marreira. Por outro lado, no entanto, a narrativa mostra uma ruptura fatal na relação umbilical entre o homem e a terra em Carlos. Por isso, durante a obra toda ele vive uma contradição entre a reprodução do discurso de classe dos senhores de engenho e sua negação. Na relação dele com trabalhadores, o que prevalece é a ideologia de classe do avô; em sua relação com o engenho, porém, o que prevalece não é o amor à terra, representado em *Bangüê* por Nicolau, mas ao capital.

Um alinhavo das alternativas que se oferecem para preservar o Santa Rosa demonstra essa duplicidade. A sua venda para a usina não é um desfecho surpreendente. A idéia de que "vendendo o Santa Rosa à usina, estava com a vida larga, com juros de doze por cento" resume, na verdade, a sua relação com a terra, frustrando, dessa maneira, os projetos implícitos na atuação de Maria Alice.

Se, em termos do enunciado, Carlos é um derrotado – que não sai vitorioso nem como senhor de engenho segundo o padrão representado pelo avô, nem como um novo senhor de engenho, fecundado pela sua formação de bacharel – apesar disso, o homem de vergonha, que permanece coextensivo à manifestação de ideologia capitalista, emerge descontinuamente, solapando inclusive o seu desempenho como senhor de engenho, e se cristaliza numa outra instância narrativa: a da narração.

Em muitos momentos do romance há uma quase neutralização da distância entre as instâncias da enunciação e a do enunciado, de tal forma que parece predominar a perspectiva do sujeito do enunciado. Apesar disso, balanço feito, o que pesa realmente é o fazer cognitivo do sujeito da enunciação. A distância que se interpõe entre Carlos abúlico, recém-chegado ao engenho, e Carlos senhor de engenho derrotado é grande. A distância, mais que temporal, é a da experiência que as sucessivas provas de qualificação a que é submetido vão solidificando, conferindo-lhe uma constelação de referências localizadas no passado, no presente, dentro e fora do Santa Rosa, as quais, ao mesmo tempo em que lhe desenham mais nitidamente a realidade objetiva, lhe oferecem espelhos com que construir a sua própria definição. A revelação do outro – seja na figura do avô, de Maria Alice, de Nicolau e do próprio Marreira – e as expectativas que descobre ter suscitado nos outros são partes que precisa articular para construir o seu próprio retrato. Não mais a definição dele como neto herdeiro do Santa Rosa, mas dele como homem dentro das coordenadas históricas que lhe cabem viver.

Embora, mais que o próprio neto, Marreira seja o legítimo sucessor do velho José Paulino, quanto à competência profissional – e ele o prova fazendo o Santa Fé voltar à produtividade equivalente à dos tempos do Capitão Tomás –, ele é também o simulacro triste da nobreza que não pode ressuscitar na simples exterioridade do cabriolé ou das fotografias em ponto grande na sala de visitas. Pois o que se tem agora, com Marreira senhor de engenho, ou com a usina de S. Félix, ou com a futura usina do Santa Rosa, é o fim de um período em que a sociedade passa definitivamente da estratificação estamental à estratificação em classe e à economia capitalista. Por isso, *Bangüê*, embora tenha o espaço de sua ação quase que limitado ao Santa Rosa e vizinhanças, não é a narrativa sobre o engenho açucareiro da várzea do Paraíba, mas a narrativa da história dos homens da várzea do Paraíba, cujo destino se encontra enraizado num passado já quase mítico, mas cujo futuro depende de uma rede de forças econômicas, locais em boa parte, mas que, de outra, se perdem na longínqua Inglaterra.

A derrota de Carlos se insere nessa história.

Mas há uma outra história que se conta na distância que vai da primeira à última página da narração. Aqui também se desenvolve uma narrativa mínima: nela, tudo se rearranja numa nova estrutura, na qual a verdadeira prova ocorre na instância cognitiva por excelência sobredeterminando a factual. Ela se realiza, se processa e se sedimenta no ato da enunciação. É aqui, no fazer enunciativo, origem e produto do fazer cognitivo, que Carlos sai vitorioso, como destinatário de um saber que se confunde com a história do próprio romance.

REFERÊNCIAS BIBLIOGRÁFICAS

ADORNO, T. W. *Notas de literatura*. Trad. M. Sacristaú. Barcelona: Ariel, 1962.

________. *Teoria estética*. Trad. A. Morão. Lisboa: Edições 70, 1970.

ARENDT, H. *Entre o passado e o presente*. São Paulo: Perspectiva, 1972.

BACHELARD, G. *La terre et les rêveries du repos*. 5.ed. Paris: J. Corti, 1969.

________. *La terre et les rêveries de la volonté*. Paris: J. Corti, 1948.

________. *L'air et les songes*. Paris: J. Corti, 1943.

BAKHTIN, M. *Questões de literatura e de estética*. A teoria do romance. Trad. A. F. Bernardini e outros. São Paulo: Editora UNESP, Hucitec, 1988.

________. *Marxismo e filosofia da linguagem*. São Paulo: Hucitec, 1981.

________. *La poétique de Dostoievski*. Paris: Seuil, 1979.

BARROS, D. L. P. de. *Teoria do discurso*. Fundamentos semióticos. São Paulo: Atual, 1988.

BARTHES, R. *Mythologies*. Paris: Seuil, 1957.

BARTRA, R. *La jaula de la melancolia*. Identidad y metamorfosis del mexicano. México: Enlace, Guijalbo, 1987.

BENJAMIN, W. *Deustsche Menschen*. Frankfurt: Suhrkamp, 1962.

________. Parque Central. In: *Um lírico no auge do capitalismo*. Obras Escolhidas, v.3. São Paulo: Brasiliense, 1989.

BLEICHMAR, H. *Introdução ao estudo das perversões*. Teoria do Édipo em Freud e Lacan. Porto Alegre: Artes Médicas, 1991.

BLIKSTEIN, I. *Kaspar Hauser ou a fabricação da realidade*. São Paulo: Cultrix, 1990.

BORDIEU, P. *Sociologia y cultura*. Trad. Martha Pou. México: Guijalbo, 1990.

BOSI, A. *Dialética da colonização*. São Paulo: Cia. das Letras, 1992.

CANDIDO, A. *Vários escritos*. 2.ed. São Paulo: Duas Cidades, 1977.

________. *Ensayos y comentários*. São Paulo: FCE, Ed. Unicamp, 1995.

CAÑIZAL, E. P. (Org.) *Um jato na contramão*. Buñuel no México. São Paulo: Perspectiva, 1993.

CAMPOS, H. de. *Deus e o Diabo no Fausto de Goethe*. São Paulo: Perspectiva, 1981.

CASSIRER, E. *Linguagem e mito*. São Paulo: Perspectiva, 1979.

CHIHU, A. (Coord.) *El ethos en un mundo secular*. México: UAM, 1991.

COSTA M. L. *O controle do imaginário*. 2.ed. Rio de Janeiro: Forense Universitária, 1989.

CRUZEIRO SEMIÓTICO. Semiótica das paixões. *As. Port. de Semiótica* (*Lisboa*), n.11, julho. 1989.

________. Semiótica das paixões. *As. Port. de Semiótica* (*Lisboa*), n.12, jan. 1990.

DUCROT, O. *O dizer e o dito*. Rev. Eduardo Guimarães. Campinas: Pontes, 1987.

ECO, U. *De los espejos e otros ensayos*. Trad. Cárdenas Moyano; rev. Logano. México: Lumen, 1988.

ELIADE, M. *Mito e realidade*. São Paulo: Perspectiva, 1972.

FERNANDES, F. *O folclore em questão*. 2.ed. São Paulo: Hucitec, 1989.

FIORIN, J. L. O *regime de 1964*. Discurso e ideologia. São Paulo: Atual, 1988.

FONTANILLE, J. Le désespoir. *Documents*. Paris: Gr. de recherches semio-linguistiques, 1980.

FRANZ, M. von. *A sombra e o mal nos contos de fada*. São Paulo: Paulinas, 1985.

FREUD, S. *A história do movimento psicanalítico* – Artigos sobre metapsicologia e outros trabalhos. Rio de Janeiro: Imago, 1974a. v.XIV.

________. *O futuro de uma ilusão*. O mal-estar na civilização e outros trabalhos. Rio de Janeiro: Imago, 1974b. v.XIII.

________. *Conferências introdutórias sobre psicanálise*. Parte III. Rio de Janeiro: Imago, 1976a. v.XVI.

________. *Além do princípio do prazer*. Psicologia de grupo e outros trabalhos. Rio de Janeiro: Imago, 1976b. v.XVIII.

________. *Ego e Id e outros trabalhos*. Rio de Janeiro: Imago, 1976c. v.XIX.

________. *Um estudo autobiográfico*. Inibições, sintomas e ansiedade A questão da análise leiga e outros trabalhos. Rio de Janeiro: Imago, 1976d. v.XX.

________. *Os chistes e sua relação com o inconsciente*. Rio de Janeiro: Imago, 1977. v.VIII.

________. *A interpretação dos sonhos*. Parte I. Dir. Jayme Salomão. 2.ed. Rio de Janeiro: Imago, 1987a. v.IV.

________. *A interpretação dos sonhos*. Parte II. E *Sobre os sonhos*. 2.ed. Rio de Janeiro: Imago, 1987b. v.V.

________. *Sobre a psicopatologia da vida cotidiana*. 2.ed. Rio de Janeiro: Imago, 1987c. v.VI.

________. *Publicações pré-psicanalísticas* e *Esboços inéditos*. 3.ed. Rio de Janeiro: Imago, 1990. v.I.

FRYE, N. *Fables of Identity*. New York: Harcourt, Brace & World, 1961.

GIRARD, R. *A violência e o sagrado*. Trad. Martha C. Gambini. São Paulo: Editora UNESP, Paz e Terra, 1990.

________. *Mensonge romantique et verité romanesque*. Paris: Bernard Grasset, 1981.

GIRARDET, R. *Mitos e mitologias políticos*. Trad. M. L. Machado. São Paulo: Cia. das Letras, 1987.

GORDON, C. *Los origenes de la civilizacion*. 2.ed. México: FCE, 1959.

GREIMAS, A. J. *Sémantique structurale*. Paris: Larousse, 1966.

________. *Du sens*. Paris: Seuil, 1970.

________. *Maupassant. La sémiotique du texte*: exercices pratiques. Paris: Seuil, 1976.

GREIMAS, A. J., COURTÈS, J. *Dicionário de semiótica*. São Paulo: Cultrix, s.d.

GREIMAS, A. J., FONTANILLE, J. *Semiótica das paixões*. São Paulo: Ática, 1993.

HAIDAR, J. *Discurso sindical y procesos de fetichización*. Proletariado textil problano de 1960 a 1970. México: INAH, 1990.

JAKOBSON, R. *Arte verbal, signo verbal, tiempo verbal*. Trad. M. Mansour. México: FCE, 1992.

JAMESON, F. *Marxism and Form*: Twentieth-Century Dialectical Theories of Literature. Princeton, New Jersey: Princeton University Press, 1971.

KOTHE, F. R. *Benjamin & Adorno*: confrontos. São Paulo: Ática, 1978.

LEFORTE, R., LEFORT. T. *Nacimiento del otro*. Barcelona: Paidós, 1983.

LÉVI-STRAUSS, C. *Anthropologie structurale*. Paris: Plon, 1958.

________. *La pensée sauvage*. Paris: Plon, 1962.

________. *Le totémisme aujourd'hui*. Paris: PUF, 1962.

________. *A oleira ciumenta*. Trad. B. Perrone-Moysés. São Paulo: Brasiliense, 1986.

LIMA, L. C. *Teoria da literatura em suas fontes*. 2.ed. Rio de Janeiro: Francisco Alves, 1983.

________. *Sociedade e discurso ficcional*. Rio de Janeiro: Guanabara, 1986.

LOTMAN, I. *A estrutura do texto artístico*. Trad. M. do C. V. Raposo e A. Raposo. Lisboa: Estampa, 1978.

________ *Y la Escuela de Tartu*. Semiótica de la cultura. Intr., sec., nota de Jorge Lozano. Trad. Nieves Méndez. Madrid: Cátedra, 1979.

________. *Estética y semiótica del cine*. Trad. J. F. Sánchez. Barcelona: Gustavo Gili, 1979.

MATTOS, O. *Os arcanos do inteiramente outro*. A escola de Frankfurt. A melancolia e a revolução. São Paulo: Brasiliense, 1989.

MIELIETINSKI, E. M. *A poética do mito*. Trad. P. Bezerra. Rio de Janeiro: Forense, 1987.

NOVAES, A. (Coord.) *Os sentidos da paixão*. São Paulo: Funarte, Cia. das Letras, 1987.

______. (Coord.) *O olhar*. São Paulo: Funarte, Cia. das Letras, 1988.

______. (Coord.) *O desejo*. São Paulo: Funarte, Cia. de Letras, 1990.

OSÉS-ORTIZ, A. *Metologia cultural y memorias antropológicas*. México: Antropos, 1987.

PATAI, R. *O mito e o homem moderno*. São Paulo: Cultrix, 1974.

PAZ, O. *Cuadrivio*. 2.ed. México: J. Ortiz, 1969.

PEREIRA JÚNIOR. *Violência*: uma análise do "homobrulatis". São Paulo: Alfa-Ômega, 1971.

PROPP, V. *Morphologie du conte*. Paris: Poétique, Seuil, 1970.

REILLE, J. F. *Proust*: le temps du désir. Paris: Français Reúnis, 1979.

ROMANO, R. *Conservadorismo romântico* – origem do totalitarismo. São Paulo: Brasiliense, 1981.

ROUANET, S. P. *Imaginário e poder*. São Paulo, 1979. Tese (Doutorado) – Faculdade de Filosofia, Letras e Ciências Humanas, Universidade de São Paulo.

________. *A razão cativa*. São Paulo: Brasiliense, 1985.

________. *Édipo e o anjo*. Rio de Janeiro: Tempo Brasileiro, 1981.

SCHNAIDERMAN, B. (Org. e rev.) *Semiótica russa*. São Paulo: Perspectiva, 1979.

SCHWARZ, R. *Um mestre na periferia do capitalismo*. Machado de Assis. São Paulo: Duas Cidades, 1990.

________. (Org.) *Os pobres na Literatura Brasileira*. São Paulo: Brasiliense, 1983.

SILVA, I. S. *Figurativização e metamorfose*. O mito de Narciso. São Paulo: Editora UNESP, 1995.

SOUZA, E. M. de. *A pedra mágica do discurso*. Belo Horizonte: Ed. UFMG, 1988.

SROUR, R. H. *Classes, regimes, ideologias*. 2.ed. São Paulo: Ática, 1990.

VICENT, J.-M. *Fétichisme et société*. Paris: Anthropos, 1973.

ZILBERBERG, G. *Essai sur les modalités timiques*. Amsterdam: Benjamins, 1981.

ZUNTHOR, P. *A letra e a voz*. São Paulo: Cia. das Letras, 1993.

SOBRE JOÃO UBALDO RIBEIRO

ANTENORE, A. João Ubaldo Ribeiro adapta conto sobre santo descrente para a TV. *Folha de S.Paulo*, São Paulo, 26 mai. 1993.

ANTONIO, J. A falsa fama do bom baiano João Ubaldo. *O Estado de S.Paulo*, São Paulo, 14 out. 1986. Caderno 2.

APOLINÁRIO, S. Globo estréia minissérie baseada em João Ubaldo. *Folha de S.Paulo*, São Paulo, 4 jun. 1991, p.4-5.

________. Livro de João Ubaldo pede passagem e sai na passarela. *O Globo*, Rio de Janeiro, 13 jul. 1986.

BUENO, E. A Alemanha sob o crivo e o riso de um cronista pícaro. *O Estado de S.Paulo*, São Paulo, 13 out. 1990. Caderno 2, p.14.

________. A aventura berlinense de João Ubaldo Ribeiro. *O Estado de S.Paulo*, São Paulo, 13 out. 1990. Caderno 2, p.14.

CAMBARÁ, I. Receita à brasileira de um romance popular. *Folha da Tarde*, São Paulo, 25 dez. 1984.

CAMPOS, H. de. Uma liminskíada barrocodélica. *Folha de S.Paulo*, São Paulo, 4 jun. 1988. Livros, p.D-4.

CASTELLO, J. Com os olhos do povo. *Isto é (São Paulo)*, 19 dez. 1984.

CECANTINI, J. L. *"Vida e paixão de Pandomar, o Cruel" de João Ubaldo Ribeiro*: um estudo de produção e recepção. Assis, 1993. Dissertação (Mestrado) – Faculdade de Ciências e Letras de Assis, Universidade Estadual Paulista.

CHEVALIER, S. M. de. Memórias no exílio (entrevista). *Interview (São Paulo)*, n.147, p.51-3, 1992.

CICCACIO, A. M. Vozes do povo brasileiro. *Isto é (São Paulo)*, 22 jun. 1988, p.9.

CONTI, M. S. Um brado retumbante. *Veja (São Paulo)*, 19 dez. 1984, p.109-10.

DACANAL, J. H. O sargento sem mundo. In: ________. *Nova narrativa épica no Brasil*. Porto Alegre: Sulina, 1973.

DAUNT NETO, R. João Ubaldo, ou ação na forma de palavra. *Folha de S.Paulo*, São Paulo, 14 out. 1979.

DIAS, D. de O. Do Brasil... e de Portugal – ouvindo João Ubaldo Ribeiro. *Letras & Letras (Porto)*, n.12, p.4-5, dez. 1988.

FERRAZ, G. G. Uma festa para os sentidos. *Isto é (São Paulo)*, 19 dez. 1984.

FILLUS, L. N. *Sargento Getúlio*: uma análise mítica. Curitiba, 1983. Dissertação (Mestrado) – Pontifícia Universidade Católica. (Mimeogr.).

FRIAS, L. O autor de "Sargento Getúlio" escreve para não ficar louco (entrevista). *Jornal do Brasil*, Rio de Janeiro, 31 jul. 1978, Caderno B.

HELENA, L. Admirável mundo, o do povo. *Jornal do Brasil*, Rio de Janeiro, 15 dez. 1984.

________. "Viva o povo brasileiro": a questão do nacional e do popular. *O Estado de S.Paulo*, São Paulo, 11 set. 1983.

JOÃO Ubaldo às voltas com mil páginas. *O Estado de S.Paulo*, São Paulo, 11 set. 1983.

JOÃO Ubaldo – o sertão e sua gente segundo um bem-sucedido contador de histórias. *O Globo*, Rio de Janeiro, 15 mar. 1981.

JOÃO Ubaldo oferece aulas por escrito. *Folha de S.Paulo*, São Paulo, 4 out. 1981.

JOÃO Ubaldo Ribeiro, história e ótica popular. *O Estado de S.Paulo*, São Paulo, 12 abr. 1985.

KONDER, L. "Viva o povo brasileiro". *Nas bancas*, 3 out. 1985.

MARANHÃO, C. "Playboy" entrevista João Ubaldo Ribeiro. *Playboy (São Paulo)*, n.189, p.21-6, 109-14, abr. 1991.

MARINHO, B. João Ubaldo Ribeiro – profissão: esctritor (entrevista). *O Estado de S.Paulo*, São Paulo, 30 jun. 1990. Cultura, p.4-5.

MARTINS, W. A matéria brasileira. *Jornal do Brasil*, Rio de Janeiro, 4 mai. 1985.

MIYAZAKI, T. Y. Um tema em três tempos. G. Rosa, J. C. de Carvalho, J. U. Ribeiro. *Revista de Letras (São Paulo)*, n. 28, p.27-35, 1988.

MORAES, C. de. Seção "Literatura". *Jornal do Brasil*, Rio de Janeiro, 31 ago. 1984.

MORAIS, M. de. Três séculos de história à procura de um escritor. *Jornal do Brasil*, Rio de Janeiro, 21 fev. 1985.

NA TRILHA das almas do Recôncavo Baiano. *O Globo*, Rio de Janeiro, [1984?].

NINHO de répteis. *Veja* (*São Paulo*), p.143-4, 22 nov. 1989.

OLIVEIRA, F. de. O Romance político à maneira nordestina. *Folha de S.Paulo*, São Paulo, 4 jul. 1982.

NEPOMUCENO, E. A síntese do Brasil em João Ubaldo (entrevista). *Nossa América* (*São Paulo*), n.3, p.30-7, 1992.

OS NOVOS lançamentos para o pequeno leitor. *Gazeta de Vitória*, Vitória, 12 mar. 1984.

PERROTTI, E. Livro que merece leitores. *O Estado de S.Paulo*, São Paulo, 15 out. 1983.

PESSOA, I. O que é que o baiano tem? (entrevista). *Leia*, São Paulo, 16 dez. 1984.

PIMENTA, A. "O sorriso" de João Ubaldo estréia na TV. *O Estado de S.Paulo*, São Paulo, 4 jun. 1991. Caderno 2, p.1.

PINHEIRO, P. S. À procura do povo brasileiro. *Folha de S.Paulo*, São Paulo, 16 dez. 1984.

PRÊMIO Jabuti – uma noite de festa para a literatura. *Jornal da Tarde*, São Paulo, 25 out. 1985.

QUADROS, M. J. Por João Ubaldo, uma história com agá minúsculo do povo Recôncavo. S.l.: s.n., [1984?].

RAILLARD, A. Je suis le résultat d'une maturation (interview). *La Quinzaine Littéraire*, Paris, n.484, p.16-30, avr. 1987.

RAMOS, R. H. de P. Um maluco genial. *Visão* (*São Paulo*), 22 maio 1985.

RIBEIRO, J. U. Escrever romances é sofrer até o fim. *Folha de S.Paulo*, São Paulo, 19 abr. 1992. Letras, p.5-10.

RIBEIRO, L. G. Singular mestria. *Isto é Senhor* (*São Paulo*), n.1052, p.126-8, 15 nov. 1989.

RICCIARDI, G. Entrevista com João Ubaldo Ribeiro. In: ________. *Escrever*: origem, manutenção, ideologia. Bari: Libreria Universitária, 1988.

ROMANCE de Ubaldo Ribeiro será filmado. *Folha de S.Paulo*, São Paulo, 7 jun. 1981.

ROSSI FILHO, A. Verbo/imagem. *Significação* (*São Paulo*), n.8-9, p.129-46, 1990.

SÁ, J. de. O boi Alandelão e outros "causos" de João Ubaldo. *Folha de S.Paulo*, São Paulo, 7 jun. 1981.

SANDRONI, C. O João da ilha (entrevista). *Elle* (*São Paulo*), n.11, p.176-80, nov. 1989.

SANDRONI, L. C. No humor de João Ubaldo, a descoberta do amor. *O Globo*, Rio de Janeiro, 23 out. 1983.

SANTOS, L. F. *O romance brasileiro dos anos 70*. Assis: Instituto de Letras, História e Psicologia – Campus de Assis, UNESP, 1982. (Mimeogr.).

SARGENTO Getúlio abafa em Paris. *Folha de S.Paulo*, São Paulo, 7 fev. 1979.

SÉRGIO, R. João Ubaldo Ribeiro (entrevista). *Ele-Ela* (*Rio de Janeiro*), n.217, jul. 1987.

SERRA, C. A formação da nacionalidade brasileira, como foi vista por João Ubaldo Ribeiro, na mansidão da ilha de Itaparica (entrevista). *Leia*, São Paulo, n.95, p.18, set. 1986.

SILVERMAN, M. As distintas facetas de João Ubaldo Ribeiro. In: ________. *Moderna ficção brasileira 2*: ensaios. Rio de Janeiro: Civilização Brasileira, 1981.

SIMPLICIDADE e beleza na obra de João Ubaldo. *Folha de S.Paulo*, São Paulo, 3 mai. 1981.

SUPLICY, E. M. Os valores absolutos dos donos do poder. *Folha de S.Paulo*, São Paulo, 6 jan. 1985.

SUSSEKIND, F. Mais virão, verás. *Leia*, São Paulo, n.95, p.18, set. 1986.

VIVA João Ubaldo e viva o povo brasileiro. *Folha da Tarde*, São Paulo, 12 abr. 1985.

SOBRE JOÃO GUIMARÃES ROSA

ALBERGARIA, C. *Bruxo da linguagem no Grande Sertão.* Leitura de elementos exotéricos presentes na obra de Guimarães Rosa. Rio de Janeiro: Tempo Brasileiro, 1977.

BRASIL, A. *Guimarães Rosa.* Rio de Janeiro: Org. Simões, 1969.

CAMPOS, H. de. *Metalinguagem.* Petrópolis: Vozes, 1967.

CANDIDO, A. *Tese e antítese.* São Paulo: Nacional, 1964.

COELHO, N. N., VERSIANI, L. *Guimarães Rosa.* São Paulo: Quíron, 1975.

COVIZZI, L. M. *O insólito em Guimarães Rosa e Borges.* Crise da mimese/mimese da crise. São Paulo: Ática, 1978.

DANIEL, M. L. *João Guimarães Rosa*: travessia literária. Rio de Janeiro: J. Olympio, 1968.

DANTAS, P. *Sagarana emotiva.* Cartas a João Guimarães Rosa. Rio de Janeiro: Duas Cidades, 1975.

GALVÃO, W. N. *As formas do falso.* São Paulo: Perspectiva, 1972.

________. *Mitológica rosiana.* São Paulo: Ática, 1978.

GARBUGLIO, J. C. *O mundo movente de Guimarães Rosa.* São Paulo: Ática, 1972.

LEONEL M. C. de M. *Guimarães Rosa alquimista*: processos de criação do texto. São Paulo, 1985. Tese (Doutoramento em Letras) – Faculdade de Filosofia, Letras e Ciências Humanas, Universidade de São Paulo.

LORENZ, G. W. *Diálogo com a América Latina.* São Paulo: Ed. Pedagógica e Universitária, 1973

MIYAZAKI, T. Y. Um tema em três tempos. G. Rosa, J. C. de Carvalho, J. U. Ribeiro. *Revista de Letras* (*São Paulo*), v.28, p.27-35, 1988.

________. A antecipação e a sua significação simbólica em "São Marcos". In: D'ONOFRIO, S. et al. *Conto brasileiro*: quatro leituras. Petrópolis: Vozes, 1979.

MIYAZAKI, T. Y., HAIDAR, J. Pedro Orósio, Saturno dos Gerais. *Significação* (*Araraquara*), v.3, p.l4-36, 1982.

__________. O recado do morro. *Mimesis* (*São José do Rio Preto*), v.2, p.31-54, 1977.

MOTTA, L. T. da. As margens do sentido em Guimarães Rosa. In: ________. *Catedral em obras.* Ensaios de Literatura. São Paulo: Iluminuras, 1995.

MOTTA, S. V. Ser/tão... somente linguagem. *Revista de Letras* (*São Paulo*), v.32, p.81-99, 1992.

NASCIMENTO, E. M. F. dos S. *Contribuição para o estudo léxico em Guimarães Rosa.* São Paulo, 1979. Dissertação (Mestrado em Lingüística) – Faculdade de Filosofia, Letras e Ciências Humanas, Universidade de São Paulo.

NUNES, B. *O dorso do tigre.* São Paulo: Perspectiva, 1969.

PRADO JÚNIOR, B. O destino cifrado. Linguagem e existência em Guimarães Rosa. *Cavalo Azul* (*São Paulo*), v.3, 1963.

PROENÇA, C. *Trilhas no Grande Sertão.* Rio de Janeiro: Cadernos de Cultura, 1958.

RÓNAI, P. Os vastos espaços (Introdução). In: ROSA, J. G. *Primeiras estórias.* 3.ed. Rio de Janeiro: J. Olympio, 1967.

SANTOS, W. *A construção do romance em Guimarães Rosa.* São Paulo: Ática, 1978.

SCHWARZ, R. *A sereia e o desconfiado.* Rio de Janeiro: Civilização Brasileira, 1965.

SOBRE JOSÉ LINS DO REGO

ANDRADE, M. de. Riacho doce (I). In: ________. *O empalhador de passarinho.* São Paulo: Martins, 1946.

________. Fogo morto. (II). In: ________. *O empalhador de passarinho.* São Paulo: Martins, 1946.

ARZUA FERREIRA, E. *Integração e perspectiva.* Rio de Janeiro: Cátedra, 1975.

BOSI, A. Introdução a *Fogo morto.* In: REGO, J. L. *Fogo morto*, 10.ed. Rio de Janeiro: J. Olympio, 1970.

BRUNO, H. *Novos estudos da literatura brasileira.* Rio de Janeiro: O Cruzeiro, 1957.

CANDIDO, A. Um romancista em decadência. In: ________. *Brigada Ligeira. São Paulo: Martins, 1945.*

CASTELO, J. A. *José Lins do Rego* – Modernismo e Regionalismo. São Paulo: Edart, 1961.

CARPEAUX, O. M. O brasileiríssimo José Lins do Rego. Prefácio. REGO, J. L. *Fogo morto.* Rio de Janeiro: J. Olympio, 1943.

CAVALCANTI PROENÇA, M. Ensaio sobre *O moleque Ricardo.* In: ________. *Estudos Literários.* Rio de Janeiro: J. Olympio, 1974.

CINTRA, I. A. Evolução narrativa em *Bangüê.* Minas Gerais, Belo Horizonte, 12 fev. 1972, *Suplemento Literário do Minas.*

CUNHA, F. Perspectiva histórica de *Fogo morto. Correio da Manhã*, Rio de Janeiro, 22 jun. 1957.

________. *Fogo morto* 30 anos depois. *Jornal do Brasil,* Rio de Janeiro, 6 out. 1973.

DACANAL, J. H. *Fogo morto* – ensaio de interpretação genética estrutural. In: ________. *Realismo mágico.* Porto Alegre: Movimento, 1970.

GRIECO, A. Doidinho e Bangüê. In: ________. *Gente nova do Brasil.* Rio de Janeiro: J. Olympio, 1935.

IVO, L. Em seu aniversário. Prefácio. In: REGO, J. L. *Bota de sete léguas*. Rio de Janeiro: A Noite, 1951.

LIMA, L. C. O modernismo na ficção. In: COUTINHO, A. (Dir.) *A Literatura no Brasil.* Rio de Janeiro: Sul-Americana, 1968, v.V.

LINS, A. *Os mortos de sobrecasaca.* Rio de Janeiro: Civilização Brasileira, 1963.

MONTEIRO, A. C. *O romance e seus problemas.* Lisboa: Casa do Estudante do Brasil, 1950.

________. Quatro estudos. In: ________. *O romance* (teoria e crítica). Rio de Janeiro: J. Olympio, 1964.

MONTELLO, J. *O romancista José Lins do Rego.* Introdução geral à ficção completa de José Lins do Rego. Rio de Janeiro: Nova Aguilar, 1976, v.I.

SOBREIRA, I. B. *O romance de José Lins do Rego*. João Pessoa: A União, 1971.

SOBRE O LIVRO

Coleção: Prismas
Formato: 16 x 23 cm
Mancha: 29 x 47 paicas
Tipologia: Times 11/14
Papel: Offset 75 g/m^2 (miolo)
Cartão Super 6 250 g/m^2 (capa)
Matriz: Laserfilm
Impressão: Cromoset
Tiragem: 1.000
1ª edição: 1996

EQUIPE DE REALIZAÇÃO

Produção Gráfica

Edson Francisco dos Santos (Assistente)

Edição de Texto

Fábio Gonçalves (Assistente Editorial)
Vera Luciana M. R. da Silva (Preparação de Original)
Nelson Luís Barbosa (Revisão)

Editoração Eletrônica

Lourdes Guacira da Silva Simonelli (Diagramação)

Projeto Visual

Lourdes Guacira da Silva Simonelli